# IMAGE MAKING

Understanding the importance of image making is key to achieving success, both professional and personal. When you know you look good, you feel good. Regardless of who you are or what you do, people will judge you by the image you convey.

## 서비스인을 위한 이 미 지 메 이 킹

엄경아 이향정 연지영

지식인

## Profile

**엄경아**
백석대학교 관광학부 항공서비스학과 전임교수

**이향정**
백석대학교 관광학부 항공서비스학과 전임교수

**연지영**
백석대학교 관광학부 항공서비스학과 전임교수

서비스인을 위한 이미지메이킹

2016년 3월 10일 초판1쇄 발행
2017년 2월 15일 초판2쇄 발행
2018년 2월 25일 수정판 발행

지은이 | 엄경아 · 이향정 · 연지영
펴낸이 | 김종욱
펴낸곳 | 지식인
등 록 | 제301-2013-134호
주 소 | 서울시 도봉구 도봉로 180길 20 투웨니퍼스트 102동 602호
전 화 | 02)2266-8606 (대)
팩 스 | 02)2266-8607
이메일 | jisikin2013@naver.com
홈페이지 | www.jisikinbook.co.kr

ISBN 978-89-98591-64-9 (93320)

값 24,000원

서비스인을 위한 이미지메이킹

# Preface

성공의 가장 큰 조건은 자신감일 것이다. 일이 잘 풀리고 좋은 일이 많을 때는 자연스럽게 자신감이 생기지만, 계속 실패를 경험하거나 뜻하는 대로 일이 풀리지 않을 때는 자신감을 상실하게 된다. 자신감을 키우는 법은 여러 가지가 있지만, 그 중에서도 가장 기본적인 사항이 이미지메이킹이다.

요즘은 타인에게 어떻게 보이느냐가 중요한 시대이다. 물론 자신의 삶에서 남의 시선과 평가가 중요한 것은 아니지만, 그것이 개인의 성공과 행복에 어느 정도 직결되기도 한다. 우리는 혼자 살 수 없으며 많은 사람들과 어울려 살기 때문이다. '나는 정말 좋은 사람인데', '나는 정말 열심히 일하는데' 왜 세상이 나를 알아봐 주지 못할까? 이처럼 누군가로부터 인정을 받거나 좋은 평가를 받지 못하면 정말 속상하다. 이 책은 자신이 노력하고 애쓰는 만큼 인정을 받고 자신감을 회복하는 것을 도와줄 것이다. 또한 서비스인으로서 자신의 내면 이미지를 찾고 그것을 성공적으로 외적으로 표현하는 방법과 대화의 기술에 대해 올바른 길을 안내해 줄 것이다. 이를 위해서 이 책의 내용은 크게 3개 파트, 총 11장으로 구성되었다.

먼저, Part I. 내적 이미지Inner Image는 이미지메이킹에 대한 개론, 전략적인 개인 이미지를 구축하기 위한 분석단계와 Tool, 그리고 컬러이미지메이킹에 대해 설명하고 적용해 보도록 하였다.

다음으로, Part II. 외적 이미지Visual Image는 다섯 영역으로 구분하였다. 첫 번째, 표정과 바른자세 등 기본적인 매너에 대해 설명하였다. 두 번째, 메이크업과 피부관리에 대해 알아보았다. 이를 통해 피부를 아름답게 표현할 수 있는 베이스 메이크업 방법과 색조 화장법에 대해 설명하였다. 세 번째, 헤어스타일에 필요한 도구와 제품, 관리법, 서비스직에 어울리는 헤어스타일에 대해 설명하였다. 네 번째, 남녀별 옷을 잘 고르고 입는 기본적인 복장 전략과 체형에 따른 복장 연출법에 대해 알아보았다. 다섯 번째, 서비스인의 용모를 마무리하는 향수와 핸드케어, 액세서리 활용법을 살펴보았다.

마지막으로, Part III. 커뮤니케이션 이미지Communication Image에서는 세 영역으로 나누어 설명하였다. 먼저 기본발성연습과 음성관리방법 등 목소리 이미지를 업그레이드시키는 방법을 알아보았다. 두 번째, 아름다운 말씨와 우리말을 바로 쓰는 법, 그리고 면접에서 진정성을 표현하는 방법에 대해 설명하였고, 세 번째, 서비스 실전 대화를 통해 적용할 수 있도록 하였다.

아무쪼록 이 책을 통해 사회에서 서비스업에 첫발을 내딛는 청년들을 비롯하여 현재 서비스업에 종사하고 있는 종사자들에게 유용한 정보가 되길 기대한다. 또한 이로써 이미지메이킹에 대한 올바른 나침반을 찾아 개인의 전체 삶을 업그레이드하는 기회가 되기를 소망한다.

이 모든 일을 하게 해주신 주님께 감사드리고, 더불어 이미지메이킹 분야의 연구업적을 쌓아 주신 국내·외 선행연구자들과 출간 기획부터 편집, 수정, 출판까지 전 과정에 애정을 담아주신 지식인 관계자 분들께도 감사를 전한다. 또한 본문 내용의 효과적 전달을 위한 사진촬영과 편집에 도움을 준 강민선·권민재·서문석·윤은지·최은정 학생에게도 애정 어린 고마움을 전하고자 한다. 마지막으로, 집필기간 내내 배려의 끈을 놓지 않은 가족에게도 감사함을 전한다. 진심으로 고맙고 사랑합니다.

**저자 일동**

## Part 1. 내적 이미지

## Part 2. 외적 이미지

# Part 3. 커뮤니케이션 이미지

# IMAGE MAKING

IMAGE
MAKING

# Part 1

# 내적 이미지

Inner Image

IMAGE
MAKING

# IMAGE MAKING CHAPTER 1 이미지메이킹 개론

## 01 이미지메이킹의 의미와 중요성

### 1) 이미지메이킹이란?

이미지메이킹이란, 궁극적으로 자신의 바람직한 상을 정해놓고, 그 이미지를 현실화하기 위해서 자신의 잠재능력을 최대한 발휘하여 자신이 될 수 있는 가장 훌륭한 모습으로 자신을 만들어 가는 의도적인 변화과정Intention Change Process이다.

그림 1.1 달걀이 닭 되는 그날까지~ 이미지메이킹

CASE 전쟁터에서 한쪽 눈을 잃은 임금님의 가장 바람직한 모습

한 임금님이 신하들을 거느리고 유유히 궁정을 거닐고 있었다. 궁정 내의 커다란 방에 들어서니 선대왕들의 멋지고 훌륭한 모습의 초상화가 쭉 늘어서 있었다.
'흠, 나도 초상화를 하나 장만해야겠군.'
"여봐라~짐만의 초상화를 그릴 수 있는 화가들을 모으거라."
"네."
정원에 잔뜩 모인 화가들은 임금님의 멋진 초상화를 그리기 위해 열심히 최선을 다했다. 그런데 초상화를 바라보던 임금님은 격노하였다.
"아주 훌륭하게 그렸지만, 이것은 짐이 아니다!"
사실, 임금님은 전쟁터에서 한 쪽 눈을 잃은 흉측한 얼굴을 하고 있었기 때문이다. 하나, 둘, 셋… 격노한 임금님의 불호령에 화가들은 단두대의 이슬로 사라졌다. 그러던 중 마지막 화가의 그림을 보더니,
"오, 이것이야 말로 짐이 원하는 짐의 모습이다!"
단 한 명의 화가만이 목숨을 지킬 수 있었던 임금님의 모습! 과연 어떤 모습이었을까? 양쪽 눈이 멀쩡한 임금님의 모습? 아니면 흉측한 한쪽 눈을 그대로 그린 임금님의 모습? 둘 다 아니었다. 바로 궁정의 창문을 통해 백성들의 사는 모습을 지켜보는 어진 임금님의 옆모습이었다.
'임금님의 어진 옆모습'처럼, 이미지메이킹이란 자신이 아닌 모습을 거짓으로 만드는 것이 아니라, 자신의 역할을 가장 충실히 보여줄 수 있는 바람직한 모습을 보여주는 것이다.

**그림 1.2 예비승무원의 이미지메이킹**

## 2) 이미지메이킹의 중요성

### (1) 기업이미지

기업이미지는 기업에 대해 고객들이 마음속에 갖게 되는 전체적인 느낌으로, 기업의 목적과 계획, 조직 전체에 대한 지각된 총합이다. 또한 서비스를 경험하는 동안 느끼게 되는 인상, 신념, 견해의 총합이라고 할 수 있다. 고객에게 인식된 기업의 이미지는 고객만족과 재구매에 큰 영향을 미치고, 이는 기업의 손익과도 직결된다.

사우스웨스트항공은 '펀경영'으로 유명하며, 긍정적인 항공사 이미지 형성으로 치열한 항공산업의 경쟁 속에서 승승장구하고 있다.

**CASE "감사합니다, 회장님!"**

감사합니다, 허브
우리 직원들 이름을 모두 기억해 주신 것에
로널드 맥도널드 하우스를 지원해 주신 것에
추수감사절날 수화물 적재를 손수 도와주신 것에
모든 사람에게 키스를 해 주신 것에
우리의 말을 들어 주신 것에
유일하게 흑자를 내는 항공사를 경영해 주신 것에
우리의 휴일파티에서 노래 불러 주신 것에
일 년에 딱 한 번 노래 불러 주신 것에
직장에서 반바지와 운동화를 신게 해 주신 것에
단 하나의 골프채로 '러브 클래식'에서 골프를 치게 해 주신 것에
샘 도널슨보다 더 말을 잘한 것에
할리 데이비슨 오토바이를 타고 사우스웨스트 본사에 출근하신 것에
회장이 아니라 친구가 되어 주신 것에.

– 행복한 보스의 날에 16,000명 직원 일동 –

자료 : 사우스웨스트항공 홈페이지

**그림 1.3 사우스웨스트항공 기업이미지(사례)**

### (2) 첫인상의 심리학

이미지 형성에 가장 큰 영향을 주는 것이 바로 첫인상이다. 그 이유는 다음과 같은 심리적인 이유 때문이다.

① 초두 효과 : 첫 인상이 두 번째 인상보다 강력한 영향력을 발휘한다. 적어도 40시간 동안은 그 효력이 유지된다.

② 부정적 효과 : 긍정적인 특성보다는 부정적인 특성이 인상을 결정하는 데에 더 지배적이다.

③ 인지적 구두쇠 효과 : 자기 주변의 것을 인식하는데 있어 가능하면 적은 노력을 들이려는 속성을 말한다.(상대방은 여러 번의 기회를 주지 않으려고 함)

④ 맥락 효과 : 처음 들어온 정보가 나중에 들어온 정보에 대한 처리지침이 되어 전반적인 맥락을 제공한다.

⑤ 후광 효과 : 인상이 좋으면 성격도 좋고 능력도 좋을 것 같다는 평가를 내리기 쉽다.

### (3) 첫인상 결정시간

면접에서도 첫인상을 주로 본다. 종종 지원자들이 "이 짧은 시간에 저를 다 보여드리지 못해서 아쉽습니다."라고 답변하곤 한다. 그렇다면, 그 짧은 시간에 그 사람의 내면을 어떻게 알 수 있을까?

첫인상을 결정짓는 시간은 대개 6~7초이다. 날이 갈수록 점점 더 이미지 시대로 가기 때문에 방대한 정보 속에서 일일이 검토할 시간이 없다. 피상적인 외부로 드러나는 부분을 보고 판단한다는 것이다. 요즘 현대인은 인터넷에서 홈페이지를 가는데 8초 이상이 걸리면 기다리지 못하고 다른 곳으로 가버린다. 수 초 안에 모든 것을 빨리 보여주어야만 한다.

첫인상에 관한 설문조사 결과 면접관의 85.8%가 면접 시 첫인상을 채용기준의 하나로 고려하고 있으며, 지원자의 첫인상으로 호감도를 결정하는 소요시간은 평균 8분 8초 소요된다고 하였다. 한편 취업 준비생의 75%가 '첫인상'에 신경을 쓴다고 하였다.

앞으로 외모의 가치가 판단되는 경향은 더욱 심화될 것이다. 외모는 중요하지 않고 내면이 더 중요하다는 것은 구시대적 발상이다. 그렇다고 외모만 근사한 사람은 아니다. 외모가 더 중요하다거나 내면이 더 중요하다는 것을 따지는 것은 이제 중요한 문제가 아니다.

나의 외모를 최대한 깔끔하게 가꾸고 표정을 잘 지으면 상대방에게 호감을 줄 수 있고, 내 마음도 즐거워져 일이 더 잘되는 것이다. 외적인 이미지를 구축, 강화하여 내적인 이미지를 끌어내는 것이 바로 이미지메이킹이다.

'이미지메이킹Image Making'은 "이미지를 만든다."라는 용어 자체의 의미에서 알 수 있듯이, 각 개인이 자기만이 가질 수 있는 외적 요소의 미적 추구 행위를 통해 내적 요소를 가미하여 만들어 나가는 것이다.

## 02 이미지메이킹의 요소

### 1) 메라비안 법칙

1967년 메라비안 교수는 동료들과 2가지의 실험을 한다.

첫 번째 실험에서는 호의적인 단어(자기, 고마워요 등), 중립적인 단어(아마도, 진짜? 등), 비호의적인 단어(하지마, 최악이야 등) 등의 9가지 단어를 다양한 톤으로 듣게 한 뒤, 피실험자가 단어 뒤의 감정을 유추하게 했다. 목소리 톤의 사용이 단어만 듣는 것보다 감정을 유추하는 데에 더 정확성을 준다는 것을 발견했다.

두 번째 실험에서는 '아마도'란 단어를 3가지 톤(호의, 중립, 비호의)을 사용하여 듣게 한 것과, 감정이 표현된 얼굴사진을 함께 보여주는 것을 비교했다. 피실험자는 얼굴사진을 봤을 때 톤만 듣는 것보다 더 정확하게 감정을 유추해냈다.

**이미지메이킹** = 7% 내용 + 38% 목소리 + 55% 표정

즉 감정을 드러내는 커뮤니케이션에서 7%의 내용과 38%의 목소리, 그리고 55% 표정이 독립적으로 작용하며 상대방에게 감정을 전달한다. 즉 '사랑해'라고 인식을 할 때 '사랑해'라는 단어를 밝은 톤, 행복한 표정이 더해지면서 감정을 더 정확히 받아들이는 것이다.

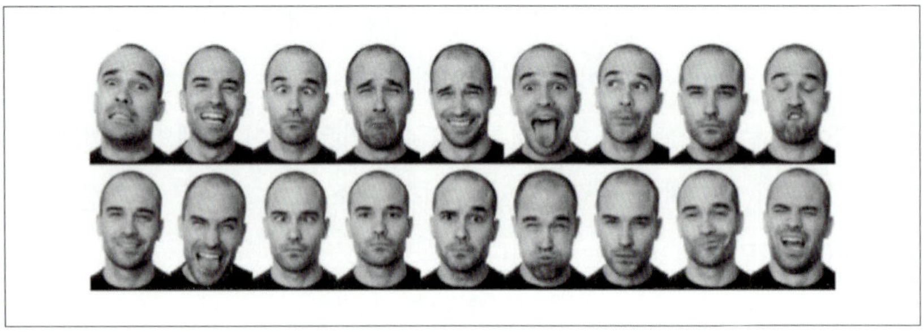

자료 : 알버트 메라비안(1981), "Silent Messages"

**그림 1.4 알버트 메라비안의 '조용한 메시지'**

## 2) 이미지메이킹 구성요소

전략적으로 이미지를 전달하고자 할 때 진정성과 같은 내면적 요소, 목소리의 톤이나 음성 등 들리는 것, 얼굴 표정이나 자세와 같은 보이는 것이 어우러져 개인의 이미지를 포지셔닝 한다.

### (1) 내적 이미지

자신의 마음을 스스로 만들어 가는 내면 이미지를 기반으로 지속적이고 진실한 외면 이미지를 유지할 수 있기 때문에, 내면 이미지는 중요한 요소이다. 내면 이미지는 외적인 이미지처럼 즉흥적으로 쉽게 바꿀 수 없으며 천천히 복합적으로 형성된다.

생활용품 기업인 도브Dove는 2013년 4월 〈진정한 아름다움 스케치Real Beauty Sketch〉라는 광고를 선보였다. 여성들이 자신의 외모를 어떻게 평가하는지 알아보는 실험방식으로 진행된 이 광고에는 실제 경찰서에서 근무한 법의학 몽타주 전문가가 등장한다. 전문가는 먼저 참가 여성이 자신의 얼굴을 설명하는 내용을 듣고 첫 번째 그림을 그렸고, 이어서 다른 사람이 같은 여성의 얼굴을 묘사하는 대로 두 번째 그림을 그렸다. 참가자가 완성된 이 두 그림을 비교한 결과는 놀라웠다. 다른 사람들이 평가한 자신의 모습이 평소 자신이 알고 있던 모습보다 훨씬 더 아름답고, 행복하고, 밝아보였기 때문이다.

광고는 "당신은 당신이 생각하는 것보다 더 아름답습니다You are more beautiful than you think."라는 문장으로 끝을 맺는다. 이미지메이킹은 자신을 아름답고 소중한 존재라고 생각하는 것부터 시작된다.

자료 : 위키피디아

**그림 1.5 진정한 아름다움 스케치**

(2) 외적 이미지

외적 이미지의 연출은 지식이나 경험, 학식 등의 축적으로 정신적 양식이 함양되어 개인의 교양으로 나타나는 내면적인 요소에 비해 신체조건에 대한 정확한 파악과 이에 따른 이미지 연출방법 습득을 통해 이루어지므로, 비교적 빠른 기간에 그 효과를 얻을 수 있는 특징을 가진다.

어떤 사람을 떠올릴 때 그 사람의 이름과 함께 머리에 떠오르는 것들이 있다. 얼굴 생김새, 표정, 말씨, 옷차림, 걸음걸이와 태도, 성격 등과 같은 외부로 표출되는 외적 요인을 말한다.

전철이나 버스 안, 거리에서 만나는 사람들의 얼굴을 보면 참으로 다양한 표정을 하고 있는 것을 볼 수 있다. 세상 고민을 혼자서 다 짊어지고 가는 듯한 얼굴, 무표정의 얼굴, 불만투성이인 얼굴, 뭔가에 잔뜩 화가 나있는 얼굴 등 온화한 표정과 행복하고 즐거운 얼굴을 하고 있는 사람들이 의외로 적다. 특히 우리나라 사람들 대부분이 얼굴에 표정이 없다. 친구들과의 만남에도 언제나 굳어진 얼굴이나 어두운 표정을 하고 나타나는 친구가 있는데, 그 한 사람으로 인해 전체 분위기가 금방 침체되는 것을 종종 경험할 수 있다.

이처럼 얼굴의 표정은 그 사람의 기분이나 생활, 인생까지도 나타낸다. 웃는 얼굴로 하루를 보낼 수만 있다면 그것은 매우 행복한 인생이라고 할 수 있다.

### (3) 대화 이미지

자신의 내면 안에 많은 능력과 열정이 있더라도 그것을 말로 검증하지 않으면 사람들은 알지 못하고 애써 알려고 하지도 않는다. '말을 잘한다는 것'과 '잘 말하는 것'은 엄연히 다르다.

물론 말을 잘할 수 있도록 타고난 사람이 있지만, 이런 사람이 꼭 잘 말할 수 있는 것은 아니다. 잘 말할 수 있도록 후천적인 학습과 노력을 통해 담백하고 정갈하게 만들 수가 있는 것이다.

상대방과 대화를 나누기 위한 목소리는 그 사람의 역사이다. 열심히 산 사람에게는 열정이, 여유 있게 산 사람에게는 여유로움이, 날카롭게 산 사람에게는 날카로움이 목소리에 들어가기 마련이다. 그런데 문제는 자신의 목소리가 어떤 형태를 띠고 있는지 다른 사람은 아는데 자기 자신만이 모른다는 것이다.

목소리에도 형태가 있고 제스처가 있다. 목소리는 무형의 신호가 아닌 엄연히 형태가 있는 유형의 신호이다. 그 유형의 목소리 제스처가 날카롭다면 부드럽게 만들어야 한다. 목소리의 제스처가 너무 냉정하다면 따뜻하게 만들어야 한다.

목소리는 그 사람의 내면을 알 수 있는 하나의 신호이다. 그래서 어떤 사람을 처음 만났을 때 '이 사람은 어떤 사람이지?', '이 사람이 나를 속이면 어떻게 하지?'와 같은 고민을 하게 된다. 특히 비즈니스로 만나는 관계에서는 그 중요성이 더욱 크다고 할 수 있다.

## 03 서비스인의 이미지관리

### 1) 이미지 연출

누구나 첫인상이 있다. 백화점에서나 카페에서나, 혹은 공항이나 버스 안에서도 서비스 경험 전의 첫 느낌에 따라 만족도가 달라지곤 한다.

자료 : kaijupop.com; www.reward-guide.co.uk; www.miaminewtimes.com; www.shieldsgazette.com

**그림 1.6 서비스접점에서의 이미지메이킹**

따라서 첫인상이 좋아야 한다. 첫인상이 좋으면 호감을 준다. 호감을 주면 인간관계가 지속되어 계약·약속에 대해 존중받을 수 있지만, 그렇지 못하면 주는 것 없이 싫고 거부감을 주게 되며 인간관계는 단절되고 만다.

### 2) 이미지관리의 중요성

서비스인의 이미지를 관리해야 하는 중요한 이유는 서비스접점에서 고객이 기대하는 것보다 좀더 높게 서비스를 경험(체험)할 수 있도록 하기 위해서이다.

기대감을 만족시킬 수 있는 방법은 유형성, 신뢰성, 반응성, 설득성, 공감성을 높여주는 다섯 가지 방법이 있다.

① 유형성은 직원의 외모, 자료의 외형 등으로 판단할 수 있다. 따라서 직원의 바른자세와 태도, 청결성 등은 보이지 않는 서비스의 단서를 가장 먼저 제공한다.
② 신뢰성은 계산의 정확성, 약속의 이행과 같이 정확하고 일관성 있는 서비스 수행 자세를 보임으로써 형성된다.
③ 반응성은 고객이 요구하는 것에 대한 신속한 서비스를 제공하는 자세이다. 따라서 서비스 스탠더드Standard 자세를 바로 익히고 각각 고객에게 맞는 속도의 대화법과 업무처리가 필요하다.
④ 설득성은 직원의 예절, 신뢰, 자신감을 전달할 수 있는 능력을 말한다.
⑤ 공감성은 고객에게 제공하는 개별적인 배려와 관심을 말한다.

### 3) 서비스인의 이미지

서비스는 물적 서비스 자체만으로는 경쟁력을 갖기 어려우며 인적서비스를 더해야만 상품의 가치 또한 더 높아진다. 따라서 기업은 서비스 접점에서 근무할 직원의 채용과정에서부터 내 · 외적 이미지를 중요시하며, 채용 후 교육과정에서도 이미지관리를 위한 교육을 통해 종사자들에게 그 중요성을 고취시키는데 역점을 두고 있으며, 다음과 같은 요인을 꼽을 수 있다.

**표 1.1 서비스 접점직원의 이미지 요인**

| 구 분 | 요 인 | 구 분 | 요 인 |
|---|---|---|---|
| 외형 | 크지도 작지도 않은 신장 | 스타일 | 적당한 길이의 손톱 |
| | 날씬한 몸매 | | 적당한 향수냄새 |
| | 예쁜 얼굴 | | 유니폼과의 조화 |
| | 깨끗한 피부 | | 너무 화려하지 않은 액세서리 |
| | 세련된 화장 | | 깨끗한 구두 |
| | 세련된 헤어스타일 | 적극성 | 고객의 질문에 친절하고 예의바른 응답 |
| 태도 | 깨끗하고 깔끔한 유니폼 | | 고객 요구의 이해와 적극적 노력 |
| | 뛰어난 외국어 실력 | | 제공서비스와 제공시간 지킴 |
| | 예쁘고 편안한 미소 | | 고객의 필요에 따라 적극적으로 도움 |
| | 항상 밝은 표정 | | 서비스 전반에 관한 해박한 지식 |
| | 항상 바른자세 | 친절성 | 항상 친절하고 예의바름 |
| 인성 | 표준말 사용 | | 항상 미소를 잃지 않음 |
| | 듣기 좋은 음성 | | 지적인 말투와 화법구사 |
| | 적당한 속도의 말 | | 고객에 대한 배려심 |
| | 세련된 어휘구사 | | 외국인 고객과의 의사소통 |

IMAGE MAKING CHAPTER 2

# 개인 이미지 구축

## 01 개인 이미지 분석단계

이미지메이킹에서 가장 중요한 것은 개인Personal의 내적 성향과 외적 신체조건, 그리고 목적을 고려하여 전략적으로 아이덴티티Identity를 찾는 것이다.

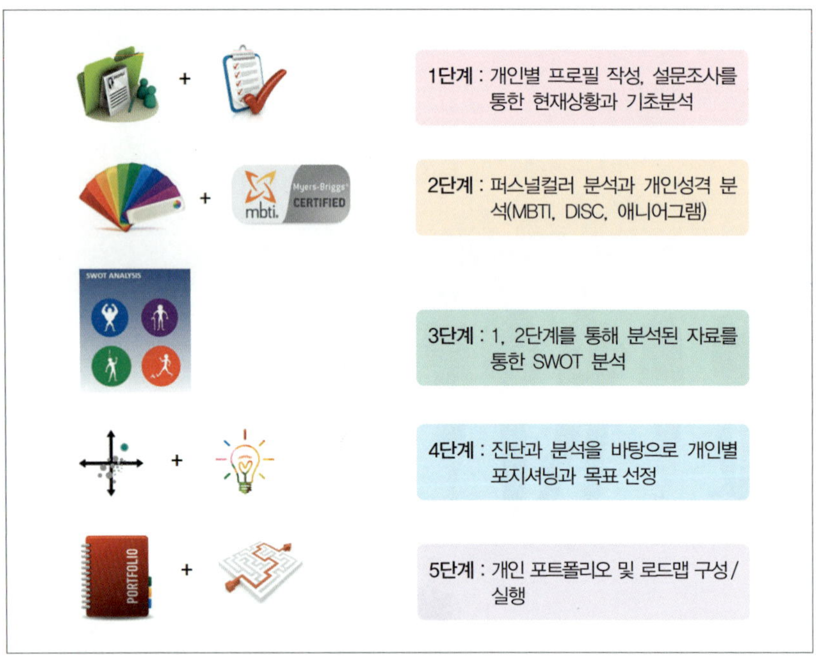


그림 2.1 전략적 개인 이미지 구축 프로세스

본인의 아이덴티티를 찾기 위해서는 정확한 진단과 분석이 동반되어야 한다.

## 02 진단지를 활용한 개인 이미지 분석

### 1) 1단계 : 개인 프로필

| 인 적 사 항 | | | |
|---|---|---|---|
| 성 명 | | | |
| 주 소 | | | |
| 휴대전화 | | E-mail | |
| 학 력 | | | |
| 학교명 | | 전 공 | |
| | | | |
| | | | |
| | | | |
| | | | |
| 경 력 사 항 | | | |
| 근무기간 | 근 무 지 | 직 위 | 담당업무 |
| | | | |
| | | | |
| | | | |
| | | | |
| | | | |
| 봉 사 활 동 | | | |
| 기 간 | 봉사기관 | 업 무 | |
| | | | |
| | | | |
| 자격사항 및 수상경력 등 | | | |
| 자 격 명 | 취득년도 | 수상경력 | 수상년도 |
| | | | |
| | | | |
| | | | |

## 2) 1단계 : 설문조사

이 단계는 여러분이 정말로 누구인지 파악하고 자신의 인생에서 성취하고자 하는 바를 묘사하는 것이다. 갖고자 하는 욕심이 아니라 어떠한 가치관을 실현하고자 하는 것을 아는 것이 중요하다. 이 분석은 어려운 부분이므로 시간을 갖고 여유 있게 작성해 본다.

**이름 :** **나이 :** **성별 :**

① 현재 자신의 가치관(자신이 삶에 부여하는 핵심원칙, 즉 여러분의 행동과 태도를 선택을 결정하는 표준)을 한마디로 표현해 보세요.

② 현재 자신의 관심과 열정
• 나에게 현재 24시간을 마음껏 쓸 수 있다면, 어떤 일을 하고 싶나요?

• 현재 가장 많은 시간을 쏟고 있는 일은 어떤 일인가요?

③ 비전과 미션
• 나의 사명은 무엇입니까?

• 나의 꿈은 무엇이며, 현실화하고자 하는 비전은 무엇입니까?

• 내가 원하는 성공의 모습은 무엇입니까?

• 내가 원하는 경제적, 사회적, 인간적, 가정적, 신체적 목표는 무엇입니까?

• 내가 하고 있는 지금의 일과 나의 비전은 한 방향성에 있습니까?

④ 장점(삶에서 지속적으로 긍정적인 결과를 발휘하고 있는 특정 능력)

• 나의 핵심 강점은 무엇인가요?

• 그 강점은 경쟁자 대비 차별적 우위요소가 있습니까?

• 내 삶의 목표는 무엇이며, 그 목표를 통해 달성하고자 하는 비전은 무엇입니까?

• 나의 인생을 지속적이고 일관되게 끌고 나가는 사명은 무엇입니까?

⑤ 단점

⑥ 성격 특성

⑦ 교육 및 업무 경험

• 학교

• 자격증 및 교육이수 내역

• 아르바이트 및 인턴 경험

• 기타 경험

⑧ 360도 피드백

• 주관적인 나(I)를 이야기해 본다.

내가 생각하는 나는 어떤 사람인가? 여러 역할별로 그 역할을 수행하는 역량과 스타일을 스스로 진단해 본다. 자식으로서, 언니로서, 학교에서는 선배로서 혹은 후배로서, 회사의 신입사원으로서 혹은 아르바이트생으로서의 역할을 세분화하고 그 역할을 수행하는 역량은 갖추고 있는지, 어느 정도의 수준에서 그 역할을 수행하고 있는지를 살펴본다.

• 객관적인 나(Me)를 살펴본다.

내가 생각하는 나를 살펴보았다면, 다음으로 여러 역할별 그 역할을 수행해야 하는 대상자들에게 과연 그 역할을 수행하는 나의 역량은 어떤 수준인지, 어떤 스타일로 역할을 수행하는지 그 역할의 대상(고객)을 통해 객관적으로 파악해 본다. 필요하다면 MBTI, STRONG 같은 조사를 통해 객관화된 성격유형의 판단, 적성과 흥미를 점검해 보는 것도 좋은 방법이며, 이외에도 U&I 성격적성검사, 에니어그램, DISC 등의 객관적인 조사를 통해 스스로를 명확히 하는 것도 좋은 방법이다. 또한 객관적인 나(Me)를 조사하는 것은 실제적으로 그 역할 대상자들에게 정성적 조사(인터뷰, 대화 등)와 정량적인 설문조사를 통해 진행되어 그 결과치를 도출, 점검해야 한다.

• 주관적인 나(I)와 객관적인 나(Me) 사이의 갭(Gap)을 인식한다. 그것이 바로 현재의 나(Real I)이다.

GAP

| 구 분 | 주관적인 나(I) | 객관적인 나(Me) |
|---|---|---|
| 타인에 대한 역할 | | |
| 역할을 수행하는 방식 | | |
| 타인과 상호작용하는 방식 | | |
| 평 판 | | |

아마도 실제적으로 나의 두 가지 모습에 대해 고민하고 있다면, 주관적인 나(I)와 객관적인 나(Me) 사이에 예상 외로 큰 갭(Gap)이 존재한다는 사실을 알게 되었을 것이다. 우리는 이러한 조사들을 통해 현시점에서 객관화된 모습을 점검할 수 있는 기회를 가져볼 수 있고, 이를 통해 역할 수행 대상자의 욕구와 이후 역할 수행을 위해 무엇을 개선하고 바꿔나가야 하는지를 알 수 있다.

⑨ 타깃시장

• 내가 싸우고자 하는 시장(Battle Filed)은 어디인가?

• 나의 경쟁자는 누구인가?

• 나의 현재적 · 잠재적 고객은 누구인가?

• 나의 고객에게 나는 무엇을 세일즈하려고 하는가?

• 그것의 차별화된 강점, 경쟁 우위적 요소는 무엇인가?

• 결론적으로 나는 ______________분야에서 ________________한 사람으로 기억되길 바란다.

### 3) 2단계 : 퍼스널 컬러 분석

퍼스널 컬러는 개개인 자신에게 어울리는 컬러, 자신을 돋보이게 하는 컬러를 말한다. 미국에서 유래된 컬러시스템으로, 사람이 태어날 때부터 지니는 피부, 머리카락, 눈동자색과 조화롭게 어우러져 이미지를 긍정적으로 작용하게 해주는 컬러이다. 퍼스널 컬러는 성격에 따라 봄, 여름, 가을, 겨울로 크게 사계절 그룹으로 나눈다.

그림 2.2 퍼스널 컬러 분석방법

#### (1) 색채 감성도

색채 감성도 진단은 색의 선호도와 힐링 컬러를 테스트하는 것이다. 기본 색상에 따른 일반적 이미지 감성은 다음과 같다.

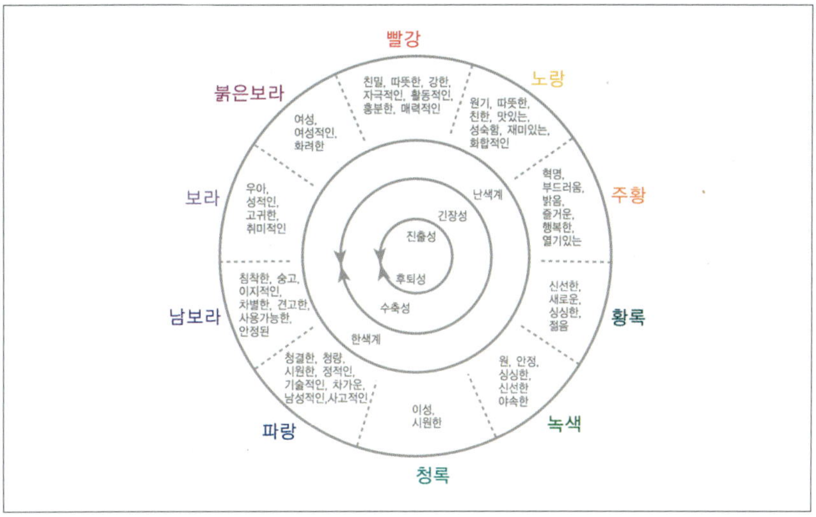


그림 2.3 기본 색상에 따른 이미지 감성

색채감성Color Sensibility은 인간이 색채를 통해 느낄 수 있는 모든 종류의 감성을 뜻하는 것으로, 파란색을 차갑게 느끼거나 초록에서 평화를 연상하는 현상이 색채감성의 일종이다.

보라색에 유난히 끌리는 느낌을 받는 경우는, 개인의 기질이 색채감성과 부합하여 가치를 부여했기 때문이다. 주홍색 식탁보가 깔린 식탁에서 식욕을 느끼고 붉은 색이 빠르다는 인식을 갖게 되는 것도 색채에 대한 인간의 감성이 발현된 경우이다.

이러한 색채감성은 하나의 특정 색채에서 느끼는 감성과 여러 배색에서의 감성이 달리 나타나고, 매체의 특성에 따라서도 다양한 감성이 발현된다.

색채감성은 색채에 대해 개인이 받아들이는 주관적 아름다움으로 나타난다. 주관적 아름다움은 수용과 거부로 발현될 수 있고, 때로는 기억과 망각으로 정리되기도 한다. 색채에 대한 개인의 판단에는 원인을 알 수 있는 것도 있지만, 원인을 알 수 없는 경우도 많다.

색채는 감성이며 이미지이기 때문에, 이러한 사람의 심리가 반영된다. 고유한 색이 전달하는 이미지란 사람들의 색채에 관한 사고의 표상으로 색채를 인지할 때, 광선이 눈을 통해 뇌에 지각하는 과정을 거치는 단계에서 주관적인 판단에 따라 감정적으로 해석을 하게 되는 것이다.

### (2) 감성 라이프스타일

개인의 감성은 감정과 구분되는 심리변화로써, 외부의 감각자극에 대해 직관적으로 반사적으로 발생되며 개인의 생활 경험과 상황에 따라 다양하게 변화된다.

개인의 감성에 영향을 미치는 특성은 연령, 성별, 교육 정도와 같은 인구통계학적 요소, 거주환경, 지역사회, 기후와 지리적 환경 등과 같은 사회적 요소, 전통과 풍습, 종교, 의식주의 생활문화 등과 같은 문화적 요인들이 개인의 감성을 결정하는 데에 커다란 영향을 미친다.

대개 젊은 시절에는 가볍고 밝은 색을 선호하고, 장년이 되면 완숙하며 풍부하고 화려한 색을 좋아하게 되며, 노년으로 접어들면 약한 색을 선호하는 경향이 높아진다. 계절별로는 봄에는 산뜻한 색을, 여름에는 밝은 색, 겨울에는 어두운 색을 선호한다. 계층별로는 상류층은 맑고 부드러우며 섬세한 파스텔풍의 색채와 배색, 저소득층은 강하면서 밝은 원색 계통, 일반인들은 적색, 지식층은 청색을 선호하는 것으로 심리학적 요소와 관계가 깊다.

### 1 현재 나의 외적 이미지는?

지금부터 나의 이미지와 얼굴형, 피부톤, 세부적인 체형, 그리고 나에게 어울리는 색상을 내가 생각하는 것과 타인이 나에 대해 생각하는 것을 판단·비교하여 진단해 볼 것이다. 그리고 나의 결점을 커버해 줄 수 있는 코디, 나에게 어울리는 코디를 생각해 볼 것이다.

가) OOO의 체형분석

㈎ 타인이 보는 나

- 전체적인 얼굴인상 : 부드러워 보인다, 분위기 있어 보인다, 밝아 보인다, 이지적이다, 차가워 보인다, 날카로워 보인다 등등

- 얼굴형태

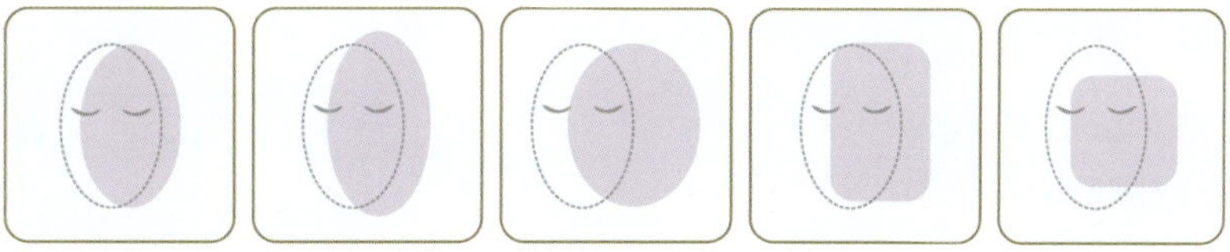

□계란형 □긴형 □둥근형 □직사각형 □정사각형

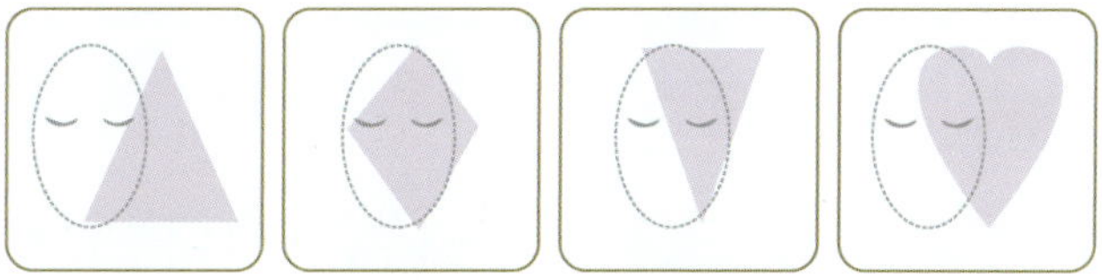

□삼각형 □마름모형 □역삼각형 □하트형

- 피부톤 및 느낌

- 세부적인 체형분석

각 항목별로 1점부터 7점까지로 보았을 때, 어느 정도로 인식하고 있는지 아래와 같이 표시한다.

| | | 1 | 2 | 3 | 4 | 5 | 6 | 7 | |
|---|---|---|---|---|---|---|---|---|---|
| 키 | (작다) | | | | | • | | | (크다) |
| 체중 | (가볍다) | | | | • | | | | (무겁다) |
| 목길이 | (짧다) | | | | • | | | | (길다) |
| 목굵기 | (가늘다) | | | | • | | | | (굵다) |
| 어깨넓이 | (좁다) | | | | • | | | | (넓다) |
| 어깨경사 | (쳐졌다) | | | • | | | | | (솟았다) |
| 가슴크기 | (작다) | | | | • | | | | (크다) |
| 허리굵기 | (가늘다) | | | • | | | | | (굵다) |
| 허리길이 | (짧다) | | | | • | | | | (길다) |
| 배 | (평평하다) | | | • | | | | | (튀어나왔다) |
| 골반넓이 | (좁다) | | | | • | | | | (넓다) |
| 엉덩이 | (납작하다) | | | | • | | | | (튀어나왔다) |
| 팔길이 | (짧다) | | | | • | | | | (길다) |
| 팔굵기 | (가늘다) | | | • | | | | | (굵다) |
| 다리길이 | (짧다) | | | | | • | | | (길다) |
| 허벅지 | (가늘다) | | | | • | | | | (굵다) |
| 종아리 | (가늘다) | | | • | | | | | (굵다) |
| 다리형태 | (휘었다) | | | | | • | | | (곧다) |

- 전체적인 체형

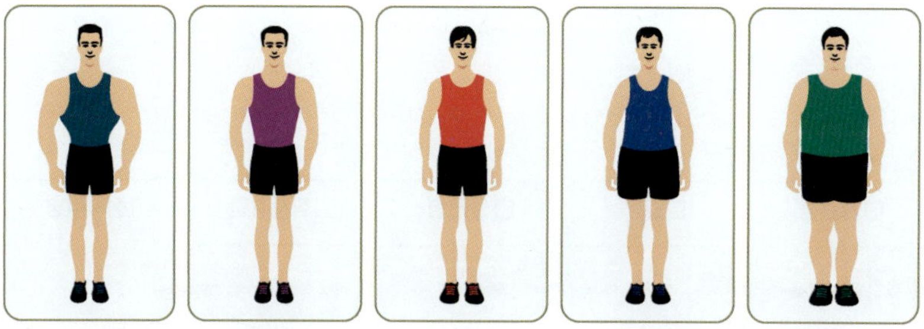

역삼각형 장사방형 사각형 삼각형 타원형

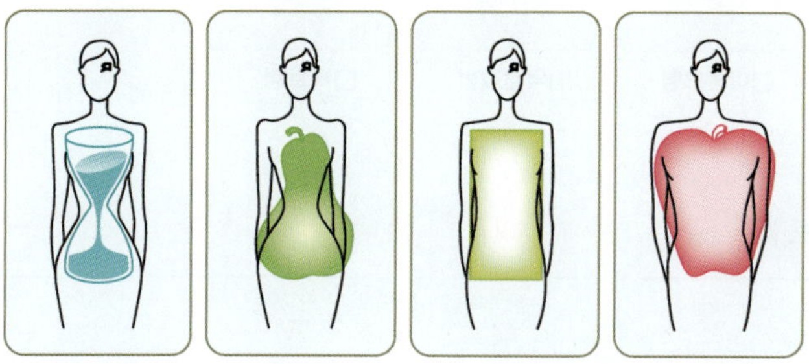

모래시계형 배형 사각형 사과형

- 체형상의 특징

㈏ 내가 보는 나

- 전체적인 얼굴인상

- 얼굴형태

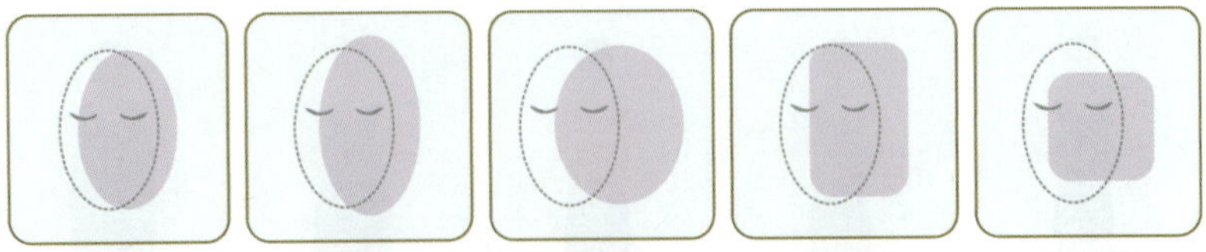

□계란형 □긴형 □둥근형 □직사각형 □정사각형

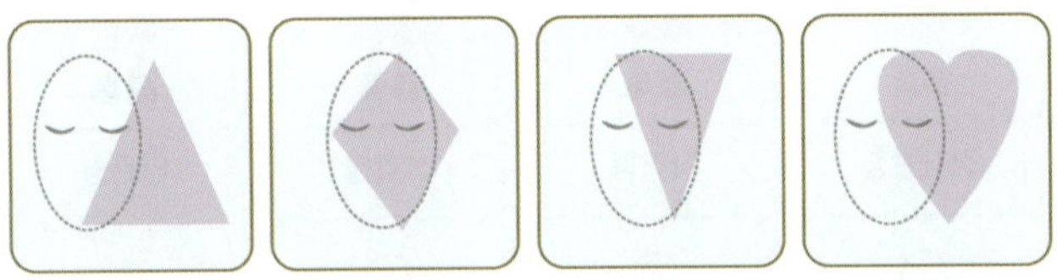

□삼각형 □마름모형 □역삼각형 □하트형

- 피부톤 및 느낌

- 세부적인 체형분석

| | | 1 | 2 | 3 | 4 | 5 | 6 | 7 | |
|---|---|---|---|---|---|---|---|---|---|
| 키 | (작다) | | | | | | | | (크다) |
| 체중 | (가볍다) | | | | | | | | (무겁다) |
| 목길이 | (짧다) | | | | | | | | (길다) |
| 목굵기 | (가늘다) | | | | | | | | (굵다) |
| 어깨넓이 | (좁다) | | | | | | | | (넓다) |
| 어깨경사 | (처졌다) | | | | | | | | (솟았다) |
| 가슴크기 | (작다) | | | | | | | | (크다) |
| 허리굵기 | (가늘다) | | | | | | | | (굵다) |
| 허리길이 | (짧다) | | | | | | | | (길다) |
| 배 | (평평하다) | | | | | | | | (튀어나왔다) |
| 골반넓이 | (좁다) | | | | | | | | (넓다) |
| 엉덩이 | (납작하다) | | | | | | | | (튀어나왔다) |

| | | 1 | 2 | 3 | 4 | 5 | 6 | 7 | |
|---|---|---|---|---|---|---|---|---|---|
| 팔길이 | (짧다) | | | | | | | | (길다) |
| 팔굵기 | (가늘다) | | | | | | | | (굵다) |
| 다리길이 | (짧다) | | | | | | | | (길다) |
| 허벅지 | (가늘다) | | | | | | | | (굵다) |
| 종아리 | (가늘다) | | | | | | | | (굵다) |
| 다리형태 | (휘었다) | | | | | | | | (곧다) |

- 전체적인 체형

역삼각형 장사방형 사각형 삼각형 타원형

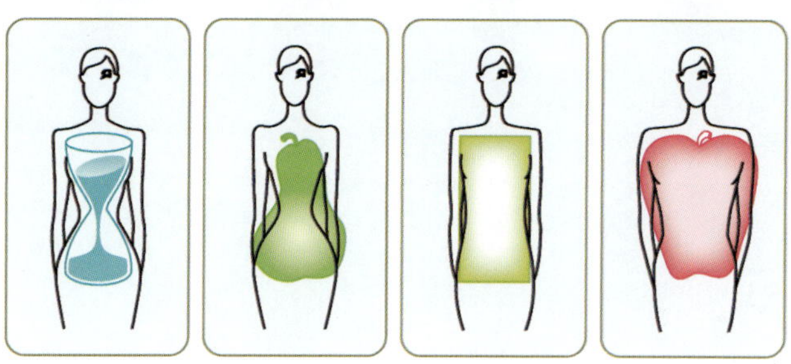

모래시계형 배형 사각형 사과형

- 체형상의 특징

㈐ 타인이 보는 나와, 내가 보는 나의 비교

- 나의 연령대는?

- 나의 직업은?

## 체형 자가진단 하는 방법

오늘날 서구에서 운동처방을 할 때 널리 쓰이는 기준인 체형 분류법을 확립한 사람은 미국의 의사 겸 심리학자 윌리엄 셸던이다. 그는 체형을 결정하는 3가지 기본요소로 발생학 상 세포의 내배엽에서 유래하는 내장, 중배엽에서 생기는 뼈나 근육, 또 외배엽에서 발생한 피부와 신경조직의 비율에 주목했다. 이 비율에 따라 체형을 나누고 체형별로 체력과 스트레스에 대한 반응의 정도가 달라진다고 보았다. 그리고 체형이 기질에도 영향을 끼친다고 주장했다. 예컨대, 내배엽형은 느긋하며, 중배엽형은 모험적이고, 외배엽형은 사람보다 관념을 더 좋아한다는 식이다. 이 때문에 그의 이론은 지나치게 결정론적이라는 비판을 받기도 했다. 기질과 체형이 일치하지 않는 경우도 많다. 체형 분류는 스스로를 잘 알기 위해 자신의 몸과 그 몸이 움직이는 방식을 이해하도록 돕는 선까지만 유의미하다.  체형 자가진단표를 참고로 자신의 체형을 파악해 보자.

**【체형 자가진단표】**

① 외배엽 체형

• 특징

가슴과 어깨가 좁고 길고 가는 팔과 다리, 손과 발을 가지고 있다. 신체구성에 있어서는 지방량이 매우 적고 근육이 길며 얇다. 골격구조도 가는 편이며 근육량도 적다. 체중이 쉽게 늘지 않고 늘어도 한계가 있다. 근육량을 늘리는 데도 다른 체형보다 시간이 오래 걸리는 편이다. 신경이 예민한 편이어서 쉽게 스트레스를 받는다.

□ 몸통에 비해 팔다리가 길다.
□ 몸의 뼈가 가는 편이다.
□ 몸통, 팔, 다리뼈의 두께에 비해 관절이 가는 편이다.
□ 음식을 많이 먹어도 잘 살이 찌지 않는 편이다.
□ 운동을 심하게 하면 근육보다 관절이 먼저 아프다.
□ 운동을 많이 해도 근육이 쉽게 붙지 않는다.
□ 운동을 할 때 쉽게 지친다.
□ 하던 운동을 중단하면 근육이 쉽게 빠지는 것 같다.
□ 소화력이 좋은 편이다.
□ 순발력은 좋으나 지구력이 약하다고 생각한다.
▶5개 이상 : 자신의 체형 / 3개 이상 : 그 체형의 특징도 있음

• 운동법

주요근육 군과 몸 속 깊이 있는 근섬유를 자극하여 최대한 근육을 성장시키는 운동에 초점을 두는 편이 좋다. 근력운동에 집중해야 하며, 운동속도를 늦추는 것이 필요하다. 고강도의 유산소운동보다 가볍게 걷기, 실내자전거 같은 저강도의 유산소운동이 잘 맞는다. 호리호리한 수직형 체형을 가지고 있어서 외형만 고려하여 팔, 다리, 가슴 위주로 운동을 하는 경우가 많은데, 허리와 복부운동에 특히 신경을 써야 한다.

② 중배엽 체형

• 특징

넓은 가슴, 긴 척추, 단단한 근육을 지닌 체형이다. 몸 전체의 균형이 잘 맞고 운동의 효과가 가장 빠르게 나타난다. 그리고 선천적으로 골격이 큰 편이며, 근육의 성장속도가 다른 체형보다 빠르다. 또한 본인의 의지에 따라 적당히 근육도 키우고 피하지방도 줄일 수 있는 이상적인 체형이다.

□ 몸의 뼈가 크고 굵은 편이다.
□ 상체와 하체의 길이가 균형적인 편이다.
□ 운동신경이 좋은 편이다.
□ 하루 세끼식사를 꼭 챙겨먹어야 한다.
□ 운동을 하면 효과가 빨리 나타나는 것 같다.
□ 운동을 할 때 쉽게 지치지 않는다.
□ 근력과 지구력이 평균 이상이다.
□ 과식을 하면 체중이 쉽게 증가하는 편이다.
□ 운동은 좋아하지만 쉽게 싫증이 난다.
□ 체중이 적당한 편이라고 생각한다.
▶5개 이상 : 자신의 체형 / 3개 이상 : 그 체형의 특징도 있음

• 운동법

운동결과가 빨리 나타나므로, 되레 오버트레이닝을 주의해야 한다. 지방연소 속도보다 근육성장 속도가 빨라 실제보다 살쪄 보이는 경우도 많으므, 유산소운동에 신경을 써야 한다. 똑같은 운동을 반복하기보다는 근력운동과 등산·골프 등 야외활동, 활동적인 휴식을 섞어 번갈아 하는 편이 잘 맞는다. 운동을 하면 하체보다 상체의 발달이 빠른 편인데, 상·하체의 균형을 맞추기 위해 하체운동에 신경을 써야 한다.

③ 내배엽 체형

• 특징

신진대사가 느린 편이어서 지방연소가 어렵고, 운동을 해도 근육이 잘 드러나지 않는 체형이다. 골격이 크고 넓은 편이며, 근육조직이 부드러운 편이어서 몸무게와 체지방이 쉽게 증가한다. 운동에 대한 반응효과는 높지만, 살도 쉽게 찌는 유형이다. 운동과 다이어트를 그만두면 체중이 급격히 증가할 수도 있다.

□ 남들에 비해 뼈가 굵은 편이다.
□ 남들에 비해 팔다리가 굵은 편이다.
□ 남들에 비해 몸통이 굵은 편이다.
□ 운동신경이 좋은 편이다.
□ 근력은 좋은데 지구력이 약하다.
□ 피곤하면 몸이 자주 붓는 편이다.
□ 근력운동을 하면 쉽게 근육이 증가한다.
□ 폭식을 자주하는 편이다.
□ 남들에 비해 뱃살이 많은 편이다.
□ 과체중이라고 생각한다.

▶5개 이상 : 자신의 체형 / 3개 이상 : 그 체형의 특징도 있음

• 운동법

외배엽형과는 정반대로 높은 강도의 유산소운동을 통해 지방연소를 극대화하는데 중점을 둬야 한다. 여기에 근력운동을 병행하면 칼로리를 더 많이 소모할 수 있다. 체내에 근육량이 많은데도 근육층 위의 피하지방 때문에, 근육이 아닌 지방으로 보이는 경우가 많은 체형이어서 과도한 근력운동은 피하는 것이 좋다. 식생활에서 지방섭취를 줄이고 규칙적인 생활로 신체 대사기능을 빠르게 하는데 주력해야 한다.

#### (3) 신체 색상 유형분석(사계절 드레이핑)

자연색체의 조화원리를 기초로, 모든 색이 한색(차가운 색)과 난색(따뜻한 색)으로 구분된다는 개념을 바탕으로 자연의 사계절 특성에 따라 색채를 분류한다.

그림 2.4 사계절 드레이핑 진단모습

### 4) 2단계 : 개인 성격 분석

개인의 성격을 분석하는 방법은 MBTI, DISC, 에니어그램 등 여러 가지 검사지를 활용하는 방법이 있다. 그 중 MBTI 성격 유형을 간단히 검사할 수 있는 한국심리연구소의 간이 검사지를 통해 본인의 성격 유형을 파악해 본다.

## MBTI 성격유형 간이 검사지

**【실시요령】**

1. 다음 각 번호별로 제시되어 있는 두 개의 문장을 읽고 나에게 보다 많이 해당되는 것에 ○ 합니다.
2. ○ 개수를 세어 합계란에 쓰고, 점수가 큰 쪽의 유형을 □ 안에 씁니다.
3. □ 안에 쓴 영어 알파벳을 맨 나중에 차례대로 4가지를 붙여 씁니다.

• 나의 에너지 방향은? □

| 번호 | E 유형 | 표시 | I 유형 | 표시 |
|---|---|---|---|---|
| 1 | 나는 여러 친구들과 많이 사귀는 편이다. | | 나는 몇 명의 친구들과 깊이 사귀는 편이다. | |
| 2 | 계발활동을 갈 때 새로운 친구들을 만나는 것이 신난다. | | 새로운 계발활동 부서에 갈 때 처음 보는 친구들과 앞으로 어떻게 지낼까 걱정이다. | |
| 3 | 처음 보는 친구들을 만나면 내가 먼저 말한다. | | 처음 보는 친구들을 만나면 다른 친구가 나에게 먼저 말한다. | |
| 4 | 나의 생각이나 느낌을 다른 사람에게 이야기하는 편이다. | | 나의 생각이나 느낌을 내 마음 속에 간직하는 편이다. | |
| 5 | 나는 친구들과 함께 하는 놀이가 좋다. | | 나는 나 혼자 재미있게 하는 놀이가 좋다. | |
| 6 | 나는 많은 친구들에게 이야기하길 좋아한다. | | 나는 친한 친구들에게 이야기하기를 좋아한다. | |
| 7 | 친구들과 함께 공부하면 잘된다. | | 나 혼자 공부하면 더 잘된다. | |
| 8 | 나는 나의 생각과 느낌을 말로 표현하는 것이 편하다. | | 나는 나의 생각과 느낌을 글로 표현하는 것이 편하다. | |
| 9 | 주위 사람들은 내가 활발하다고 말한다. | | 주위 사람들은 내가 얌전하다고 말한다. | |
| 합 계 | | | 합 계 | |

• 나의 인식 기능은? □

| 번호 | S 유형 | 표시 | N 유형 | 표시 |
|---|---|---|---|---|
| 1 | 나는 친구들에게 내가 직접 보고 들은 것에 대해 얘기하는 것을 좋아한다. | | 난 친구들에게 내가 상상한 것을 이야기하는 것을 좋아한다. | |
| 2 | 나는 실제로 있었던 사람이나 사실에 대한 책을 좋아한다. | | 나는 상상으로 지어낸 이야기를 좋아한다. | |
| 3 | 어려운 일에 부딪히면 하던 일을 잘 못한다. | | 어려운 일에 부딪히면 도전하고 싶은 마음이 생긴다. | |
| 4 | 나는 무엇을 할 때 전에 배웠던 대로 하는 것이 편하다. | | 나는 무엇을 할 때 새로운 방법을 생각해서 해볼 때 더 재미있다. | |
| 5 | 나는 그려진 그림에 색칠하기를 좋아한다. | | 나는 이야기 지어내기를 좋아한다. | |
| 6 | 나는 현재에 최선을 다하는 것이 중요하다고 생각한다. | | 나는 미래에 대한 꿈을 갖는 것이 중요하다고 생각한다. | |
| 7 | 나는 선생님이 가르쳐 주신 방법대로 하는 편이다. | | 나는 나 스스로 나만의 방법을 만들어서 하는 편이다. | |
| 8 | 내가 좋아하는 책은 읽은 것이라도 또 읽는다. | | 나는 새로운 다른 책을 읽는 것이 좋다. | |
| 9 | 나는 부지런하고 성실하다는 얘기를 듣는 편이다. | | 나는 기발하고 엉뚱하다는 이야기를 듣는 편이다. | |
| | 합 계 | | 합 계 | |

• 나의 판단 기능은? □

| 번호 | T 유형 | 표시 | F 유형 | 표시 |
|---|---|---|---|---|
| 1 | 나는 불공평한 것이 가장 나쁘다고 생각한다. | | 나는 다른 사람의 마음에 상처를 주는 것이 가장 나쁘다고 생각한다. | |
| 2 | 나는 공부 잘하는 실력 있는 학생으로 인정받고 싶다. | | 나는 친구들 사이에서 인기가 좋은 학생으로 인정받고 싶다. | |
| 3 | 우리 편이 지면 다음번에는 이기도록 계획을 짠다. | | 우리 편이 지면 '다음에 이기면 되지'하면서 친구들의 기분을 좋게 해준다. | |
| 4 | 친구의 잘못된 점은 지적해주는 편이다. | | 친구의 잘못된 점을 지적해 주면 친구가 어떻게 생각할까 걱정이 돼서 말하지 않는 편이다. | |
| 5 | 나는 공평한 사람이 되고 싶다. | | 나는 친절한 사람이 되고 싶다. | |
| 6 | 달리기에서 이기면 기분이 아주 좋다. | | 달리기에서 이기면 기분은 좋지만, 진 사람은 기분이 어떨까 생각한다. | |

| | | | | |
|---|---|---|---|---|
| 7 | 나는 똑똑한 사람으로 인정받고 싶다. | | 나는 따뜻한 사람으로 인정받고 싶다. | |
| 8 | 도둑질을 하는 학생은 벌을 받아야 한다고 생각한다. | | 도둑질을 하는 학생은 도둑질을 하지 않도록 도움을 받아야 한다고 생각한다. | |
| 9 | 벌금을 받을 때는 규칙대로 정확하게 받아야 한다. | | 벌금을 받을 때는 상황에 따라 그 사람의 사정을 고려해서 받아야 한다. | |
| 합 계 | | | 합 계 | |

• 나의 생활양식은? □

| 번호 | J 유형 | 표시 | P 유형 | 표시 |
|---|---|---|---|---|
| 1 | 내가 해야 할 일을 먼저 하고 논다. | | 내가 할 수 있는 일이라면 먼저 재미있게 놀고 난 후에 해도 괜찮다. | |
| 2 | 수업 계획에 따라 차근차근 가르쳐 주시는 선생님이 좋다. | | 그때그때마다 우리가 좋아하는 것에 맞추어 수업 내용을 바꾸어서 가르치는 선생님이 좋다. | |
| 3 | 나는 정리정돈 된 깨끗한 방이 좋다. | | 나는 내 마음대로 흩어놓을 수 있는 방이 좋다. | |
| 4 | 하기 쉽게 잘 짜인 숙제를 나는 좋아한다. | | 새로운 방법으로 하는 숙제를 나는 좋아한다. | |
| 5 | 자전거를 탈 때 어디로 갈지 미리 생각하고 탄다. | | 자전거를 탈 때 그냥 달리고 나서 어디로 갈지 생각한다. | |
| 6 | 나는 일기장이나 과제물을 잘 챙기는 편이다. | | 나는 일기장이나 과제물을 잘 잊어먹는 편이다. | |
| 7 | 무엇을 공부해야 할지 자세히 가르쳐 주시는 선생님이 좋다. | | 우리들 스스로 송부할 것을 선택하도록 맡기시는 선생님이 좋다. | |
| 8 | 게임의 규칙은 절대로 바뀌어서는 안 된다. | | 게임의 규칙은 경우에 따라 바뀔 수 있다. | |
| 9 | 나는 일을 계획적으로 해내는 편이다. | | 나는 일을 그때그때 해내는 편이다. | |
| 합 계 | | | 합 계 | |

• MBTI 간이 성격 유형 검사결과 / 나의 성격 유형은 □□□□입니다.

| 성격 유형 | 특 징 | 관련 직업 |
|---|---|---|
| ISTJ | 실제 사실에 대하여 정확하게 체계적으로 기억하며 일처리에 신중하며 책임감이 강하다. | 회계, 법률, 생산, 건축, 의료, 사무직, 관리직 등 |
| ISTP | 말이 없으며 객관적으로 인생을 관찰하는 편이고, 필요 이상으로 자신을 발휘하지 않는다. | 법률, 경제, 마케팅, 판매통계 분야 등 |
| ESTP | 사실적이고 관대하며, 개방적이고 사람이나 일에 대한 선입견이 별로 없다. | 의사, 군인, 검사, 경찰관, 운동가 등 |
| ESTJ | 실질적이고 현실감이 뛰어나며, 일을 조직하고 계획하여 추진시키는 능력이 있다. | 사업가, 행정관리, 생산건축 등 |
| ISFJ | 책임감이 강하고 온정적이며, 헌신적이고 침착하며 인내력이 강하다. | 의료, 간호, 교직, 사무직, 사회사업 등 |
| ISFP | 말없이 다정하고 양털안감을 넣은 오버코트처럼 속마음이 따뜻하고 친절하다. | 농장경영, 교통, 유흥업, 간호직, 비서직 등 |
| ESFP | 현실적이고 실제적이며 친절하다. 어떤 상황이든 잘 적응하며 수용력이 강하고 사교적이다. | 의료판매, 교통, 유흥업, 간호직, 비서직 등 |
| ESFJ | 동정심이 많고 다른 사람에게 관심을 쏟으며 인화를 중시한다. 동료애가 많고 친절하다. | 교직, 성직, 판매, 간호, 의료분야 등 |
| INFJ | 창의력, 통찰력이 뛰어나며, 강한 직관력으로 말없이 타인에게 영향력을 미친다. | 성직, 심리치료와 상담, 예술과 문학 분야 등 |
| INFP | 마음이 따뜻하고 조용하며, 자신이 관계하는 일에 대하여 책임감이 강하고 성실하다. | 언어, 학문, 문학, 상담 등 |
| ENFP | 온정적이고 창의적이며, 항상 새로운 가능성을 찾고 시도한다. | 상담, 교육, 저널리스트, 광고, 판매, 작가 등 |
| ENFJ | 민첩하고 동정심이 많고 사교적이며, 인화를 중요시하고 참을성이 많다. | 교직, 성직, 심리상담, 예술, 문학 등 |
| INTJ | 행동과 사고에 있어서 독창적이며, 강한 직관력과 의지와 결단력, 인내심이 있다. | 과학, 엔지니어링, 발명, 정치, 철학 등 |
| INTP | 과묵하나 관심이 있는 분야에 대해서는 말을 잘하며, 이해가 빠르고 높은 직관력으로 통찰하는 재능과 지적 호기심이 많다. | 순수과학, 연구, 수학, 엔지니어링, 경제, 철학, 심리학 등의 학문 |
| ENTP | 독창적이며 창의력이 풍부하고, 넓은 안목을 갖고 있으며 다방면에 재능이 많다. | 발명가, 과학자, 언론, 마케팅, 컴퓨터 분석 등 |
| ENTJ | 활동적이고 솔직하며, 결정력과 통솔력이 있고 장기적 계획과 거시적 안목을 선호한다. | 판매업, 건축업, 선장, 군인, 경찰관 등 |

### 5) 3단계 : SWOT 분석

SWOT 분석이란, 강점과 약점, 외부적인 기회요소와 위협요소를 분석함으로써 상품을 효과적으로 분석하는 방법을 말한다. 그 상품을 '자신'으로 지정하는 것이다. 철저한 자기분석으로 자신의 역량과 가능성을 분석하여 앞으로 자신의 취업준비 및 자기계발에 활용하는 것이다.

① Strength : 경쟁자와 비교하여 자신의 강점으로 인식되는 내용
② Weakness : 경쟁자와 비교하여 자신의 약점으로 인식되는 내용
③ Opportunities : 다양한 환경요소에서 자신의 유리한 기회요인으로 인식되는 내용
④ Threat : 다양한 환경요소에서 자신에게 불리한 위협요인으로 인식되는 내용

#### (1) 개인의 SWOT 분석 예

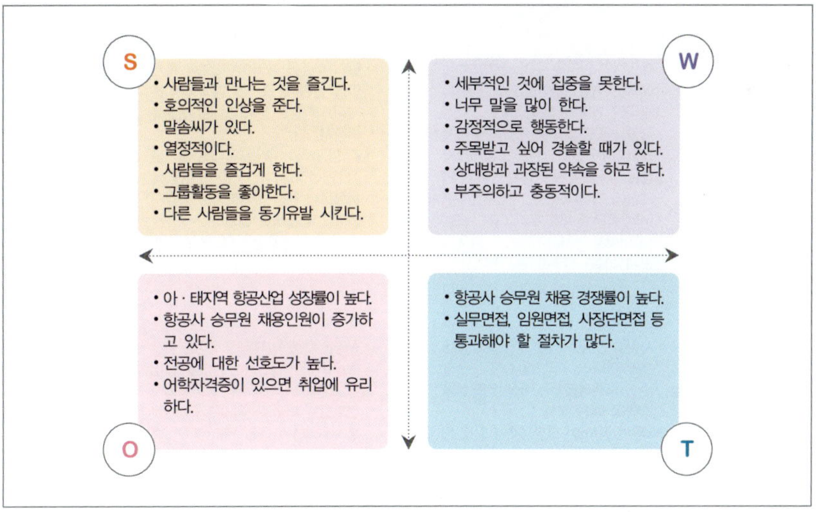


그림 2.5 개인적 SWOT 분석의 예

### (2) SWOT 전략

SWOT 분석이 끝나면 큰 그림으로 자신의 강점과 약점을 발견할 수 있다. 그 다음은 SWOT 분석에 따른 전략을 수립하는 단계이다.

**표 2.1 SWOT 분석 전략수립 단계**

| 구 분 | 강 점 | 약 점 |
|---|---|---|
| 기회 | • 강점 : 기회 전략<br>• 강점을 사용해 최대한 기회를 활용하기 위한 전략 | • 약점 : 기회 전략<br>• 약점을 극복함과 동시에 이를 기회로 활용하는 전략 |
| 위협 | • 강점 : 위협 전략<br>• 강점을 활용해 위협을 회피하기 위한 전략 | • 위협 : 강점 전략<br>• 위협을 회피하고 자신의 약점을 최소화하는 전략 |

### (3) 전략을 토대로 계획수립

SWOT 분석과 전략수립이 끝나면 종합하여 자신에게 필요한 계획을 수립한다.

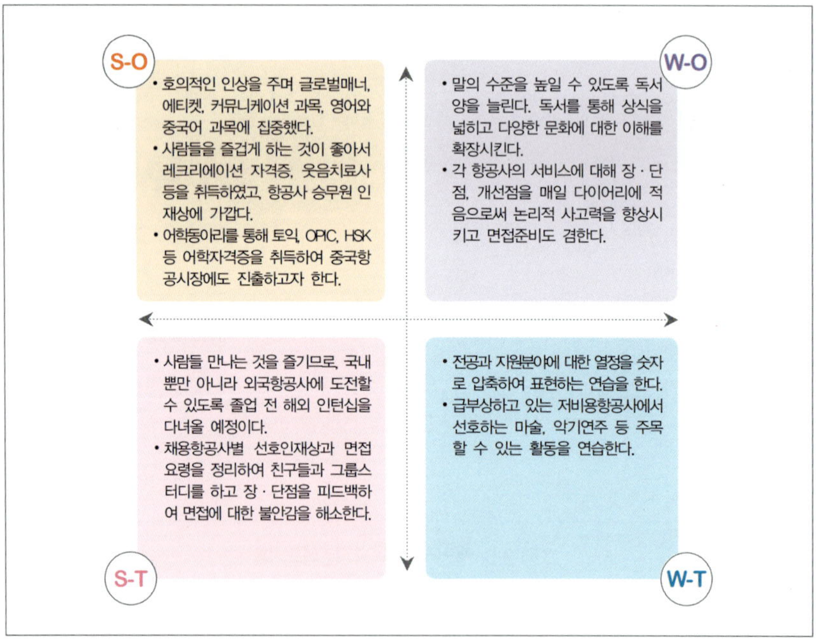


그림 2.6 전략적 SWOT 계획의 예

## 03 개인 이미지 포지셔닝

### 1) 4단계 : 개인 포지셔닝

개인 포지셔닝이란, 한 마디로 "나와 연결된 사람들에게 있어 나는 과연 현재 어떤 사람으로 인식되고 있는가?"라고 말할 수 있다.

포지셔닝은 '1~2개의 핵심 키워드'를 '습관화/내재화'하여 '주변에 인식'시켜 주는 것이다. 스스로에 대한 정확한 파악을 통해 나에게 맞는 키워드만을 추리는 과정이 선행된다. '머리보다 몸으로 부딪히는 게 편한 현장형'인 사람이라면, '신중하고 예민한 분석가' 캐릭터는 포기해야 한다. '늘 주변을 재밌게 해주는 에너지 넘치는 사람'이라면, 때론 '조금 가벼워보이기도 한' 이미지를 감수해야 한다.

개인 포지셔닝을 통해 고유의 색깔을 갖는 것은 기회를 얻는데 참 중요한 요소이다. 정보와 기회를 전해주는 사람은 어느 정도 자체적인 필터링을 거쳐서 그 기회와 가장 잘 어울릴 것 같은 사람들에게만 전해주기 때문이다.

사람의 다양성은 존중받아야 마땅하고 사람마다의 매력 역시 상이하지만, 경험적으로 아래의 키워드들을 포지셔닝 한 사람은 우리 사회에서 많은 기회를 얻는 것 같다. 반대로 어떤 키워드를 지닌 사람들에게는 기회가 쉽게 전달되지 않곤 한다.

**TIP** 개인 포지셔닝

- Do : 꾸준히 성실한, 똑똑한데 겸손한, 눈치껏 소신 있는, 센스 있게 들이대는, 배려심 있는, 디테일한 것에까지 장인정신이 있는
- Don't : 입이 가벼운, 남에 대한 험담을 자주 하는, 불평이 많은, 책임감이 떨어지는, 한계에 쉽게 선을 긋는, 학습의욕이 적은, 시간을 잘 안 지키는

다음의 형용사 이미지스케일을 참고로 보면, 부드러움-딱딱함, 동적인-정적인 영역 중에서 자신이 포지셔닝 하고자 하는 영역을 스케치해 본다.

• 자신이 느끼는 형용사 이미지 영역은?
• 타인이 자신을 평가해 줄 때 표시하는 형용사 이미지 영역은?

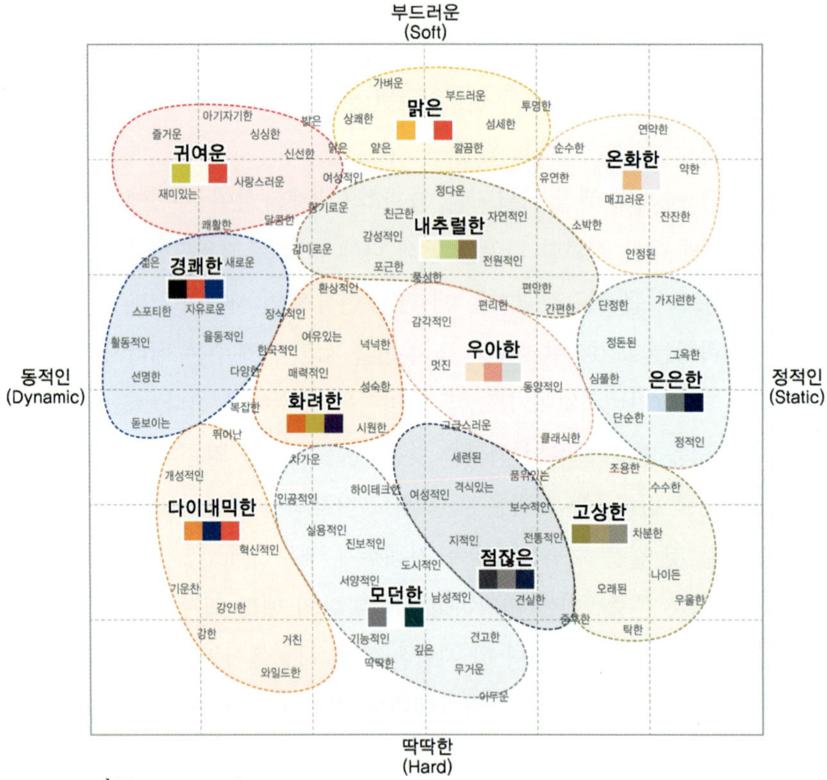


자료 : www.iricolor.com

**그림 2.7 I.R.I. 형용사 이미지 스케일**

## 2) 4단계 : 목표선정

콘텐츠, 이미지, 커뮤니케이션 분야에 대한 롤 모델(닮고 싶은 사람)을 정한다.

① 콘텐츠 : 타인과 차별하는 개인의 감성, 재능, 지식, 취미, 인적네트워크
② 이미지 : 옷입기, 말하기, 매너 등 외모를 통해 보이는 모든 것
③ 커뮤니케이션 : 자신을 표현하고 타인과 소통하는 전 과정

④ 희망직무 분야의 이미지를 구성하는 콘텐츠, 이미지, 커뮤니케이션 요소는 어떠한 것이 있는지 살펴보자.

**표 2.2 희망직무 이미지의 구성 예**

| 아시아나항공 | 내 용 |
|---|---|
| 콘텐츠 | • CULTURE<br>– Voyage with Asiana : 문화의 이면을 들여다보는 눈. 80여 개에 이르는 아시아나의 주요 취항지<br>– Korean Beauty : 신선한 트렌드와 즐거움을 위해 한국 방방곡곡<br>• STYLE<br>– Another Scene : 국내 · 외 유명 사진가들이 발굴한 새로운 세계를 뛰어난 퀄리티의 화보 소개<br>– Different Angle : 예술, 건축, 인문학을 기반으로 한 전문 필자들이 도시를 즐기는 방법 소개<br>• VIEW<br>– In the Air : 국내 · 외 문화 · 예술인들의 진솔하고 깊이 있는 이야기들을 소개<br>– The Legacy : 전통문화를 이해하기 위한 기틀을 마련 |
| 이미지 | • '아시아나라'는 이름 자체가 여성적이어서 1996년도 런칭됐던 '그녀의 이름은 아시아나'시리즈 : 시를 쓰거나 그림을 그리는, 혹은 피아노를 연주하는 여성의 이미지를 부각시켜 아름답고 편안한 아시아나의 스튜어디스를 보여줌으로써 서비스 또한 그녀의 모습처럼 친절하고 편안하며 아름다울 것이라는 이미지를 대중에게 각인<br>직원과 함께하는 기업 — 고객에게 신뢰주는 기업 — 사회에 공헌하는 기업 — 아름다운 기업 + 아름다운 사람<br>직원과 함께하는 기업: 비전과 미션 달성을 위해 모든 직원과 함께 고민하고 노력<br>고객에게 신뢰주는 기업: 고객에게 최고의 서비스, 품질, 기술 제공, 고객과의 약속 준수, 늘 고객의 믿음 유지<br>사회에 공헌하는 기업: 사회적 책임과 기업으로서의 역할 수행<br>아름다운 사람: 열정과 집념을 가지고 각자 자기분야에서 자기역할을 다하는 사람 |
| 커뮤니케이션 요소 | **주주 · 투자자 등**<br>R. Meeting & Conference<br>경영설명회<br>공시, 연차보고서<br>**고 객**<br>고객만족향상위원회<br>서비스품질 점검<br>고객의 말씀(Voice of Customer) 관리시스템 운영<br>고객만족도 조사 및 개선<br>글로벌 인재육성 프로젝트<br>**정부 · 관련기관**<br>항공운송관련 정책협의<br>국내 · 외 정보교류 및 협력<br>국내 · 외 이슈논의<br>항공 및 관련협의회 활동<br>**환경 · 사회**<br>녹색기업(협의회 및 정부협력)<br>국내 · 외 협의회 및 대외협력기관 활동<br>아름다운 나눔(1사1촌, 유니세프 기내동전모으기 등)<br>아름다운 교실(교육기부활동, 중국 아름다운 교실 프로젝트 등)<br>아름다운 문화(아시아국제단편영화제, 문화예술인 후원 등)<br>**협력사**<br>협력사 상생간담회<br>협력사 대표자 초청간담회<br>노무컨설팅<br>협력사 소통데이<br>구매포털시스템(AVEPS) 정보공유 · 제안<br>**직 원**<br>텔레피아(보고 및 결재시스템)<br>다양한 직원참여 프로그램<br>아시아나 사보<br>English Breakers / In the Cabin(승무원)<br>사내협의회 |

자료 : 2014 아시아나항공 지속경영보고서

### 3) 5단계 : 개인 포트폴리오

지금까지 진단하고 작성했던 내용을 토대로 자신만의 포트폴리오를 온·오프라인으로 준비한다.

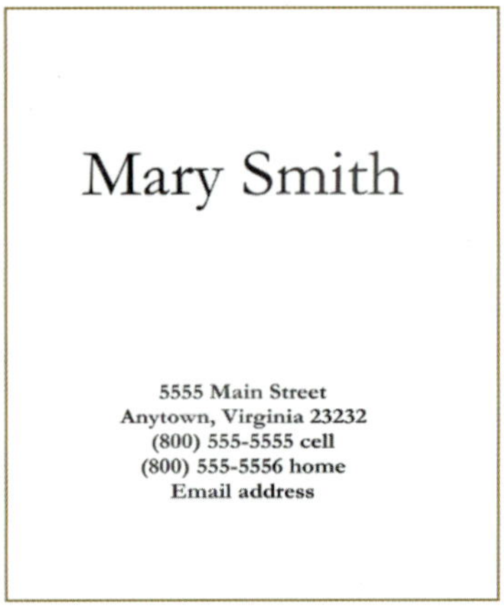

Mary Smith

5555 Main Street
Anytown, Virginia 23232
(800) 555-5555 cell
(800) 555-5556 home
Email address

PORTFOLIO LIST

A portfolio is a collection of items that reflect your talents, abilities and achievements. A portfolio is shown to an employer to prove your qualifications and abilities. Below is a list of items to be included in your portfolio.

1. Cover Page Outside
2. Table of Contents (start numbering with Resume as page 1)
3. Resume
4. Reference List
5. Recommendation Letter
6. Personal Development Plan worksheet-typed
7. Character Statement
8. Journal Entry Prompts (4) (fit on one page)
9. Desktop Publishing Design Report
10. Timed Writing Speed Report
11. Reading List (typed and formatted)
12. Academic Items (need 2)
13. Desktop Publishing items (see list below) (need 2)
14. Work/Group/Outside Activities (need 2)
15. Honors/Awards/Accomplishment/Certificate Item
16. DTP course completion certificate.

*Items 12-14 must have 1) **Category** 2)**Title** 2) **Evidence**-a picture or the sample work/assignment, etc. 3) **Explanation**-describe the assignment or what the evidence shows. 4) **Analysis** -A short explanation that lists the skills you learned from this that will make you a better employee (see power words handout)*

*DTP application item examples: brochure, PowerPoint presentation, newsletter, menu*

*Work/Group/Outside Activity examples: Church, clubs, sports, volunteer work, choir, band, student council, dance teams, hobbies, tutoring, class group project, job, vacation*

## 4) 5단계 : 로드맵

최종단계로 목표를 위한 실행만이 남았다. 실행이 답이다.

**Action Plan**

| 우선순위 | 내 용 | 시작일 | 마감일 | 측정도구(KPI) | 소요비용 | 예상되는 어려움 |
|---|---|---|---|---|---|---|
| ex) 1위 | 체중 감소 및 체력 키우기 | 2016. 03. 01 | 2016. 08. 30 | 현재 몸무게 55kg (목표 몸무게 50kg) 현재 체지방 28% (목표 체지방 20%) 근육량 18% (목표 근육량 22%) | PT 3개월 (10회 50만원×3개월=150만원) | 체중 요요현상/토익학원과 시간 겹치지 않도록 운동시간 조절 필요 |
| | | | | | | |
| | | | | | | |
| | | | | | | |
| | | | | | | |
| | | | | | | |

IMAGE MAKING CHAPTER 3

# 컬러 이미지메이킹

## 01 퍼스널 컬러의 의미

### 1) 퍼스널 컬러란?

퍼스널 컬러Personal Color란, 자신이 가지고 있는 신체색과 조화를 이루어 생기가 돌고 활기차 보이도록 하는 개개인의 컬러를 의미한다.

퍼스널 컬러는 신체색과 조화를 이룰 때 얼굴에 생기가 돌고 활기차 보이나, 맞지 않는 경우에는 피부결이 거칠어 보이고, 투명감이 사라져 피부의 결점만이 드러나게 된다. 따라서 자신의 신체색을 아는 것은 이미지관리를 위해 효과적인 방법이 된다.

미국, 일본, 유럽 등에서 사계절의 이미지에 비유하여 신체색을 분류하는 방법을

그림 3.1 사계절 색상

활용하고 있다. 즉 봄, 여름, 가을, 겨울의 이미지에서 보이는 색채를 이용하여 개인의 개성 있는 이미지를 연출한다.

컬러 진단Color Creation은 주로 퍼스널 컬러에서 개인의 피부, 머리카락, 눈동자 등의 색과 이미지에 따라 어울리는 색채 계열을 찾아내는 방법이다. 천이나 컬러 칩을 사용하는데, 컬러 진단 결과를 메이크업, 헤어 컬러링, 패션 코디네이션에 활용한다.

## 2) 퍼스널 컬러 분류

보통 색상이 있는 천을 이용한다. 이것을 테스트컬러라고 부른다. 실은 이 테스트컬러에는 진단에 필요한 여러 가지 요소가 포함되어 있는데, 빨강, 청색, 핑크 등 색상, 밝기, 선명함 등 색은 미묘하게 달라도 피부색에 맞추어 비교해 보면 보는 눈이 달라진다. 이런 많은 색 중에서 어울리는 색의 공통적 특징을 분석하여 개인에게 어울리는 최상의 이미지를 찾아내야 한다.

### (1) Cool & Warm Color

색은 크게 차가운 색과 따뜻한 색으로 나뉘고, 다시 사계절로 분류하여 구분한다. 따뜻한 색은 노란색과 황색을 기본 바탕으로 하여 봄과 가을이 이에 속하고, 차가운 색은 파란색, 흰색, 검정색을 기본 바탕색으로 하며, 여름과 겨울이 이에 속한다.

차가운 색은 모든 계열의 색에 푸른색, 흰색, 검은색을 기본 바탕으로 하는 색이다. 차가운 색도 모든 계열의 색이 다양하게 있지만, 비교적 흰 빛을 가진 부드러운 톤과 짙고 선명한 톤이 주를 이루어 정적이면서도 모던한 이미지와 깨끗하고 부드러운 이미지를 준다. 대표적인 색으로는 블루, 바이올렛, 마젠타, 핑크, 와인, 레드, 네이비블루, 아쿠아블루, 그레이 등이 있다.

반면, 따뜻한 색은 모든 계열의 색에 노란색을 기본 바탕으로 하는 색이다. 따뜻한 색에는 다양한 톤이 있지만, 비교적 선명한 톤과 짙은 톤이 주를 이루어 풍요롭고 생동감을 주는 이미지를 전달한다. 대표적인 색상은 레드, 오렌지, 옐로우, 옐로우그린, 그린, 올리브그린, 카키, 피치, 브라운 등의 색이다.

### (2) 사계절 분류

#### 1 봄 타입

가) 특징 : 온화하고 부드러운 것이 특징이다. 따뜻한 톤을 지니고 있다.

나) 피부색 : 노르스름한 피부, 엘로우베이지로 미국인이나 영국인에게 봄 유형이 많지만, 한국인의 경우는 매우 드물다.

다) 머리색 : 황갈색, 담황색, 엘로우브론디, 허니, 골든브라운 등 밝은 황색 가미색을 가지고 있다.

라) 눈동자색 : 옅은색, 파스텔색, 골드빛을 지닌 눈동자를 지닌다.

자료 : http://cardiganempire.com

그림 3.2 봄 색상에 따른 이미지

### 2 여름 타입

가) 특징 : 희고 푸른빛을 지닌 차갑고 부드러운 파스텔톤이다. 부드러운 이미지, 내추럴한 이미지이다.

나) 피부색 : 선명하기보다는 부드러운 색이다. 동양인의 경우, 노르스름한 피부에 붉은 색소가 더해지면 갈색 피부로 보이기에 가을의 피부색과 혼동하기가 쉽다.

다) 머리색 : 갈색과 검정이 주를 이루지만, 짙은 색보다는 밝은 회갈색이다. 어릴 때는 밝은 색이 많으며 비교적 회갈색의 머리색이 주를 이룬다.

라) 눈동자색 : 비교적 밝고 회갈색이거나 붉은빛이 도는 로즈브라운을 지닌다.

자료 : http://cardiganempire.com

그림 3.3 여름 색상에 따른 이미지

### 3 가을 타입

가) 특징 : 깊고 풍부한 색으로, 엘로우 베이지로 차분한 중간톤과 어두운톤이 주를 이루고 있다.

나) 피부색 : 따뜻한 황색톤을 지니고 봄의 색보다는 짙은 피부색이다. 다소 혈색이 없어 보인다.

다) 머리색 : 어둡고 짙은 적갈색, 검정(푸른빛이 아니고 불투명한 빛과 적갈색)색을 가지고 있다.

라) 눈동자색 : 어두운 붉은색을 지닌 브라운, 올리브그린 빛을 지닌다.

자료 : http://cardiganempire.com

**그림 3.4 가을 색상에 따른 이미지**

### 4 겨울 타입

가) 특징 : 선명하고 강한 색으로, 블루베이스로 차가운 톤이며 피부색, 머리카락색, 눈동자색의 차이가 밝고 강하다.

나) 피부색 : 차가운 색으로 푸르스름한 톤을 지니고 있다. 다른 계절에 비해 유난히 희고 푸른빛의 창백한 피부를 지니고 있다.

다) 머리색 : 블루블랙, 어두운 검정색이다.

라) 눈동자색 : 검정색, 여름 타입에 비해 더욱 강하고 선명하다.

자료 : http://cardiganempire.com

그림 3.5 겨울 색상에 따른 이미지

## 02 퍼스널 컬러 진단

### 1) 세부진단 프로세스

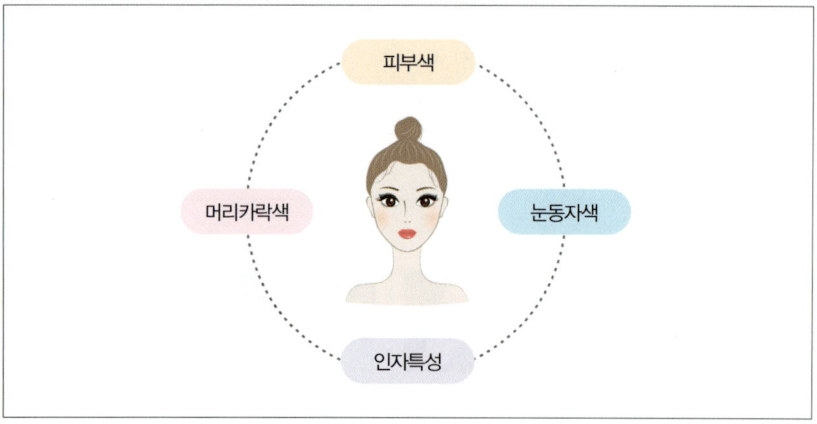


* 인자특성 : 혈액형, 얼굴형, 기질, 성격

#### (1) 사계절 유형 육안 측정법

① 손바닥이나 손끝 부분의 붉은색소를 보면, 차가운 피부는 핑크빛의 붉은색이고, 따뜻한 피부는 노랑이 가미된 연한 산호색으로 구분이 된다.

② 뒷머리 밑의 두피색과 손목 안쪽을 보면 희고 푸른빛을 지니거나 노르스름한 아이보리빛을 지니는가에 따라 따뜻한 톤과 차가운 톤으로 구분된다.

③ 피부색, 머리카락색, 눈동자색 등을 사계절 신체색상에 따라 구분한다.

#### (2) 컬러 드레이핑 진단

1 진단 전 준비사항

가) 선탠이나 비타민을 비롯한 약물복용 시에는 정확한 진단이 어렵다.

나) 염색을 한 경우 머리카락색을 흰수건을 이용해 가려준다.

다) 화장과 액세서리는 하지 않아야 정확한 진단이 이루어진다.

라) 빛은 자연광이나 중성빛으로, 흐린 날이나 조명이 부정확한 경우 피한다.
마) 상반신 이상 보이는 거울과 상체를 가릴 흰색 가운을 준비한다.

### (3) 자가 진단법

피부의 색상을 판단하기 위해서는 먼저 피부색이 찬색 계열인지, 따뜻한 색 계열인지를 구분한다. 구분방법은 피부 바탕색, 눈동자색, 두피 색상, 머리카락 색상, 손목 안쪽, 뒷목 밑의 피부 색상을 보면서 푸른빛인지 노르스름한 빛인지를 먼저 구분한다. 손바닥이나 손톱 끝부분색이 노르스름한 산호빛이면 따뜻한 계열이고, 핑크나 붉은 톤이 짙을 경우는 차가운 계열이다.

가) 1단계 : 자신의 옷장 문을 열고 즐겨 입는 옷과 좋아하는 컬러의 옷을 분류한다.
나) 2단계 : 단색 의상을 얼굴에 가까이 했을 때, 어울린다는 생각이 드는 것과 어울리지 않는 색상을 분류한다. 그 구분은 얼굴색의 변화를 통해 본래의 피부색보다 환하고 얼굴형이 작게 보이거나 자신의 단점이 들어나지 않는 색상의 옷을 분류한다. 무늬가 있는 옷은 바탕색의 주조색을 보고 테스트한다.
다) 3단계 : 어울리는 색상 위주로 분류해 놓은 옷의 컬러들이 어떤 톤인지 체크한다. 노란빛과 황색빛이 도는 색이 어울리면 따뜻한 색이 어울리는 사람, 흰빛과 푸른빛이 어울리면 차가운 색이 어울리는 사람이다.
라) 4단계 : 마지막으로 가장 잘 어울리는 색의 의상에 맞게 메이크업 컬러를 선정하여 함께 이미지를 표현한다.

### (4) 립스틱 컬러로 테스트하기

평소 즐겨 사용하는 립스틱 색상이 오렌지, 브라운, 레드 계열의 색상인지, 핑크, 와인 계열인지를 구분하고 옅은 계열과 중간색 계열, 짙은 계열의 색 중 어떤 톤의 색이 가장 즐겨 사용하고 있는지를 분석한다.

**표 3.1 립스틱 컬러**

| 계 열 | 색 상 |
|---|---|
| 핑크 계열 |  |
| 와인색 계열 |  |
| 레드 계열 |  |
| 브라운 계열 |  |

어울리는 색의 경우 얼굴빛이 환하게 변하거나 생기 있어 보이지만, 그렇지 않는 것은 얼굴빛이 어둡고 칙칙하게 변하거나 얼굴형이 크게 보인다.

**표 3.2 립스틱 컬러에 따른 계절 분류**

| 유 형 | 색 상 | 톤 | 계 절 |
|---|---|---|---|
| 따뜻한 색 | 오렌지, 브라운, 레드 계열 | 옅은 톤 | 봄 |
| | | 짙은 톤 | 가을 |
| 차가운 색 | 핑크, 와인, 퍼플 계열, 로즈 브라운, 로즈 베이지 계열 | 옅은 톤 | 여름 |
| | | 짙은 톤 | 겨울 |

## 03 유형과 상황별 컬러 이미지메이킹

### 1) 좋아하는 색과 어울리는 색

#### (1) 좋아하는 색(내적 · 주관적 관점)

① 개인적인 경험, 성격, 연령, 학력, 계층 등에 따라 달라지고, 상황이나 기분에 따라 변화를 지닌 색이다.

② 개인의 성격과 기질에 따른 색채를 선호한다.

③ 주변 환경이나 경험에 의한 기억의 색에 따른 색채를 선호한다.

### (2) 어울리는 색

외형, 객관적 관점으로 자신에게 어울리는 색은 개개인 고유의 색인 신체 색상에 따라 달라지며, 이에 따라 어울리는 색과 피해야 할 색이 구분된다.

## 2) 성격과 기질에 따른 컬러

**표 3.3 성격과 기질에 따른 컬러**

| 성 격 | 효과적인 색 |
|---|---|
| 다혈질이고 성격이 급한 사람 | 차분하고 진정효과를 지닌 색으로, 냉정하게 판단하는 성향이 필요하므로 겨울이미지의 색이 효과적이다. |
| 외향적이고 적극적인 사람 | 밝고 적극적인 사람에게 지나치게 원색과 밝은색은 오히려 산만하게 하며, 지나치게 강한 색은 효과적이지 못하므로 따뜻하면서 차분한 이지적인 가을이미지색이 효과적이다. |
| 내향적이고 소극적인 사람 | 앞에 나서기보다 뒤에서 바라보는 스타일로, 지나친 원색과 어두운 색은 거부감과 불안감으로 효과적이지 못하므로, 밝으면서 부드러운 파스텔 계열로 여름이미지의 색이 효과적이다. |
| 우울증과 무기력한 사람 | 원기회복이 필요한 사람으로, 적극적이고 자신감을 줄 수 있는 밝고 화사한 봄 이미지의 색이 효과적이다. |

## 3) 나이에 따른 색채

태양의 주기에 따라 에너지의 형성이 다르게 되듯이, 사람도 나이에 따라 선호하는 색과 필요한 에너지가 달라진다. 아이들의 경우, 에너지가 왕성한 시기로 활발하고 적극적이다. 이때 같은 에너지를 지닌 원색을 선호하게 된다.

반면에, 나이가 들어가면서 자연스럽고 차분하게 가라앉는 색을 선호하게 되는 것은 같은 에너지를 지닌 색이 편하게 느껴지기 때문이다. 반면, 노인의 경우는 원색을 선호하는 것이 색으로 부족한 에너지를 얻고자 하는 무의식적인 행동이다.

IMAGE
MAKING

IMAGE MAKING

Part 2

# 외적 이미지

Visual Image

IMAGE
MAKING

IMAGE MAKING CHAPTER 4

# 바디 랭귀지

## 01 표정 이미지

얼굴의 이미지는 인생을 좌우할 만큼 큰 힘을 가지고 있다. 얼굴에는 각자의 삶의 방식이 반영되어 있다. 이렇듯 중요한 웃는 얼굴의 이미지는 노력 여하에 따라 얼마든지 변화될 수 있다.

이는 자신의 얼굴에 책임감을 갖고 자신만의 무기로 아름답고 매력 있는 얼굴의 이미지를 연출해야 한다. 즉 자신만의 이미지를 가꾸기 위해서는 우선 자신만의 노하우를 가져야 한다.

우리가 하루 중에 기분 좋게 웃는 일이 몇 번이나 있을까? 입으로만 웃는 것이 아닌 뱃속에서부터 다른 사람들의 눈을 의식하지 않고 크게 웃는 일이 과연 얼마나 될까?

웃으면 뇌에서 행복 호르몬이라 불리는 베타 엔도르핀이 분비되고 암세포를 억제한다는 NK세포가 활성화된다. 그러므로 크게 소리 내어 웃어본다. 웃어서 생기는 주름은 근육에 탄성이 있어 곧 원상태로 돌아오므로 안심해도 된다. 웃음의 주름보다 무표정한 얼굴이 더 문제이다. 근육이 경직되어 노화가 진행되고 피부 트러블을 일으킬 뿐만 아니라 얼굴에 살이 붙기 때문이다. 그러므로 무표정한 얼굴, 일그러진 얼굴, 큰 얼굴 등이 되기 싫다면 자주 웃는 습관을 들여야 한다.

## 1) 눈매

첫인상의 외모에서 얼굴을 먼저 본다. 이것은 상대적이다. 키가 엄청 크거나, 엄청 뚱뚱한 사람, 혹은 피부색이 시커먼 사람은 그러한 특징에 먼저 시선이 가는 것이다. 또한 일반적으로 사람의 얼굴에서 눈을 가장 먼저 보는데, 이것도 상대적이다. 코가 엄청 크거나 입술이 두꺼운 사람은 그 특징에 먼저 시선이 가는 것이다. 하지만 일반적으로 사람을 볼 때 얼굴을 먼저 보고, 얼굴에서도 눈을 먼저 본다.

우리가 가장 먼저 보게 되는 눈의 이미지는 어떤가? 눈의 이미지는 눈의 생김새이다. 동양이나 서양이나 생김새에 대한 이미지 평가는 똑같다. 신데렐라에서 나오는 악인이나, 콩쥐팥쥐에서 나오는 악인의 눈 이미지는 똑같다. 눈꼬리가 약간 아래에 있으면 착해 보이지만, 위로 올라가 있으면 날카로워 보인다. 생후 2개월 된 어린아이도 세모보다는 동그라미를 좋아한다. 호감이 간다는 것이다. 그리고 부드럽다는 것이다. 어린아이들도 본능적으로 알며, 아프리카 식인종들도 찡그린 인상보다는 웃는 인상을 더 좋게 받아들일 것이다.

사람의 얼굴은 80여 개의 크고 작은 근육들이 서로 밀고 당기고 조여 만들 수 있는 표정이 7천여 가지라고 한다. 즉 우리가 생각하는 감정대로 얼굴은 만들어진다는 것이다. 무표정한 얼굴을 '포커페이스'라 하는데, 포커를 할 때는 상대방에게 얼굴 표정을 읽혀서는 안 되기 때문이다. 아래 그림 4.1의 'Do'처럼 입과 눈이 함께 웃어야 호감 가는 인상을 형성할 수 있다.

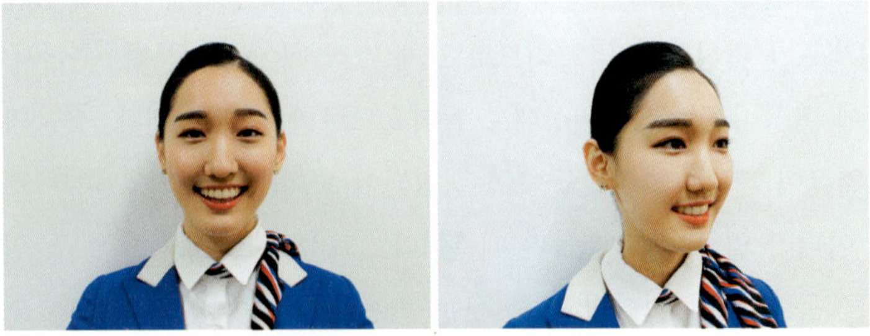

Do Don't

**그림 4.1 눈으로 웃어요**

## 2) 입꼬리

그림 4.2 '모나리자의 미소'처럼 웃는 얼굴이지만 입꼬리가 내려갔느냐, 올라갔느냐에 따라 인상이 크게 달라진다. 가장 훌륭한 얼굴은 눈꼬리가 살짝 내려가고 입꼬리는 올라간 형이다. 이런 얼굴을 이미지화 하여 머릿속에 기억하면 그렇게 된다고 한다.

그림 4.2 모나리자의 미소

얼굴은 만들어지는 것이지 타고난 것이 아니다. 웃는 모습을 떠올리며 웃으면 예쁘고 멋진 얼굴이 되는 것이다. 서양에서는 승강기에서 처음 보는 사람에게도 웃음을 보인다. 우리나라에서는 모르는 여자에게 혹은 모르는 남자에게 웃어 보이면 바람둥이로 인식하는 것이 문화이다.

미국에 있는 스마일의 수도로 불리는 포카텔로르라는 도시가 있다. 이 도시는 모든 시민이 모르는 사람에게도 웃어야 되는데, 상대방이 웃음을 보였는데 웃음을 보이지 않으면 그 사람은 경범죄에 걸린다. 벌금을 내거나 소양교육을 받아야 한다. 소양교육을 받을 때 쓰는 헤드폰도 웃는 입술처럼 올라가 있다. 신기하게도 이 도시가 범죄율이 가장 낮다고 한다.

그러면 범죄율이 가장 높은 도시는 어디일까? 바로 뉴욕이다. 이 도시는 미국에서 유일하게 길거리에서 처음 보는 사람에게 스마일을 보내지 않는다. 너무나 많은 나라에서 온 다민족, 다인종의 사람들이 살다보니, 많은 문화가 엉켜있기 때문에 서로 오해가 많고, 그렇기에 세계에서 가장 폭력이 많다. 그렇다면 폭력이 가장 많은 2위 도시는 어디일까? 바로 서울이다. 왜 서울에서는 폭력이 많을까? 그 이유는 표정관리가 안 되기 때문이다.

그렇다면 자연스럽고 예쁜 미소를 위해서는 어떤 연습을 하면 될까? 자연스럽고 예쁜 미소를 짓기 위해서는 특별하게 시간을 내서 연습한다는 생각을 할 필요가 없다. 일상생활을 할 때 틈틈이 연습하는 것만으로도 충분하다.

### (1) 1단계 : 긴장풀기

다른 신체부위와 마찬가지로 사람의 얼굴 또한 근육이 있다. 물론 얼굴에 있는 근육도 단련할 수 있고 그에 따라 발달도 가능하다. 자연스러운 예쁜 미소를 위한 첫 걸음은 얼굴근육을 풀어주는 데서 시작된다.

① '아' 모양으로 입을 최대한 벌린 채 10초를 유지한다.
② 다음으로 '에' 소리를 내며 입꼬리를 양끝으로 늘린 후 10초간 유지한다.
③ 끝으로 입술을 중앙으로 동그랗게 오므리는데, 주의할 점은 턱을 내밀지 않아야 한다.
④ 그 상태에서 '오' 소리를 내며 10초간 유지한다.
⑤ 얼굴에서 힘을 뺀다. 그 상태에서 숨을 들이마시면서 양 볼을 홀쭉하게 만든다. 그 상태를 3초간 유지한다.
⑥ 그 뒤 모았던 볼을 튕겨내면서 '빠' 소리를 내면서 공기를 빼준다.
⑦ '이' 소리를 내면서 얼굴의 전체 근육을 위로 올린다는 생각으로 입꼬리를 당긴다.
⑧ 이 동작들을 3회 연속으로 반복한다. 이 과정은 얼굴근육에 긴장을 풀어주는데 가장 효과적이다.

### (2) 2단계 : 발성을 통한 근육이완운동

그림 4.3 발성을 통한 근육이완운동

### (3) 3단계 : 발음을 통한 지속적인 웃는 얼굴 만들기

| | | | | |
|---|---|---|---|---|
| 위스키 | YKK | 막걸리 | 김치 | 미나리 |
| 골뱅이 | 하니하니 | 방실방실 | 아름답지 | 그렇지 |
| 맞지 | 그렇지 | 헷갈리지 | 나 예쁘지 | 그만하지 |

### (4) 호감이 가는 음성을 오래도록 유지할 수 있는 방법 / 연습법

**그림 4.4 표정 근육운동**

### 3) 서비스접점에 따른 상황별 표정

표정이란, 마음속에 있는 감정이나 기분을 드러내는 것을 말한다. 이 표정의 정의가 가장 잘 나타낼 때가 있는데, TV프로그램 '세상에 이런 일이'나 '인간극장' 등을 볼 때이다. 거기에 구슬픈 사연의 할머니나 할아버지가 나오실 때, 우리의 표정은 동시에 슬퍼진다. 하지만 예쁜 강아지나 매우 긍정적인 아저씨, 다정한 부부의 모습이 나올 때에는 함께 미소 짓게 된다. 이건 무얼 의미하는 걸까? 바로 '공감'이다. 한자어를 풀이하면 함께 느끼는 것이다. 그런 공감의 마음이 표정으로 드러나게 된다.

서비스접점에서 컴플레인을 제기하는 불만고객의 경우, 그 일의 처리를 바라는 것도 있지만 대부분이 원하는 것은 이해와 공감이다. '내가 왜 기분이 나쁜지', '왜 화가 났는지' 등의 사과와 더불어 고객에 대한 공감을 나타내는 것이 바로 표정이다.

연습할 표정은 일반적으로 무언가 기다리고 있거나 아무것도 하고 있지 않은 상태의 표정이다. 이때 신경 쓰지 않으면 무표정 상태가 된다. 내가 평상시에 짓고 있는 표정이 나오게 된다. 서비스접점에서 근무하고 있다면, 대기 중에도 고객은 서비스인을 보고 있다. 이때의 표정은 자신감 있고 편안한 표정이 적당하다. 그렇다고 너무 활짝 웃고 있을 필요는 없다. 입꼬리가 살짝 올라간 미소가 가장 적당하다. 그리고 시선은 한 곳만 응시하거나 먼 곳을 초점 없이 바라보지 않도록 주의해야 한다. 의식적으로 눈에 힘을 주지 않으면 자연스레 풀리게 된다.

**나는 어떤 표정을 짓고 있나요?**

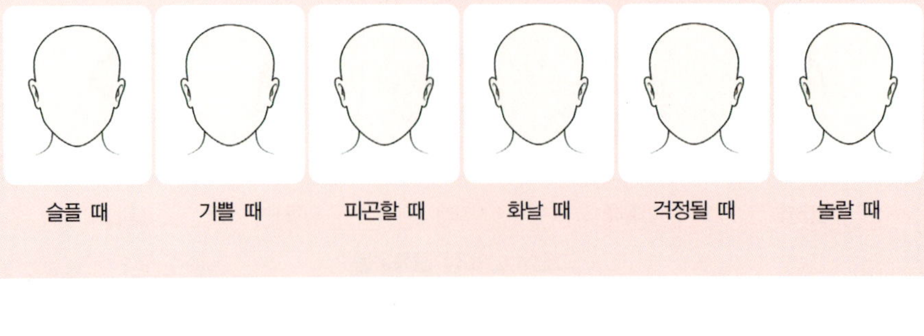

슬플 때 / 기쁠 때 / 피곤할 때 / 화날 때 / 걱정될 때 / 놀랄 때

(1) 대기 & 일반적인 고객응대 시 : 자신감 있고, 편안한 표정

① 대기 시 표정은 과하지 않게

② 시선은 골고루, 눈은 또렷하게

③ 중간서비스 할 때에도 표정이 굳지 않게

④ 고객 호출시 '기꺼이'의 표정으로

⑤ 고객과 눈이 마주치면 살짝 눈썹을 올린다.

(2) Greeting : 반가움, 환영, 기쁨

① 눈썹을 올리고 눈을 크게 뜬다.

② 표정에 맞는 활기찬 목소리를 한다.

(예) "당신을 만나게 되어서 기쁩니다."

"저희 회사를 이용해 주셔서 감사합니다."

그림 4.5 고객 응대 시 밝은 표정

환대할 때의 표정이다. "당신을 만나게 되서 기쁩니다", "이용해 주셔서 감사합니다."라는 감정이 표정에서 드러나야 한다. 이때에는 표정과 목소리 모두가 함께 밝아야 한다.

(3) 컴플레인 응대 시 : 놀라움, 미안함, 진심이 담긴 표정과 함께 죄송함 표시

① 눈썹은 아래로 향하게 한다.

② 최대한 진심을 담은 표정과 한 톤 낮은 목소리를 한다.

(예) "아니, 이럴 수가!! 이런 일은 처음입니다!"

"저의 실수입니다."

"정말 죄송합니다."

가장 중요한 컴플레인 응대시의 표정이다. 이때에는 놀라움, 미안함, 그리고 진심이 중요하다.

그림 4.6 눈높이 자세

예를 들어, 음식에서 이물질이 나왔을 때 고객이 "여기요, 샐러드에서 머리카락이 나왔어요!"라고 말하는데, 늘 있는 일인 듯 대수롭지 않은 표정을 짓는다면 고객은 어떻게 생각할까? '얼마나 이물질이 자주 들어가면… 평소에도 자주 이러나봐'라고 생각할 것이다. 그러므로 먼저 고객과의 눈높이를 맞출 수 있도록 자세를 낮추어야 한다.

## 02 바른자세 연출법

### 1) 기본자세

#### (1) 선 자세

올바른 자세는 바르고 정확한 태도를 만든다. 자세가 바르지 못하면 그 몸에서 나오는 태도나 행동도 어딘가 구부정하고 부정확할 수밖에 없다.

올바른 선 자세는 어깨와 허리에서 힘을 빼고 가슴을 들어올리면서 몸을 펴주고, 골반은 뒤로 빼주는 자세이다. 고개는 뒤로 젖힌 듯한 기분으로 세우고, 턱을 약간 들어주는 자세가 좋다. 오랫동안 서 있을 때는 한쪽 발을 블록이나 지형물에 교대로 올려놓는 것이 좋다.

우리 몸의 관절은 일종의 소모품이라 할 수 있다. 자동차도 오랫동안 타면 타이어가 마모되듯이 우리 몸의 관절도 살아가면서 약해지는데, 관절 손상을 예방하기 위해서도 올바른 자세와 관리가 중요하다. 옆에서 보았을 때 귀-어깨중앙-무릎-발목이 일직선상에 오도록 허리를 세우고 턱을 몸 쪽으로 약간 당긴 자세가 바른 자세이다. 배가 많이 나온 경우에는 옆에서 본 중심선에서 무릎이 뒤로 빠져있는 경우가 많으며, 장시간 앉아서 업무를 보는 사람의 경우 등이 구부정하게 둥글게 말리면서 귀가 중심선에서 앞으로 나가 있는 경우가 흔하다. 사진을 보며 바른 선 자세를 연습해 보자.

**표 4.1 바른 선 자세**

| 여 성 | 남 성 |
|---|---|
| • 발의 각도는 10시 10분 혹은 2시 5분 전 정도로 맞춘다.<br>• 발은 자신이 편한 쪽을 살짝 내민다.<br>• 배에 힘을 준다.<br>• 어깨는 편다.<br>• 두 손은 가지런히 앞으로 모은다.<br>• 팔꿈치와 허리 사이에는 주먹 하나 들어갈 정도의 공간을 둔다. | • 두 발의 위치는 자신의 어깨넓이에 맞춘다.<br>• 발의 각도는 10시 10분 정도로 맞춘다.<br>• 배에 힘을 준다.<br>• 어깨는 편다.<br>• 두 손은 살짝 힘을 빼고 계란을 쥔 모양을 한다.<br>• 양 손은 바지 옆 재봉선 위치에 가볍게 놓아준다. |

그림 4.7 바른 선 자세(여성)

그림 4.8 바른 선 자세(남성)

### (2) 앉는 자세

센스 있게 앉는 법은 다음과 같다.

**표 4.2 센스 있게 앉는 법**

| 여 성 | 남 성 |
|---|---|
| • 발은 10시 10분 혹은 2시 5분 전으로 왼쪽 발이나 오른쪽 발 중에 자신이 편한 쪽을 앞으로 내민다.<br>• 무릎은 붙이며 손은 오른손이 위로 오도록 가지런히 모은다. | • 어깨와 허리를 반듯하게 편 후 의자의 등받이에 엉덩이를 바짝 붙이고 앉는다.(옆에서 보았을 때 90도)<br>• 무릎과 발꿈치가 90도가 되게 한 후, 무릎과 무릎 사이는 15~20cm 정도 벌어지게 한다.(발의 모양은 11자로 평행) |

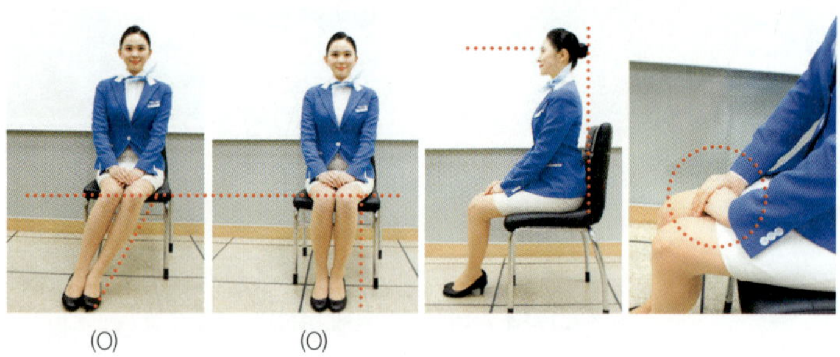


**그림 4.9 센스 있게 앉는 법(여성)**

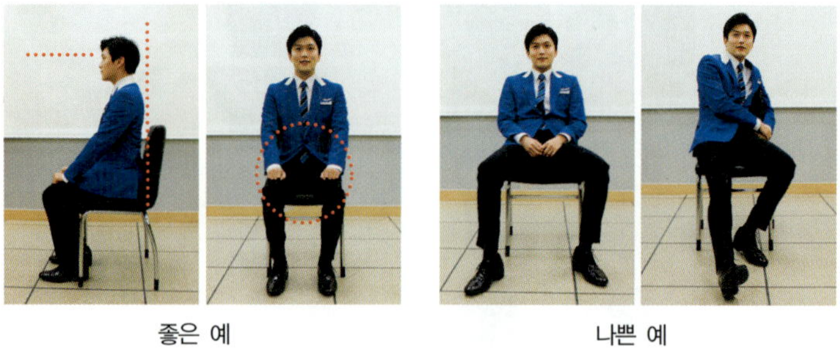


**그림 4.10 센스 있게 앉는 법(남성)**

#### (3) 걷는 자세 연습

등을 쭉 펴고, 턱을 가볍게 당기며, 배를 안으로 당긴다. 그리고 시선은 10~15m 앞을 향한다. 팔은 등을 펼 때 어깨가 위로 올라 간 상태에서 옆에 붙이는 느낌으로 자연스럽게 내리며, 팔꿈치도 자연스러운 상태로 둔다. 손은 손바닥에 계란 하나를 가볍게 쥔 느낌으로 주먹을 쥔다.

그림 4.11 걷는 자세

다음은 팔을 흔드는 방법이다. 워킹이라고 하면 팔꿈치를 직각으로 구부리고 흔드는 경보를 떠올리는 사람이 있다. 하지만 그것은 빠른 속도의 워킹 때나 자연스러운 자세이다. 초보자는 팔을 흔드는 방법에 신경 쓰지 않아도 된다. 평상시 걸을 때와 똑같이 팔을 흔들어도 상관이 없다.

평상시 걸을 때의 자세는 오랫동안 몸에 익힌 동작이므로 사람들마다 독특한 버릇이 있다. 그러므로 평상시에도 바른 자세를 의식하고 움직이면 오랫동안 가볍게 걸을 수 있다.

### 2) 서비스 표준자세

#### (1) 바람직한 방향 안내

대기 자세에서 고객이 화장실의 위치를 물어보았다면? 방향을 안내할 때는 손가락으로 가리키는 것이 아니라 손바닥 전체를 사용해야 한다. 그리고 그에 맞게 몸통은 살짝 틀어주고 시선도 함께 이동해 주면 된다.

그림 4.12 방향안내 시 자세

(2) 하지 말아야 할 자세

- 짝다리 또는 허리춤에 팔을 올려놓는 자세
- 머리를 긁적이거나 자신감 없는 태도
- 팔짱을 끼는 태도
- 고객이 있는데 하품을 하거나 주머니에 손을 넣는 행동

그림 4.13 하지 말아야 할 자세

## 03 인사와 매너

### 1) 기본적인 인사

새로운 일을 시작할 때의 모습은 언제나 마음만은 활기차다. 그러나 설렘과 기대가 뒤섞여 모든 것이 자신이 없고 무엇을 해야 할지 막막하게 느껴지는 것이 솔직한 심정일 것이다. 상황을 고려하지 못한 과도함으로 당황스럽거나 기준을 잡기도 어려울 때도 있다. 그러나 어디에서 어떤 일을 하든지 인간관계의 가장 기본적인 것은 인사법이다. 사람과의 관계는 한 번 잘못 시작하게 되면 되돌리기가 어렵기 때문이다.

#### (1) 인사의 중요성

인사란, 나 자신의 인격의 표현이자 상대방에 대한 존경과 친근감의 표시이다. 그러므로 인사의 중요성은 다음과 같다.

- 상대의 인격을 존중하는 경의의 표시
- 정성의 마음으로 하는 친절과 협조의 표시
- 응답보다는 자신이 하는데 의의
- 즐겁고 명랑한 사회생활, 원만한 대인관계 유지

그림 4.14 인사 자세

## (2) 인사방법

### 1 인사할 때의 마음가짐

가) 모든 인사는 정중하고 자연스러워야 한다.

나) 얼굴의 표정은 밝게 하고, 몸가짐은 단정히 하여 즐거운 마음으로 해야 한다.

다) 인사의 기회는 극히 순간적이므로, 시기를 놓치지 말고 적기에 행해야 한다.

라) 고개만 숙이지 말고 마음속에서 우러나오는 진실한 자세로 반기고, 또 감사하는 마음으로 해야 한다.

마) 상대가 '나의 인사를 받아 줄 것인가?'라는 생각은 절대 금물이다.

바) 인사는 당당하고 자신 있게 해야 한다.

### 2 인사의 시기

일반적으로 30보 이내(인사 대상과 방향이 다를 때)에서 한다.

Do : 30보 이내에서 인사

Don't : 멀리서 인사

**그림 4.15 인사의 Do & Don't 1**

가) 가장 좋은 시기는 6보(인사 대상과 방향이 마주칠 때)가 좋다.

나) 측방이나 갑자기 만났을 때에는 즉시 한다.

다) 상사를 사외 인사와 함께 마주쳤을 경우에는 멈추어 서서 정중하게 인사한다.

라) 복도에서 만났을 경우에는 걸음을 멈출 필요가 없으며, 한쪽 옆으로 비키며 가볍게 인사를 한다.

Do : 복도에서 마주쳤을 때 가볍게 인사　　Don't : 길을 막아서고 인사

**그림 4.16 인사의 Do & Don't 2**

### 3 인사하는 동작 및 위치

가) 여자의 경우, 손의 위치는 오른손으로 왼손을 감싸며 아랫배에 가볍게 대고 손등이 보이도록 한다.

나) 이때 손이 몸에서 떨어지지 않도록 하며, 손에 힘을 너무 주지 않도록 한다.

다) 다리 및 발뒤꿈치를 붙인 상태에서 양 발의 내각이 30도를 유지하도록 하고, 무릎은 펴서 붙이도록 한다.

라) 양 다리에 적당히 힘을 주어서 인사할 때 균형을 유지하도록 한다.

마) 머리만 숙이지 말고 허리와 일직선이 되도록 상체를 굽히고, 머리는 허리선보다 15~20도 더 숙이도록 하며, 턱은 안으로 당겨야 한다.

바) 어깨의 힘을 빼고 부드럽게 하여 어깨선이 굽지 않도록 한다.

사) 인사하기 전이나 인사한 후엔 상대의 눈을 응시하며, 인사 중에는 자기의 발끝으로부터 40cm(45도 인사)~1m(15도 인사) 정도 앞을 바라본다.

아) 고객 접객 시에는 "어서 오십시오."라고 인사말을 사용하며, 45도 정도의 정중하고 예의바른 인사를 하고 꼭 의자에서 일어서서 한다.

자) 환송 시에도 마찬가지이며 공손하고 밝은 미소를 잃지 않는다.

❶ Eye Contact & Smile
❷ 허리와 고개를 천천히 숙인다.
❸ 정해진 각도에서 1초간 잠시 멈춘다.
❹ 천천히 상체를 일으킨다.
❺ 다시 한 번 Eye Contact & Smile

그림 4.17 인사동작 순서

### 4 인사의 종류

인사는 사람의 품격이 정해지며, 인사를 통한 마음의 자세가 곧 예절의 척도로서 단지 말로만 그치는 것이 아니라 반드시 형식이 따르기 마련이다. 그리고 인사말에도 여러 가지가 있는 것과 마찬가지로 인사법에도 목례, 가벼운 인사, 보통 인사, 정중한 인사 등이 있어 상황에 따라 표 4.3과 같이 구분하여 실천해야 한다.

목례(15도) 보통인사(30도) 정중한 인사(45도)

그림 4.18 인사의 종류

**표 4.3 인사의 종류**

<table>
<tr><th>구 분</th><th>목례(약례)</th><th>보통인사</th><th>정중한 인사</th></tr>
<tr><td>각 도</td><td>상체를 15도 숙임</td><td>상체를 30도 숙임</td><td>상체를 45도 정도 숙임</td></tr>
<tr><td>시 선</td><td>상대방을 주시</td><td colspan="2">상대를 보고 나서 고개를 숙여 인사</td></tr>
<tr><td>자 세</td><td colspan="3">• 어깨 : 수평, 가슴은 곧게 펴고, 발뒤꿈치는 모은다.<br>• 손 : 여자는 오른 손을 위로 하여 두 손을 앞으로 모으고, 남자는 바지 옆 재봉선에 주먹을 살며시 쥔 듯한 상태로 둔다.</td></tr>
<tr><td>방 법</td><td colspan="3">• 상체를 굽혀 머리, 목, 등이 일직선이 되게 한다.<br>• 숙였을 때 1초간 멈추었다가 천천히 든다.<br>• 바로선 상태에서 상대의 눈을 보며 미소를 짓는다.</td></tr>
<tr><td>상 황</td><td>• 복도에서 상사나 고객이 지나칠 때<br>• 용건이 있을 때</td><td>• 고객을 접대할 때<br>• 상사에게 인사할 때</td><td>• 상대방에게 감사하는 마음을 전할 때<br>• 사죄할 때<br>• 귀빈, 임원</td></tr>
<tr><td>포인트</td><td colspan="3">내가 먼저 / 상대방의 눈을 보고 / 미소 지으며 / 밝은 표정과 / 명랑한 목소리로!</td></tr>
</table>

실습

## 인사 연습하기(숫자로 만나기)

① 학생들은 인원수에 맞추어 두 줄로 선다.
② 강의실을 가로질러 서서 서로 바라본다.
③ 한 쪽은 A편, 다른 쪽은 B편이라고 부른다.
④ 신호에 따라 서로 마주 보는 한 쌍씩 서로를 향해 나아가 중앙에서 만나고, 서로에게 인사를 하고, 가던 방향으로 간다.
⑤ 학생들은 인사를 할 때 말 대신 숫자를 사용한다.(A편에서 온 사람은 언제나 "1, 2, 3, 4"로, B편에서 온 사람은 언제나 "5, 6, 7. 8"로 말한다. A편은 마치 "안녕, 어떻게 지내니?"라고 말하는 듯 숫자를 말하고, B편 사람은 마치 "잘 지내, 정말 고맙다."라고 말하듯 숫자를 말한다)

이 방법을 발전시켜 다음과 같이 할 수 있다. 학생들은 강의실을 가로질러 여러 가지 방법으로 서로 인사를 한다.

- 오랜 원수처럼
- 윗사람에게 아첨하고, 아랫사람에게 교만한 사람처럼
- 오랫동안 헤어졌던 친구처럼
- 매우 서둘러 가는 사람처럼, 그러나 친절하게
- 매우 서둘러 가는 사람처럼, 그러나 무례하게
- 회사 간부처럼
- 노인처럼
- 어린아이처럼
- 슬프게 울면서
- 화가 나서
- 따분하다는 듯이
- 아주 정중하게
- 매우 수줍고 겁먹은 듯
- 매우 추운 날씨인 듯 / 매우 더운 날씨인 듯
- 술꾼처럼
- 의심스러운 스파이처럼
- 로봇처럼

### 5 출 · 퇴근 인사

가) 출근 인사

- 아침에는 활기찬 표정과 태도로서 명랑한 인사를 나누고, 윗사람이 들어서면 일어서서 인사를 한다.
- 30도 정도의 정중하고 예의바른 인사가 좋으며 "안녕하십니까?", "반갑습니다." 등의 인사말이 적당하다.
- 늦었을 때는 상사 앞에까지 가서 사유를 겸손하고 분명하게 말해야 하나, 이때 먼저 사과부터 해야 하며 이유나 변명부터 하는 것은 예의가 아니다.

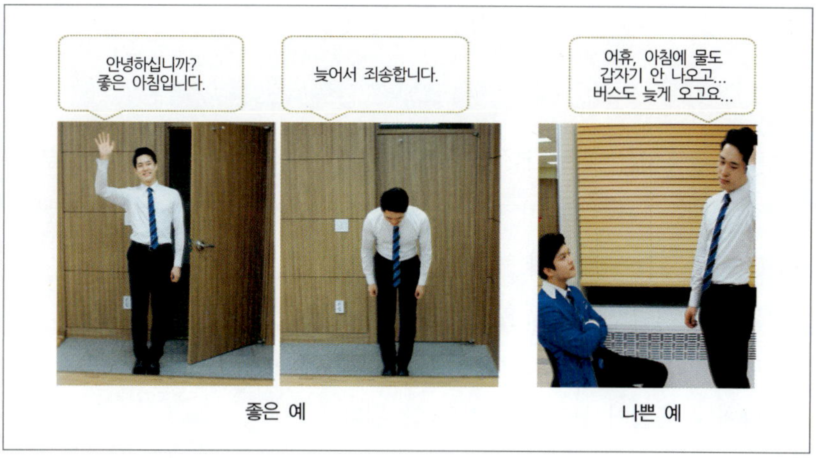


**그림 4.19 출근 인사**

나) 퇴근 인사

- 서로 수고의 위로로 인사를 나눈다. 먼저 퇴근할 경우 "먼저 퇴근하겠습니다.", "먼저 가보겠습니다.", "수고하십시오." 정도가 적당하다.
- 아랫사람이 윗사람에게 "수고하셨습니다, 수고하세요."는 사용하지 않으며, 동료나 후배에게만 사용한다. 나중에 퇴근할 경우 "안녕히 가십시오."라고 한다.
- 상사가 일이 끝나지 않았는데 먼저 나갈 경우, "아직 일이 많으신가 봅니다. 제가 할 일은 없는지요?" 하는 것이 예의이다.

**그림 4.20 퇴근 인사**

### 6 악수의 기본동작

가) 오른쪽 팔꿈치를 직각으로 굽혀 손을 자기 몸의 중앙이 되게 수평으로 올린다.

나) 네 손가락은 가지런히 펴고, 엄지는 벌려서 그와 같이 한 상대의 오른쪽 손을 살며시 쥐었다가 놓는다.

다) 가볍게 아래위로 몇 번 흔들어 정을 두텁게 한다.

라) 상대가 아프게 느낄 정도로 힘을 주고 쥐어서는 안 된다.

마) 지나치게 흔들어 몸이 흔들려도 안 된다.

### 7 악수하는 방법

가) 상급자가 먼저 청해야 아랫사람이 악수를 할 수 있다.

나) 남 · 녀 간의 악수도 상 · 하의 구별이 있을 때에는 상급자가 먼저 청해야 악수한다.

다) 같은 또래의 남 · 녀 간에는 여자가 먼저 청해야 악수한다.

라) 동성 간 또는 또래의 악수도 선배나 연장자가 먼저 청해야 악수한다.

마) 아랫사람은 악수하면서 허리를 약간(15도 이내) 굽혀 경의를 표해도 좋다.

바) 악수를 하면서 왼손으로 상대의 손등을 덮어 쥐면 실례이다.

사) 그러나 상급자가 아랫사람에게 위와 같이 하는 것은 깊은 정의 표시로 양해된다.

## 2) 서비스접점 인사

서비스 현장에서의 인사법은 일반적인 인사보다 현장 상황에 따라 달라질 수 있다.

### (1) 고객접점별 인사법

**표 4.4 고객접점별 인사법(항공사의 예)**

| 구 분 | 체크포인트 | 인사말 |
|---|---|---|
| 환영 | • 웃는 얼굴로 고객의 눈을 보고 있는가?<br>• 출입구를 향하여 보고 있는가?<br>• 승객리스트를 가지고 있는가? | • 안녕하십니까?<br>• 어서 오십시오. |
| 자리안내 | • 좌석번호를 확인하여 앞쪽, 중간, 뒤쪽을 확인한다.<br>• 승객 티켓의 알파벳을 보고 L-side, R-side 안내를 확인한다. | • 자리 안내해 드리겠습니다.<br>• 고객님, 좌석은 오른쪽으로 가셔서 앞쪽입니다.<br>• 고객님, 건너편 통로를 이용하시면 편하십니다. |
| 생수 혹은 Welcome Drink 제공 | • 준비 소요시간은 15초이다.<br>• 물컵을 식탁 위에 놓을 때는 소리가 나지 않도록 유의한다.<br>• 물컵은 고객의 오른손 앞에 놓는다.<br>• 물컵을 제공할 때는 컵의 1/2 위치를 잡는다. | • 고객님, 시원한(따뜻한) 생수입니다. |
| 메뉴주문 | • 당일 비행에서 제공하는 메뉴에 대해 설명한다.<br>• 조리방법, 곁들여지는 채소 및 면, 밥, 소스 등을 설명한다. | • 고객님, 식사하시겠습니까?<br>• 오늘 메뉴는 화이트소스를 곁들인 도미요리, 볶음밥이 함께 있는 스테이크, 그리고 비빔밥이 있습니다. |
| 식사서비스 | • 테이블 30~50cm 앞에서 서비스한다.<br>• 식사는 고객의 좌측에 놓는다.<br>• 고객의 머리 위, 또는 고객의 등 뒤에서 식사를 제공해서는 안 된다.<br>• 상황에 따른 서비스 순서를 준수한다. | • 실례합니다. 고객님, 주문하신 ○○○입니다.<br>• 맛있게 드십시오. |

### (2) 운영 시점별 인사 포인트

일반적으로 서비스를 제공할 때, 서비스가 집중적으로 몰리는 피크타임과 그렇지 않은 중간시간, 그리고 정리시간으로 구분해 볼 수 있다. 각 운영 시점별 인사 포인트는 표 4.5와 같다.

**표 4.5 운영 시점별 인사 포인트**

| 피크시간 | 대기시간 | 퇴근 전 정리시간 |
|---|---|---|
| • 건강하고 명랑한 목소리로 인사를 하는가?<br>• 매뉴얼에 따라 서비스가 전달되고 있으며, 그에 따른 고객 호칭과 인사를 실시하고 있는가?<br>• 정확하게 고객의 반응을 살피며 인사대화법을 실시하고 있는가? | • 인사 및 태도에 대한 수정 · 보완이 이루어지고 있는가?<br>• 식사 중간시간이라고 하더라도 고객을 향한 인사 및 대기를 소홀히 하고 있지 않는가?<br>• 소음에 주의하고 있는가? | • 퇴근 전 정리하는 시간에 갑자기 식사를 요청하는 고객에게 정중하게 양해의 인사를 드리고 있는가?<br>• 직원 간 격려와 수고의 인사를 하고 있는가? |

## 1 인사 체크사항

가) 첫인사와 끝인사 Do : 자리에서 일어나 목례 또는 약례로 인사하는가?

그림 4.21 환대인사의 좋은 예

- 고객이 인사를 인지할 수 있도록 고객과 시선을 적극적으로 맞추며 인사한다.
- 밝은 표정으로 실시한다.
- 인사말이 잘 들리도록 활기찬 목소리로 성의 있게 실시한다.
- "안녕하십니까", "안녕히 가십시오." 등의 정중한 표현을 사용한다.

나) 첫인사와 끝인사 Don't : 자리에서 일어나 목례 또는 약례로 인사하는가?

그림 4.22 환대인사의 나쁜 예

- 무표정으로 인사하지 않는다.
- 고객과 시선을 맞추지 않고 모니터 등을 응시한 채 인사말만 하지 않도록 주의한다.
- 카운터에 손을 올린 채 고개만 약간 숙이는 정도의 성의 없는 인사를 하지 않는다.
- 정중하지 않은 표현은 지양한다.(예 : "어서 오세요", "들어가세요." 등)

### 3) 고객을 향한 눈맞춤

시선과 표정에 있어서 지켜야 할 점 등은 아래와 같다.

가) 시선과 표정 Do : 시선을 마주하며 부드러운 표정을 유지하는가?

그림 4.23 고객을 향한 눈맞춤

- 고객 응대 시 반드시 고객과 시선을 맞춘다.
- 고객과 시선을 맞출 때는 밝고 부드러운 표정을 자연스럽게 연출한다.

그림 4.24 시선과 표정 좋은 예

- 고객응대 시에는 기본적으로 미소를 유지하되, 내용과 상황에 맞는 적절한 표정을 연출한다.(예 : "불편을 끼쳐드려 죄송합니다."라는 언어적 표현 시 안타까운 표정을 함께 연출)

나) 시선과 표정 Don't : 시선을 마주하며 부드러운 표정을 유지하는가? 상황에 맞는 적절한 표정을 연출하는가?(걱정, 염려, 안심시켜드리는 표정 등)

그림 4.25 시선과 표정 나쁜 예

- 고객의 질문에 답변할 시 고객과 시선을 맞추지 않고 모니터 등만 바라보지 않는다.
- 적절한 공감 표정 없이 "~해서 죄송합니다."라는 언어적 표현만을 기계적으로 반복하지 않는다.
- 상황에 따른 표정변화 없이 무표정으로 일관하지 않는다. 무표정은 고객에게 불친절한 이미지를 전달하므로 특히 주의해야 한다.

IMAGE MAKING CHAPTER 5

# 메이크업과 피부관리

## 01 메이크업의 기본

### 1) 메이크업 의미와 기능

메이크업의 사전적 의미는 '제작하다, 보완하다'라는 뜻이다. 일반적 의미는 화장품이나 도구를 사용하여 신체의 장점을 부각하고, 단점은 수정 및 보완하는 미적인 행위이다. 오늘날의 메이크업은 단순히 제품을 사용하여 신체를 돋보이게 하는 것뿐만 아니라 외부의 먼지나 자외선, 대기오염 및 온도변화에 대해서 피부를 보호하는 건강과 생활의 편의도모를 위해서도 그 필요 및 의미가 크다. 보다 자세한 메이크업의 기능을 살펴보면,

- 첫째, 보호의 기능이 있다. 외부의 먼지나 자외선, 대기오염, 온도 등의 변화로부터 피부를 보호한다.
- 둘째, 물리적 기능이다. 인간은 아름다워지고 싶어 하는 기본적 욕구를 충족시켜주기 위하여 메이크업으로 자신의 결점을 보완하며 아름다움을 추구한다.
- 셋째, 사회적 기능이다. 사회적 관습 및 예의적인 표현, 무언의 의사전달, 신분, 직업 등을 나타낸다.
- 넷째, 심리적 기능이다. 외모에 자신감을 부여하여 긍정적 효과를 기대할 수 있고, 심리적으로 인물의 성격, 가치추구 방향, 사고방식을 그대로 나타낸다.

이러한 기능을 효과적으로 표현하기 위한 메이크업의 순서는 다음과 같다

① 기초화장 → ② 선블록 → ③ 메이크업 베이스 → ④ 파운데이션 → ⑤ 파우더 → ⑥ 눈썹 → ⑦ 아이섀도 → ⑧ 아이라인 → ⑨ 마스카라 → ⑩ 볼 화장 → ⑪ 입술 화장

①~⑤는 베이스 메이크업이며, ⑥~⑪은 립 & 아이의 색조 메이크업이다. 메이크업 시 주의사항은 색상의 조화에 각별히 주의를 기울이고 T.P.O.Time, Place, Occasion에 신경을 써야 한다.

**표 5.1 T.P.O.에 따른 메이크업**

| 구 분 | 내 용 |
|---|---|
| 시 간 | • 낮 : 면을 강조(양볼, 이마, 입술)<br>• 밤 : 선을 강조(코, 눈썹라인) |
| 장 소 | • 실내 : 선을 강조, 눈을 강조<br>• 실외 : 면을 강조, 입술 강조 |
| 상황(경우) | • 격식 : 파티, 연회 등 예의를 갖출 때<br>• 비격식 : 외출, 쇼핑, 여행 등 |
| 부분화장일 경우 | • 포인트를 한 곳에 둔다.<br>• 베이스메이크업에 중점을 둔다. |

## 2) 메이크업 도구 설명서

매장에서 메이크업 제품 테스트나 서비스를 받을 때, 전문가들이 사용하는 메이크업 도구를 보며 한 번쯤 구매해 보고 싶을 때가 있다. 하지만 막상 구매를 하려고 하면, 종류도 많고 사용법도 익숙하지 않아 무엇부터 시작해야 할지 어렵게 느껴질 수 있다. 올바른 메이크업 도구 선택법과 세척 관리법을 통해 브러시를 사용한 정교한 메이크업에 도전해 본다.

### (1) 브러시의 용도와 세척

**그림 5.1 메이크업 브러시**

**표 5.2 브러시 사용법**

| 구 분 | 내 용 |
|---|---|
|  | • 파운데이션 브러시는 먼저 콧등에 묻힌 다음, 균일하게 양쪽으로 분할하는 느낌으로 발라준다.<br>• 닦지 않고 그대로 두면 굳어버리므로, 매일 미지근한 물에 폼 클렌저를 이용하여 깨끗하게 씻어준다. |
|  | • 파우더 브러시는 먼저 브러시에 파우더가루를 적당량 묻힌 뒤, 손등에 가볍게 털어 양을 조정한다.<br>• '이마 – T존 – 뺨'의 순서로 가볍게 쓸어주듯 터치한다.<br>• 세척 시 브러시 모가 위로 향하도록 세워서 말린다. |
|  | • 블러셔 브러시는 자연스럽게 미소를 지은 상태에서, 살짝 올라간 광대뼈를 중심으로 부드럽게 원, 사선을 그린다는 느낌으로 가볍게 터치해 준다.<br>• 사용 후 잔여물을 없애주고 일주일에 1회 깨끗하게 세척한다. |
|  | • 컨실러 브러시는 점, 여드름, 다크서클 등 잡티를 커버할 때 사용한다.<br>• 컨실러를 해당부분에 콕 찍어준 후 브러시를 사용해 고루 펴 발라준다. |
|  | • 아이라이너 브러시는 적당량을 묻혀 속눈썹 라인을 메우듯이 그려주고, 립브러시는 입술 윤곽부터 잡아주며 사용해야 깔끔하게 바를 수 있다. |
|  | • 아이섀도 브러시는 숱이 많고 모가 클수록 발색력이 좋아진다.<br>• 모가 어긋나지 않은지, 탄력이 좋은지 확인한다.<br>• 천연모는 일반 아이섀도 사용, 합성모는 크림아이섀도에 사용한다. |
|  | • 스크루브러시는 마스카라 어플리케이터로 사용하면 뭉침 없이 깔끔한 마스카라를 바를 수 있다. 목 부분을 살짝 꺾어서 사용하면 편하다. |

### (2) 스펀지 & 퍼프

#### 1 메이크업 스펀지

스펀지는 활용도가 높은 뷰티 도구 중에 하나이다. 파운데이션이나 비비크림을 묻혀 피부에 여러 번 두드리면 밀착력을 높여 말끔한 피부표현을 도와주고, 스펀지의 모서리를 사용해 콧볼 사이나 얼굴과 목의 경계 등 메이크업 제품이 뭉치기 쉬운 부분에 사용할 때 효과적이다. 스펀지를 고를 때는 탄력이 좋고 그립감이 좋은 제품을 선택하는 것이 좋다.

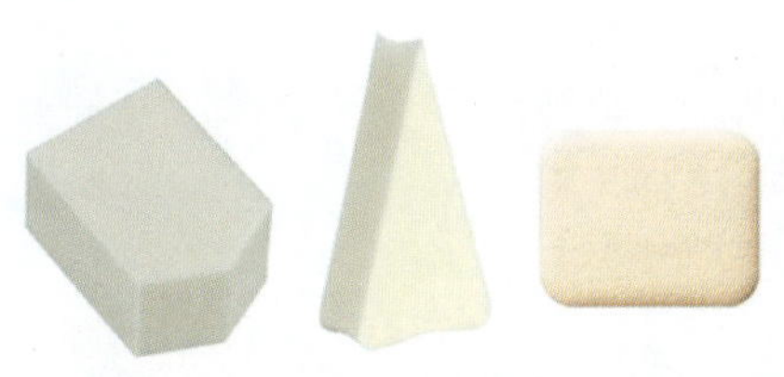

그림 5.2 메이크업 스펀지

가) 메이크업 스펀지 : 세밀하게 발라질 수 있도록 여러 방향의 각진 모양으로 만들어져 있어, 다양한 종류의 파운데이션과 사용이 가능하다.

나) HD 스펀지 : 부드러운 재질을 자랑하는 HD 스펀지로, 다양한 종류의 파운데이션과 어울린다. 작고 세밀하게 디자인되어 있어 얼굴의 미세한 부분까지 꼼꼼하게 제품을 바를 수 있다.

다) 스킨 콤팩트 메이크업 스펀지 : 스펀지 표면이 우수한 밀착감이 있으며 트윈케이크나 파운데이션을 바를 때 사용하기에 적합하다. 베이스 메이크업을 쉽고 빠르게 할 수 있도록 도와주는 메이크업 전용 스펀지이다.

비비크림이나 리퀴드 파운데이션 등은 특성상 스펀지 안에 깊숙이 스며들어 세정이 어렵기 때문에 일주일에 한 번 정도는 새 스펀지로 교체해 준다. 그때까지는 지저분한 부분을 잘라 사용한다.

### 2 퍼프

퍼프는 피부에 파우더를 밀착시킬 때 많이 사용하는 도구로써 보풀이 생기거나 마모되지 않는다면 계속해서 사용할 수 있기 때문에, 퍼프의 크기가 크고 재질이 부드러워 감촉이 좋은 것을 선택하는 것이 좋다.

그림 5.3 메이크업 퍼프

퍼프를 관리할 때는 폼 클렌징이나 전용 클렌저를 미온수에 풀어 녹인 다음, 보풀면이 손상되지 않도록 부드럽게 조물조물 세척한다. 구김이 생기면 감촉이 나빠지기 때문에 양 손바닥을 사용해 누르듯 짜준다. 이후 통풍 좋은 그늘에 걸어 말리면 뽀송뽀송하게 사용할 수 있다.

### 3 아이래시 뷰러와 눈썹칼

가) 아이래시 뷰러

- 마스카라 사용 시 눈썹을 올려주는 도구이다. 컬링이 잘되는 뷰러를 고르기 위해서는 고무 탄력을 체크하는 것이 좋다. 손가락에 사용해 보았을 때 집게 자국이 남는다면 속눈썹이 상할 수 있다. 컬링을 극대화하기 위해서는 마스카라 전 단계에서 뷰러를 사용하는 것이 더욱 효과적이다.

- 속눈썹 뷰러는 사용 후 아이 리무버로 집게 부분을 닦아내어 세척하도록 하고, 뷰러가 달린 고무패드는 최대 3개월에 한 번은 교체해 주도록 한다. 주 2~3회 알코올을 화장솜에 묻혀 닦아주면 편리하다.

나) 눈썹칼

- 눈썹 수정이나 보송보송한 얼굴의 잔털을 정리할 때 사용하는 눈썹칼은 파우치에 꼭 들어있는 뷰티도구이다. 눈썹칼을 사용할 때는 피부를 살짝 당긴 다음 비스듬하게 눕혀 사용한다. 피부 각질이나 눈썹 등 각종 이물질이 묻을 수 있으므로 사용 후에는 바로 닦아주는 것이 좋다.
- 클렌징 전 각종 이물질을 티슈로 털어준 뒤, 화장솜에 클렌저를 묻혀 꼼꼼하게 닦아준다. 칼 부분이 공기 중에 노출되면 녹슬 수 있으므로 사용 후에는 반드시 캡이나 케이스를 이용해 칼날 부분을 보호해 준다.

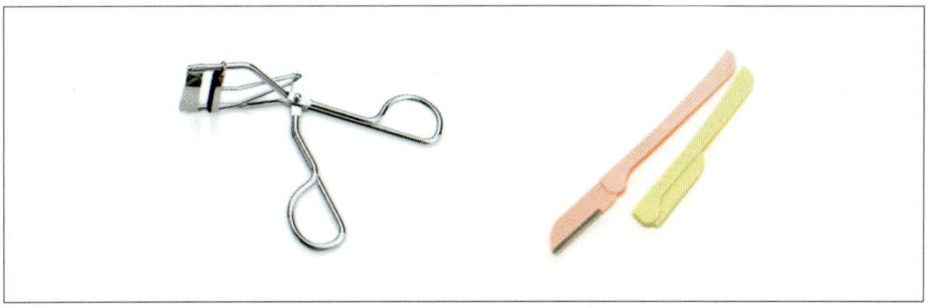

그림 5.4 아이래시 뷰러와 눈썹칼

## 02 베이스 및 색조 메이크업

베이스 메이크업은 색조 메이크업을 위한 바탕 메이크업을 말한다. 과거 메이크업은 다소 두꺼운 피부화장 위에 각각의 개성 있는 색조화장을 입체감 있게 표현하는 것이 유행이었다. 그러나 최근에는 투명하고 자연스러운 피부표현과 과하지 않은 내추럴한 색조화장이 트렌드이다. 자연스럽고 피부 표현을 위해서는 무엇보다 건강한 피부를 위한 관리가 필요한데, 그 시작이 클렌징과 기초 화장품의 바른 사용이다.

### 1) 클렌징Cleansing

클렌징은 메이크업 및 피지, 먼지 등을 완벽하게 피부에서 제거하는 것으로, 피부의 컨디셔닝과 트리트먼트의 기능을 갖는다. 또한 청결함이 가져다주는 정서적 안정감과 혈액순환 촉진의 기능이 보다 자연스럽고 화사한 피부표현에 도움을 준다.

#### (1) 클렌징의 종류

**표 5.3 클렌징의 종류**

| 종 류 | 특 징 | 이미지 |
|---|---|---|
| 클렌징 워터 | • 적합성 : 여드름, 지성피부<br>• 사용법 : 화장솜에 적셔 넓은 부분의 순서(볼 – 이마 – 턱 – 콧등)의 순서로 피부결에 따라 지워준다.<br>• 젊은층 선호, 가벼운 정도의 메이크업에 사용된다. |  |
| 클렌징 로션 | • 적합성 : 민감성 피부, 건성피부<br>• 사용법 : 얼굴 전체에 발라 가볍게 마사지 한 후, 티슈로 가볍게 눌러 닦아내거나 직접 물로 헹구어 닦아낸다.<br>• 산뜻한 세정감, 간편한 사용이 장점이다. |  |
| 클렌징 크림 | • 적합성 : 중성피부, 건성피부<br>• 사용법 : 얼굴 전체에 발라 마사지한 후 티슈로 가볍게 눌러 닦아낸 후 클렌징 폼으로 세안한다.<br>• 짙은 메이크업을 지울 때 사용한다. 크림 타입으로 마사지 효과를 기대할 수 있으나, 너무 오랫동안의 마사지는 모공을 막을 수 있는 단점이 있다.(5분 내외가 적당) | 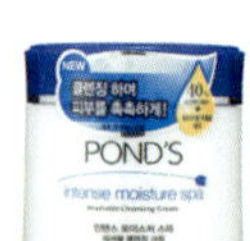 |
| 클렌징 오일 | • 적합성 : 건성피부, 드물게 지성피부(지성 기름기 제거)<br>• 사용법 : 얼굴 전체에 발라 가볍게 마사지 한 후, 손에 물을 묻혀 다시 비벼주면 액화되면서 세정효과가 발생한다.<br>• 짙은 메이크업을 지울 때 효과적이다. 크림에 비해 덜 무겁고 사용법이 간단한 장점이 있다. |  |

(2) 클렌징 방법

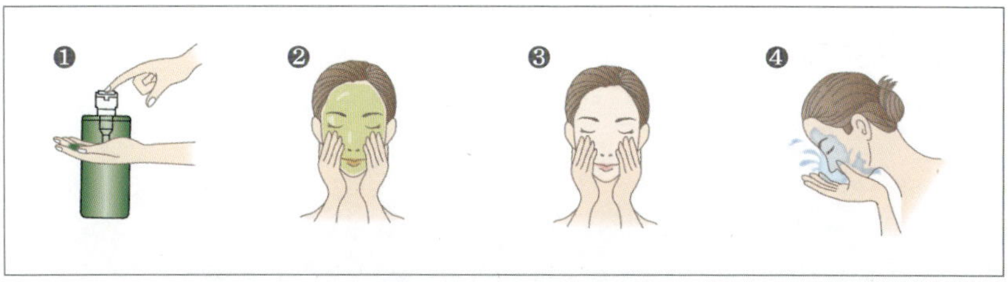


그림 5.5 클렌징 순서

① 립 & 아이 클렌징

가) 립 & 아이 전용 리무버를 화장솜에 적당량 묻혀 입술과 감은 눈꺼풀 위에 얹어 놓는다.

나) 어느 정도 유화된 후 자극이 되지 않는 적당량의 강도로 닦아낸다.

다) 아이라인이 남아있는 속눈썹 사이사이는 면봉에 전용 리무버를 적셔 닦아낸다.

라) 꼼꼼한 클렌징으로 색소가 침착되지 않도록 해야, 메이크업 시 밝은 피부 표현은 물론 원하는 색조의 느낌을 낼 수 있다.

② 전체 클렌징

가) 클렌징 시 손동작은 피부결을 따라 안 → 밖으로 손가락에 균등한 힘을 주어 마사지한다.

나) 너무 오랜 시간의 클렌징은 제거하려는 노폐물이 오히려 모공 속에 침투하여 피부 트러블을 유발할 수 있으니, 5분 안팎으로 마치는 것이 좋다.

다) 미지근한(35도 안팎) 흐르는 물에 적어도 20회 이상 헹구어, 피부의 노폐물과 계면활성제 및 남은세제를 모두 제거한다.

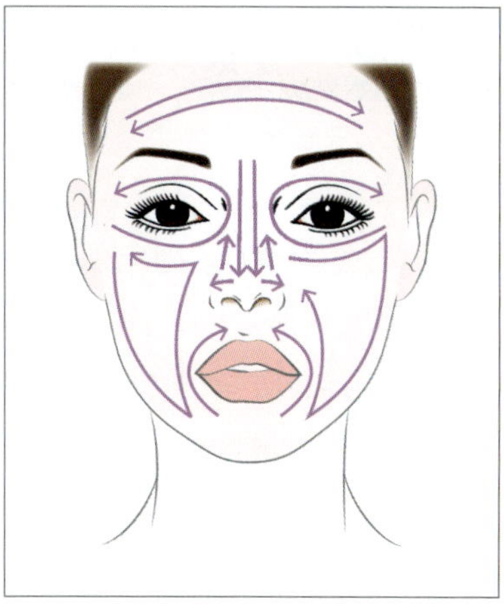

그림 5.6 딥클렌징 방법

## 2) 기초 메이크업

### (1) 기초화장 순서

토너(스킨) → 아이크림 → 에센스 → 로션 → 영양크림

#### 1 토너Toner

유연화장수의 총칭이며 보통 '스킨'이라고 부른다. 피부의 ph를 맞추는 역할을 하며, 외부의 유해환경으로부터 4.5~6.5ph의 약산성 상태로 맞춰 주어 가장 건강하게 지켜낼 수 있도록 도와준다. 화장솜에 묻혀 넓은 면(볼 → 이마 → 턱 → 콧등 → 굴곡진 면 사이)부터, 얼굴의 중심 → 바깥쪽으로 닦아낸다.

**그림 5.7 토너 바르는 방법**

#### 2 아이크림Eye Cream

눈 주위는 피부막이 얇고 피지가 거의 없는 예민한 조직으로, 색소침착 및 피부 늘어짐이 가장 빨리 두드러지게 나타난다. 노화를 가장 먼저 확실하게 체감하게 되는 눈 주위 관리를 위해서는 20대 초반부터 눈 전용제품을 사용하는 것이 바람직하며, 그 일반적인 제품이 아이크림이다. 무엇보다도 아이크림은 사용법이 중요한데, 연약한 눈 밑 조직에 자극을 주지 않는 정도의 힘을 주기 위해 약지 손가락에 묻혀

눈 밑을 살짝 두드리듯 마사지 해주고, 눈꼬리의 넓은 부위에도 발라 지속적으로 관리해야 한다.

약지 손가락에 아이크림을 던다 → 눈 밑에 발라준다 → 영양이 과하지 않게 주의한다 →

살짝 두드리듯 마사지해준다 → 눈꼬리의 넓은 부위에도 바른다 →

**그림 5.8 아이크림 바르는 방법**

### 3 에센스Essence

피부의 고민을 가장 빠르게 해결해 주는 농축제품으로써 수분과 영양을 공급하는 중요 단계이다. 에센스는 혈액 중 영양성분이 많은 혈정을 뜻하는 '세럼'이라고도 한다. 성분으로는 비타민, 콜라겐, 히알루론산, 코엔자임 등 주된 기능에 따라 성분이 구성되어 있으며, 활성 성분들의 입자가 작고 피부 침투력이 좋아 피부 깊숙이 흡수되는 것이 특징이다. 손등에 덜어 얼굴 각 부위에 적당량 도포한 후 두드려 흡수시키며 기능과 사용법을 정확히 확인하여 바른다.

### 4 로션Lotion

고농축의 영양가 높은 제품(아이크림 및 에센스)을 사용 후 수분막을 형성하고 유수분 밸런스를 맞춰주기 위해 다음 단계로 로션을 사용한다. 메이크업을 하게 되는 아침이나, 피지량이 많은 젊은 여성들은 화장 밀림과 번들거림 방지를 위해 로션 단계까지만 사용하는 경우도 많다. 점성이 에센스와 같아 적당량을 각 부위에 도포한 후 두드려 흡수시킨다.

### 5 영양크림

피부의 수분증발을 막아주고 외부 유해물질로부터 보호해 주는 인공 피지막의 역할을 한다. 영양공급과 천연보습 인자를 대신하는 역할을 하지만, 너무 많은 양을 사용하게 되면 오히려 흡수되지 못하고 번들거림을 가져다주기 때문에 피부 타입에 맞게 적당량을 사용해야 한다. 건성피부 타입은 영양크림을 사용하여 피부 속 깊숙이 수분을 잡아주고 유분을 통한 각질화 등을 감소시킬 수 있다.

### 6 선크림Sun Care

기초화장 후 메이크업 전 단계에 바르는 마지막 제품이다. 피부의 노화는 자외선의 영향을 가장 많이 받게 되는데, 전문의들은 선케어 제품을 3세 이후 연령과 피부 타입에 맞게 꾸준히 사용할 것을 권장한다. 여름철은 SFP 30~50, 겨울철은 SFP 15~25가 무난하며, PA +++(Protect UVA) 제품을 사용하여 피부노화 및 색소 침착을 일으키는 UVA를 차단하는 것도 중요하다.

바쁜 아침시간에 단계별로 꼼꼼히 메이크업을 할 수는 없거나, 많은 제품을 레이어링 해서 바르면 답답한 느낌이 드는 여성이라면 메이크업 단계를 줄여줄 수 있는 똑똑한 멀티제품이 있다. 바로 CC크림이다. CC크림은 얼굴 톤을 밝혀주는 기능 외에도 자외선 차단성분 함유로 스킨케어 후 따로 자외선 차단제를 발라야 하는 번거로움을 줄여줄 수 있다.

그림 5.9 멀티기능의 CC크림

### 3) 프라이머

최근 많이 사용하는 제품으로 피부 표현을 균일하고 매끄럽게 해주기 위한 제품이므로, 울퉁불퉁한 모공을 막아주고 미세주름을 커버하여 보다 탄력 있는 피부 표현이 가능하다. 또한 메이크업 베이스, 파운데이션의 발림 후 피부가 아름답게 표현된다. 모공은 물론 얼굴의 미세한 주름과 메이크업 유지기능도 보유하고 있다.

그림 5.10 다양한 프라이머 제품

### 4) 메이크업 베이스

피부의 유수분 밸런스를 지켜주며 피부를 보호해 주는 기능을 한다. 피부의 톤을 정리해 주고 결점을 커버해 주며 파운데이션의 밀착력과 지속력을 높인다.

그림 5.11 다양한 메이크업 베이스제품

### (1) 종류

1 리퀴드 타입Liquid Type

수분함량이 많은 제품으로, 스피드하게 펴 바르도록 한다.

2 크림 타입Cream Type

커버력이 강한 제품으로, 수분보다 유분의 함량이 많아 건성피부에 좋다.

### (2) 색상별 피부 타입

가) White : 어둡고 까무잡잡한 피부에 적당하다.
나) Green : 울긋불긋하고 잡티가 많은 피부에 쓴다.
다) Blue : 희거나 창백한 피부에 좋다.
라) Pink : 혈색이 없고 창백한 피부나 푸석해 보이는 노란 피부에 적당하다.
마) Violet : 칙칙하고 생기 없는 피부에 쓴다.
바) Orange : 까무잡잡하거나 선탠한 피부에 좋다.

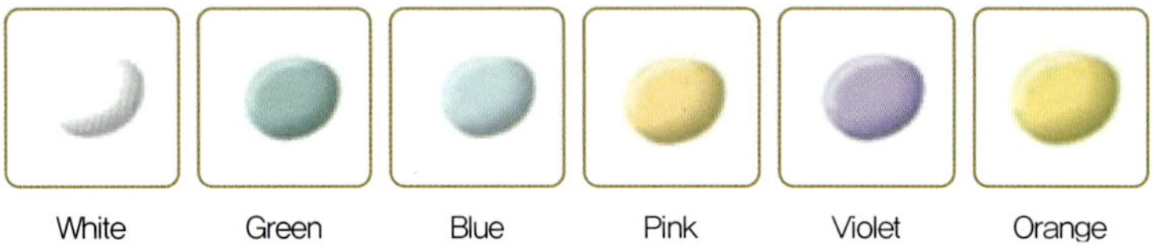


## 5) 파운데이션

파운데이션은 피부색을 결정짓는 중요한 부분이다. 얼굴에 맞는 색상을 찾아 원하는 이미지의 피부색을 표현해야 한다. 또한 피부의 결점인 기미, 잡티 등을 커버해 주며 공해, 먼지, 자외선 등 외부의 자극으로부터 피부를 보호하며, 얼굴의 윤곽을 수정해 주고 입체감을 준다.

그림 5.12 다양한 파운데이션

(1) 종류

가장 입자가 곱고 가벼운 타입으로, 사회 초년생이나 피부가 아주 맑고 투명한 사람에게 적합하다.

1 리퀴드 타입(로션 타입)

수분함량이 많은 로션 타입으로 건성피부나 일반적으로 가장 많이 사용되어지는 제품이다. 하절기에 주로 사용하며, 일반적으로 투명함과 내추럴함을 살릴 수 있다.

2 크림 타입

유분함량이 많아 동절기에 주로 사용하며, 연극 분장용이나 방송용으로 많이 사용된다. 안정감이 있고 커버력도 우수하다.

3 케이크(팩트) 타입

흔히 말하는 투웨이 형태이나 성분은 다르다. 휴대가 간편하고 사용도 편리한 편이다. 물이 묻은 스펀지를 사용하느냐에 따라 농도조절이 가능하다.

④ 스틱 타입

크림 타입보다 커버력이나 지속력이 더 뛰어나며 신속한 메이크업을 할 수 있어, 전문가들이 많이 사용하는 제품이다.

### (2) 색의 선택

**표 5.4 파운데이션 색상**

| 색 상 | 내 용 |
|---|---|
|  | 베이스 컬러 : 가장 기본이 되는 색으로, 피부색에 가까운 색을 선택하여 피부결을 곱게 표현해 주며 피부색을 돋보이게 한다. |
|  | 셰이딩 컬러 : 피부색(혹은 베이스 컬러)보다 1~2톤 어두운 색을 선택하여 수축, 후퇴색으로 각진 턱, 넓은 이마, 헤어라인, 얼굴 윤곽 등에 많이 사용된다. |
|  | 하이라이트 컬러 : 피부톤보다 1~2톤 밝은색 선택 확대, 진출색으로 주로 이마, 콧등, 턱, 눈 밑 주위 등에 많이 사용된다. |

### (3) 파운데이션 사용법

① 손에 덜어낸 파운데이션을 얼굴의 양볼, 이마, 코, 턱, 부위에 나눠 찍어 나눈다.

② 면적이 넓은 볼부터 시작하여 이마, 턱, 콧등 순으로 퍼프를 사용하여 펴 바른다. 이때 얼굴 안쪽에서 바깥쪽으로 펴 바른다.

③ 한 톤 밝은 색상의 파운데이션을 T존 부위와 눈 아래와 턱 부위에 발라 하이라이트를 준다.

④ 가느다란 브러시에 컨실러를 묻혀 커버할 부위에 발라주어도 좋다.

⑤ 한 톤 어두운 파운데이션을 얼굴 외곽에 바른 후 퍼프를 이용, 얼굴 안쪽에서 바깥쪽으로 밀듯이 발라 섀딩을 주면 얼굴이 더 작아보인다. 이때 경계가 없이 자연스럽게 그러데이션 하는 것이 중요하다.

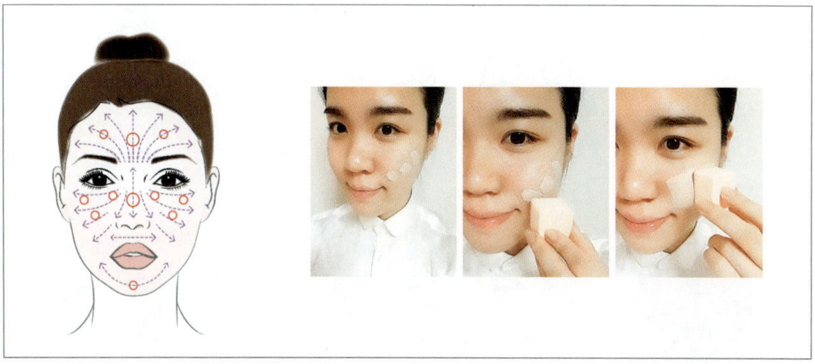

그림 5.13 파운데이션 바르는 방법

(4) 얼굴형 별 교정 파운데이션 사용법

1 긴 얼굴형

귀부분에서 볼 뼈의 방향을 향해 길지 않게 가로 분위기로 눈 앞머리를 향해 터치해 준다. 젊고 어린 여성은 양 볼에 둥글고 부드럽게 그러데이션을 한 후 귀엽고 발랄하게 표현한다.

2 둥근형

얼굴이 갸름해 보이도록 귀부분에서 입꼬리 방향으로 표현한다. 귀에서 힘을 주고 내려오면서 힘을 빼어 자연스러운 그러데이션으로 표현한다. 귀밑에서 턱까지는 샤프해 보이도록 그림자 윤곽 수정을 한다.

3 사각형

부드러운 여성미를 표현해야 하므로 볼 뼈에 살짝 볼터치를 하고, 귀 중심으로 시작하여 턱 선을 향해 넓게 그러데이션한다.

4 역삼각형

자칫 얼굴이 날카로워 보일 수 있으므로, 애플존에 블러셔를 바르고 번지듯이 펴 바르면 된다.

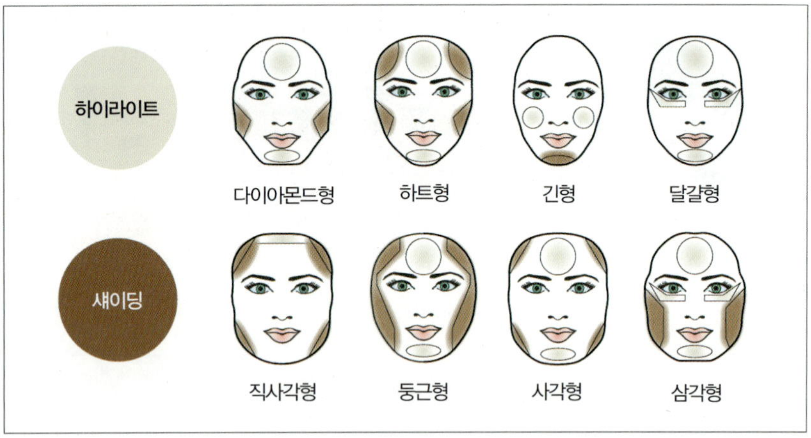


**그림 5.14 얼굴형 별 파운데이션 사용법**

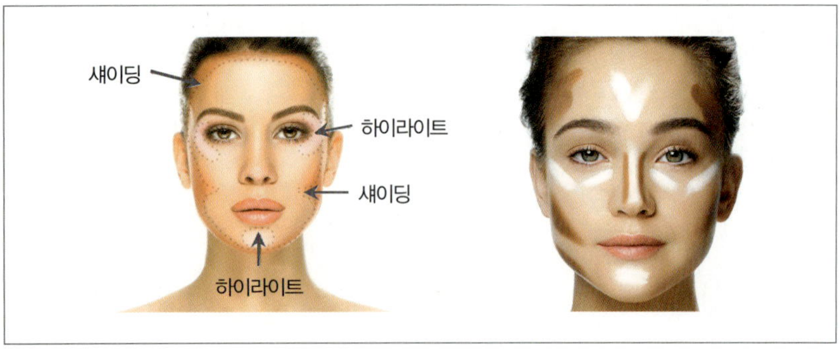


자료 : www.sephora.com

**그림 5.15 얼굴형 별 컨투어링**

### 6) 파우더

피부 표현의 마무리 단계이며, 파운데이션의 유분기 제거 및 지속성 유지와 피부 색상을 깨끗하게 연출하는 것이 목적이다. 색상은 파운데이션과 동색 계열이나 다소 밝은 색을 선택하는 것이 좋다.

콤팩트 타입의 파우더는 가볍고 차분한 사용효과로 자연스러운 마무리 화장을 원하는 사람에게 적당하다. 가을, 겨울과 같은 건조한 계절에 좋으며 휴대하기가 간편하다. 콤팩트와 파우더의 중간 타입으로 사용감이 촉촉하면서 블루밍 효과가 우수한 압축 분백분이 있다. 모든 계절에 사용할 수 있으며 휴대가 가능하다.

보통 페이스 파우더라고 하는 파우더 분백분은 유분조절 효과가 우수하다. 블루밍 효과가 가장 우수하며 지속력이 좋아, 오랜 시간 화장을 지속하길 원하거나 화사한 피부 표현을 원할 때 좋다. 파우더 역시 메이크업 베이스와 마찬가지로 피부색에 따라 다양하게 색상을 연출할 수 있다.

### (1) 종류

**표 5.5 타입별 파우더 분류**

| 타입별 분류 | | 내 용 |
|---|---|---|
|  | 투명 파우더 | 파운데이션의 색조를 변화시키지 않는 색상으로 피부색을 깨끗하게 마무리해 준다. 가장 일반적이다. |
|  | 콤팩트 파우더 | 용기에 담아 압축한 파우더로 휴대용으로 좋다. |
|  | 펄 파우더 | 화사하게 윤이 나는 모습을 연출할 때 사용한다. 비즈니스용보다는 특별한 날의 연출용이다. |

**표 5.6 컬러별 파우더 분류**

| 컬러별 분류 | | 내 용 |
|---|---|---|
|  | 핑크 파우더 | 창백하고 흰 피부에 혈색을 주고자 할 때 사용하며, 신부화장 시 화사한 피부 표현에 적합하다. |
| | 오렌지 파우더 | 건강한 이미지를 주고자 할 때 사용되며, 칙칙하고 어두운 피부에 잘 어울린다. |
| | 퍼플 파우더 | 노르스름한 피부를 화사하게 표현할 때 사용하며, 파티 메이크업이나 화려한 분위기를 연출할 때 주로 사용한다. |
| | 블루 파우더 | 붉은 피부에 적합하여 깨끗한 피부표현 시 효과적인 색상이다. |
| | 브라운 파우더 | 어두운 피부 표현에 적합하며 섀딩용으로 사용된다. |

### 7) 아이브로우Eye Brow

아이브로우는 눈의 모양과 직접적인 관계가 없는 듯이 보이지만, 사람의 인상을 좌우하는 데에 가장 중요하다. 눈썹을 어떻게 그리는가에 따라 자신감 넘치는 여성으로, 얌전하고 소극적인 여성으로, 화려하고 섹시한 여성으로 변신할 수 있기 때문에, 아이 메이크업에 중대한 영양을 미치는 것이다. 잘 수정된 눈썹은 얼굴형의 이미지를 변화시키는데 많은 영향을 끼친다. 눈썹의 형태, 색의 짙고 옅음, 길이, 숱의 양에 따라 정리한다.

아이 메이크업은 전체적인 얼굴의 수정 효과와 자신의 개성을 살려준다. 그러므로 눈썹의 형태와 눈, 얼굴의 관계를 세심하게 살펴보아야 한다. 눈썹머리, 꼬리, 눈썹산의 위치에 따라 얼굴의 이미지가 달라지며 연필 느낌의 펜슬 타입과 지속성이 우수한 크림 타입, 자연스러운 마무리의 케이크 타입이 있다. 색상에는 흑색, 회색, 갈색이 있으며 머리색과 맞추는 것이 일반적이다.

#### (1) 명칭 및 방법

눈썹은 머리, 꼬리, 산으로 구분해 볼 수 있다.

**표 5.7 눈썹의 각 위치**

| 구 분 | 눈썹 위치 |
|---|---|
| 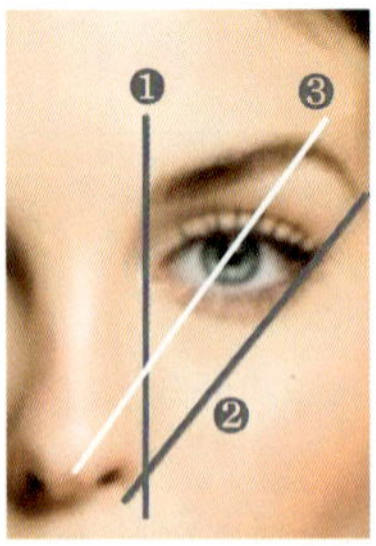 | 눈썹 머리의 위치 : 눈머리와 콧망울을 일직선이 되는 곳에서 눈 앞머리보다 약간 앞쪽으로 되도록 한다. |
| | 눈썹 꼬리의 위치 : 눈썹의 끝은 눈썹 앞머리보다 처지지 않도록 하고, 눈썹꼬리는 콧망울과 45도 각도를 이루는 지점에서 끝낸다. |
| | 눈썹 산의 위치 : 눈의 검은동자 바깥쪽을 직선으로 올렸을 때의 위치로 눈썹의 가장 높은 부위를 말한다. 눈썹을 그린 후에는 눈썹 브러시로 빗어주어 자연스럽게 보이도록 하고, 또 다른 방법으로는 면봉을 이용하는 것인데, 눈썹 꼬는 면봉 끝을 세워 자연스럽게 표현할 수 있다.(2/3(눈 길이의) 검은 동자가 끝나는 부분임) |

얼굴형에 따른 눈썹머리, 꼬리, 산의 위치는 다음과 같다.

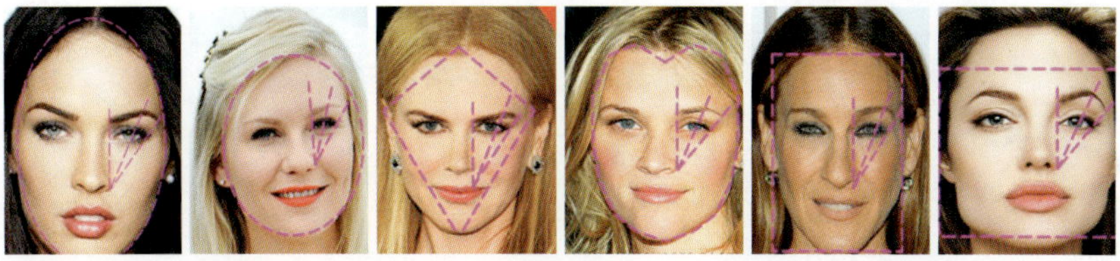

자료 : www.danielsandler.com

그림 5.16 얼굴형에 따른 눈썹 위치

### (2) 눈썹 수정하기

눈썹을 수정하는 방법은 다음과 같다.

**표 5.8 눈썹 수정하는 방법**

| 구 분 | 순 서 |
|---|---|
| 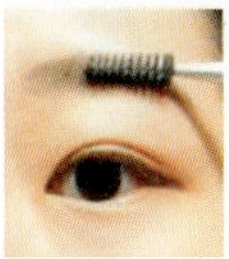 | ❶ 스크루 브러시로 빗어 올리기<br>스크루 브러시를 이용하여 눈썹을 결대로 빗으면서 위로 치켜 올려 눈썹 결을 살린다. 눈썹 머리 부분은 브러시를 세워서 빗는다. |
| 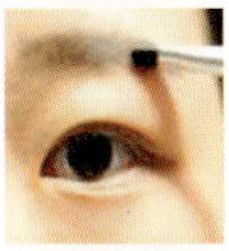 | ❷ 아이섀도로 볼륨감 주기<br>아이섀도를 이용하여 전체적으로 볼륨감이 느껴지도록 눈썹을 그린다. 색깔은 머리색과 비슷하거나 조금 연한 색으로 그려야 자연스럽다. |
| 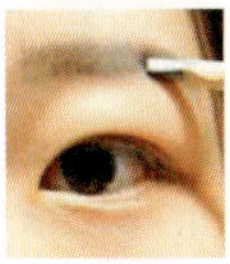 | ❸ 아이펜슬로 눈썹 모양 정리<br>아이펜슬로 눈썹 형태를 명확하게 그리거나 빈 곳을 메운다. 얼굴 모양에 따라 눈썹 길이를 길게 늘이기도 한다. |
| 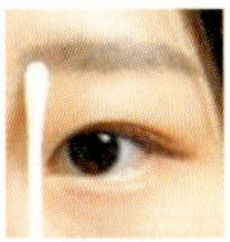 | ❹ 눈썹 머리 연하게 지우기<br>손가락 끝이나 면봉, 브러시를 이용하여 눈썹 앞머리 부분의 색이 연해지도록 뭉갠다. 조금씩 지워가며 눈썹 모양을 자연스럽게 만든다. |
| 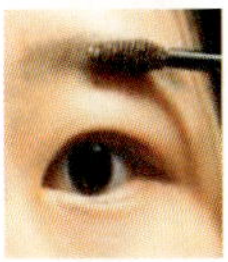 | ❺ 투명 마스카라로 고정<br>투명 아이브로용 마스카라를 이용하여 눈썹을 고정시키고 눈썹의 선명함을 더해준다. 눈썹 머리 부분은 위로 쓸어 올려 자연스러움을 강조한다. |

### (3) 눈썹 형태별 이미지

**표 5.9 눈썹 형태별 이미지 특징**

| 구 분 | 형태별 이미지 |
|---|---|
|  | **표준형**<br>• 귀엽고 발랄한 이미지의 눈썹이다.<br>• 어느 형이나 잘 어울린다. |
|  | **직선형**<br>• 남성적 · 개성적이며 발랄한 느낌이다. 젊고 플래시해 보인다. 눈썹 산이 없이 명암으로만 표현하며 기본형보다 조금 짧게 그린다. 얼굴이 넓어 보이므로 긴 얼굴, 좁은 얼굴에 좋다. |
|  | **화살형**<br>• 기본형보다 짧아 개성 있고 동적인 느낌이다.<br>• 지적인 느낌을 주며 눈이 작아 보인다. 역시 길이를 짧게 그리는 것이 좋다. 둥근 얼굴이나 턱이 각진 얼굴에 어울린다. |
|  | **아치형**<br>• 우아하고 여성적이며, 요염하고 혹은 노숙한 느낌이다.<br>• 이마가 넓은 사람, 턱이 각진 사람, 역삼각형, 다이아몬드형에 어울린다.<br>• 눈썹 산을 강조한 눈썹으로 눈이 커 보인다. |
|  | **각진형**<br>• 단정하고 지적이며 세련된 느낌이다.<br>• 오피스메이크업에 적당하다.<br>• 동양인, 둥근 얼굴, 사각형 얼굴에 잘 어울린다. |
|  | **작은형**<br>• 귀엽고 발랄한 이미지의 눈썹이다.<br>• 작은 얼굴형에 잘 어울린다.<br>• 눈썹의 길이는 눈의 길이와 비슷하며 기본형보다 약간 둥글게 그려준다. |

## 8) 아이섀도 Eye Shadow

눈에 음영과 색감을 주어 아름다운 눈매를 표현하는 것이 목적이다. 아이섀도는 베이스 컬러와 메인 컬러, 포인트 컬러를 적절하게 사용해야 입체적인 아이 메이크업을 할 수 있으며, 하이라이트 컬러를 사용하면 더욱 효과적이다. 색조화장품인 아이섀도의 경우, 자기 마음에 드는 색상을 고르는 것이 무엇보다 먼저겠지만, 민감한 눈 주위에 발라야 함을 염두에 두고 자극이 없는 것을 선택하는 것이 중요하다. 가루날림이 적고, 피부에 밀착감 있게 펴 발라지는 것이 좋은 아이섀도이다. 케이크 타입이 가장 일반적이지만, 요즘은 가루로 된 파우더 타입과 펜슬이나 액상 타입 등 그 종류가 다양하다.

아이섀도는 브러시에 섀도를 묻힌 후 손등으로 조절해야 뭉치지 않는다. 또한 색의 단계를 밝은 색 → 어두운 색으로 전개해야 느낌을 표현할 수 있다. 조금씩 여러 번 덧발라 그러데이션을 연출해야만 자연스러우며, 섀도가루가 눈 밑에 침착되지 않도록 반드시 눈 밑에 파우더를 꼼꼼히 발라야 한다.

### (1) 선택방법

① 의상과 동색 계열 또는 조화되는 색을 선택한다.

② 의상의 질감 및 스타일에 조화되는 색을 선택한다.

③ 계절감각에 어울리는 색을 선택한다.

④ 색이 담고 있는 감정과 느낌을 이용한다.

⑤ 전체적인 메이크업 분위기에 맞게 선택한다.

### (2) 아이섀도 테크닉과 명칭

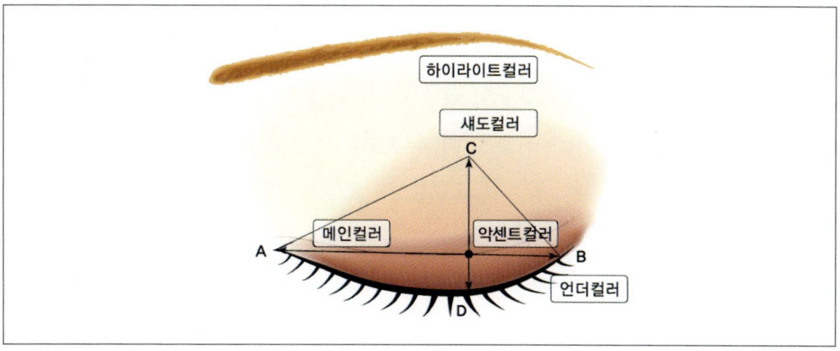


**그림 5.17 아이섀도 명칭**

① 섀도Shadow : 그러데이션 방법은 눈길이의 2/3를 중심으로 상 · 하, 좌 · 우로 그러데이션 한다.

② 메인 컬러 : 베이스 컬러라고 하며, 눈 화장의 분위기를 좌우하는 컬러이다.

③ 악센트 컬러 : 눈매 강조를 위한 컬러로, 강한 색감을 선명하게 사용한다.
④ 하이라이트 컬러 : 돌출되고자 하는 부위에 바르며, 주로 화이트 계열을 쓴다.
⑤ 섀도 컬러 : 눈에 음영을 주기 위한 컬러로, 들어가 보이고자 하는 곳에 쓴다.
⑥ 언더 컬러 : 아래 눈꺼풀에 바르는 섀도, 곡선적인 느낌으로 깨끗하게 펴 바른다.

그림 5.18 아이섀도 그리는 방법

### (3) 눈 형태에 따른 섀도 테크닉

1 눈이 작은 경우

눈 앞쪽부터 아이라인을 그린 다음, 눈꼬리 부분에서 다크한 색상으로 자연스럽게 연장하여 발라준 다음, 언더라이너 또한 눈꼬리 쪽으로 길게 발라준다. 단, 진하지 않게 주의한다.

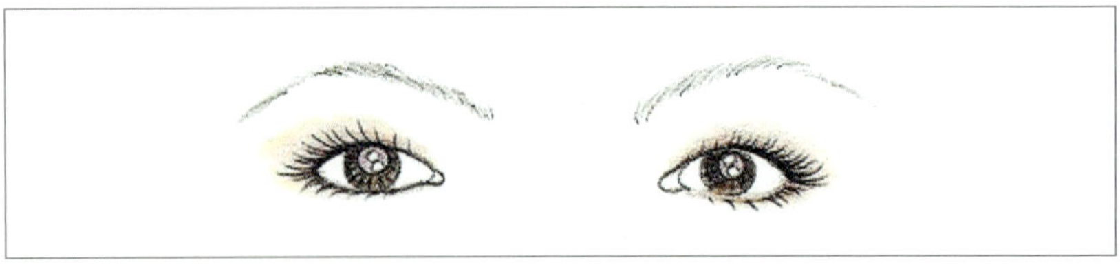

2 눈이 부석부석한 경우(지방이 많고 부어 보이는 눈)

붉은 계열의 아이섀도나 광택이 들어있는 아이섀도는 피하고, 겨자색이나 밤색 계열로 눈 전체를 자연스럽게 펴 바른 다음 포인트부터 그러데이션 한다.

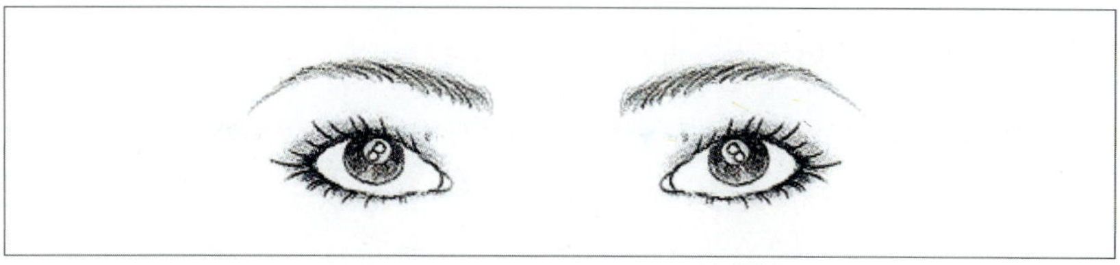

3 눈이 움푹 들어간 눈(지방질이 없는 눈)

따뜻한 색상의 아이섀도나 밝은 색으로 눈두덩을 펴준 다음, 펄이 들어있거나 광택이 들어 있는 아이섀도로 펴준다. 아이섀도를 깨끗하게 펴주는 것이 포인트이다.

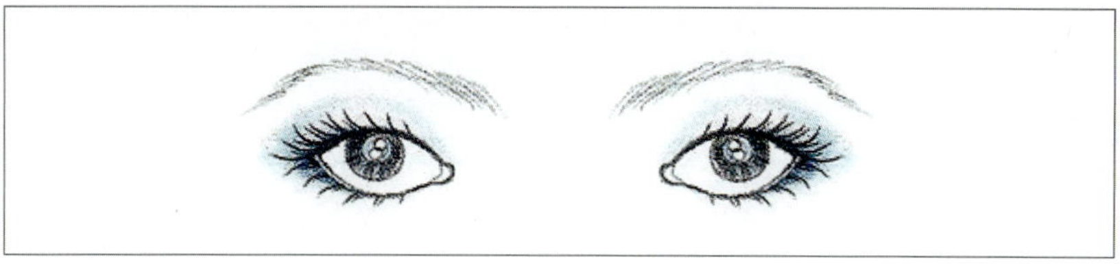

4 눈과 눈 사이가 넓은 경우

눈 앞머리 부분에 포인트를 주면 눈 간격이 좁아 보인다. 눈 앞머리의 아이라인을 약간 앞쪽으로 빼주면 더 효과적이다.

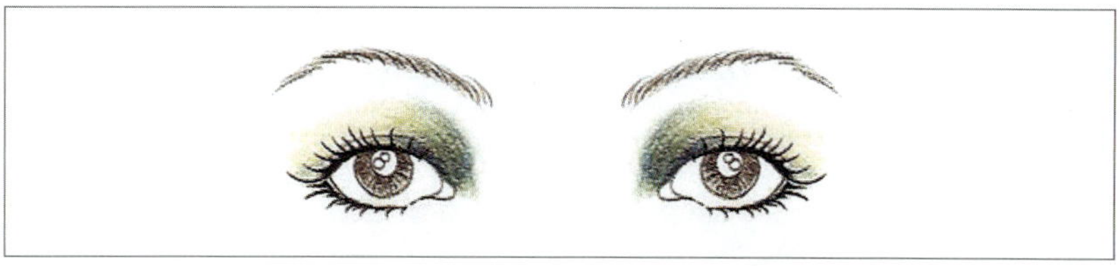

### 5 쌍꺼풀 눈

눈의 선명도를 위하여 감추어진 라인을 섬세하게 포인트 컬러로 처리하고, 자연스러운 색상으로 아이홀 전체에 부드럽게 그러데이션 한다.

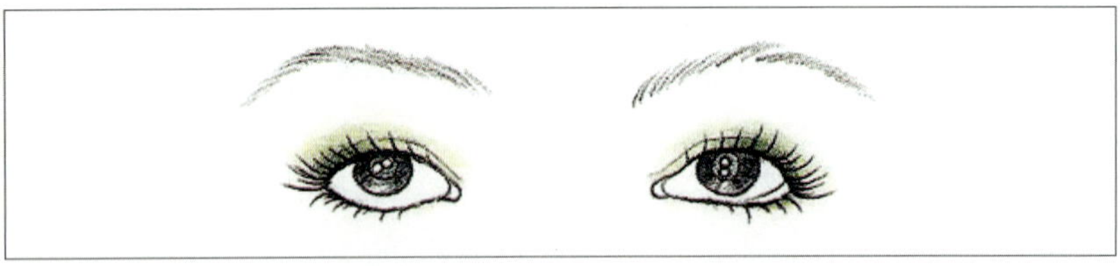

### 6 눈꼬리가 내려간 경우

아이라인을 본래의 눈꼬리에서 약간 올라가게 그리고, 아이섀도는 눈꼬리 쪽으로 그러데이션 해준다. 눈꼬리에는 너무 색이 진하지 않도록 주의한다.

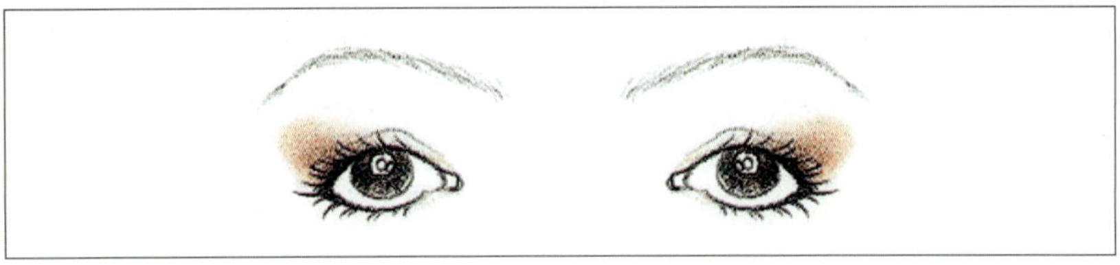

### 7 눈꼬리가 올라간 경우(눈 중앙에 포인트)

아이라인을 본래의 눈꼬리에서 약간 내려서 그리고, 아이홀 쪽으로 포인트를 해준다. 눈꼬리 쪽이 너무 진하지 않도록 주의한다.(눈꼬리의 포인트가 강하면 인상이 매서워 보이므로 주의한다)

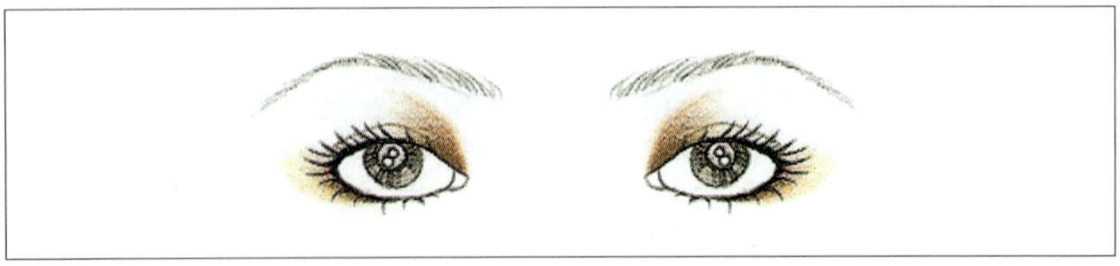

8 눈이 큰 경우

본래 눈이 크기 때문에 아이라인을 눈 전체에 그리지 말고 속눈썹에 바짝 라인을 그려준 다음, 언더라인도 1/3 정도에서 그러데이션 하고 아이섀도는 진한 색보다는 자연스러운 색으로 발라준다.

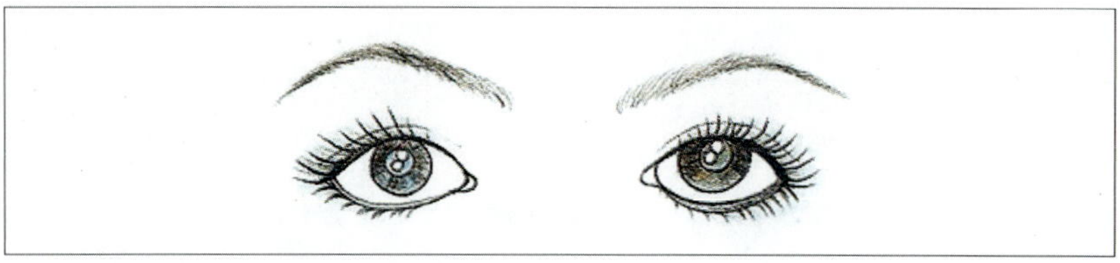

9 외겹 눈

라인을 강조하거나 눈꼬리에 포인트를 주어 사선 방향으로 끌어올려 그러데이션 해주고, 아이홀 부분까지 포인트 컬러로 펴 바른 후, 눈썹 뼈 부분에는 하이라이트를 강하게 주어 평면적인 눈을 입체적으로 표현한다.

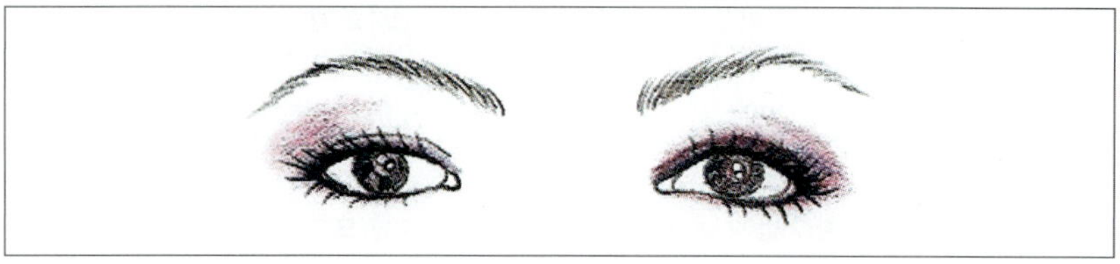

## 9) 아이라이너

아이라인은 눈썹과 함께 그 사람의 개성을 표현하는데 가장 중요한 역할을 하며, 눈 모양의 수정을 가장 효과 있게 표출시켜 준다. 사용이 편리하며 자연스러운 펜슬 타입과 다소 인위적인 리퀴드 타입, 그리고 물에 적셔 사용하는 파우더 압축 타입이 있다. 실수로 번졌을 경우에는 말라버리기 전에 면봉이나 코튼으로 닦아내야 하고, 잘못 그린 아이라인을 지울 때에는 면봉에 아이메이크업 리무버를 묻혀 깨끗이 지워

내고 다른 면봉으로 파운데이션을 발라 피부에 파운데이션을 다시 바른 상태에서 그려준다.

그리는 방법은 속눈썹이 난 부위에 섬세한 선으로 그려준다. 윗라인은 눈 모양을 따라 앞부분부터 그리다가 3/4지점을 지나면서부터 눈 라인에서 1~2mm 정도 높여서 자연스럽게 그려준다. 끝을 자연스럽게 처리할 수 있도록 한다.

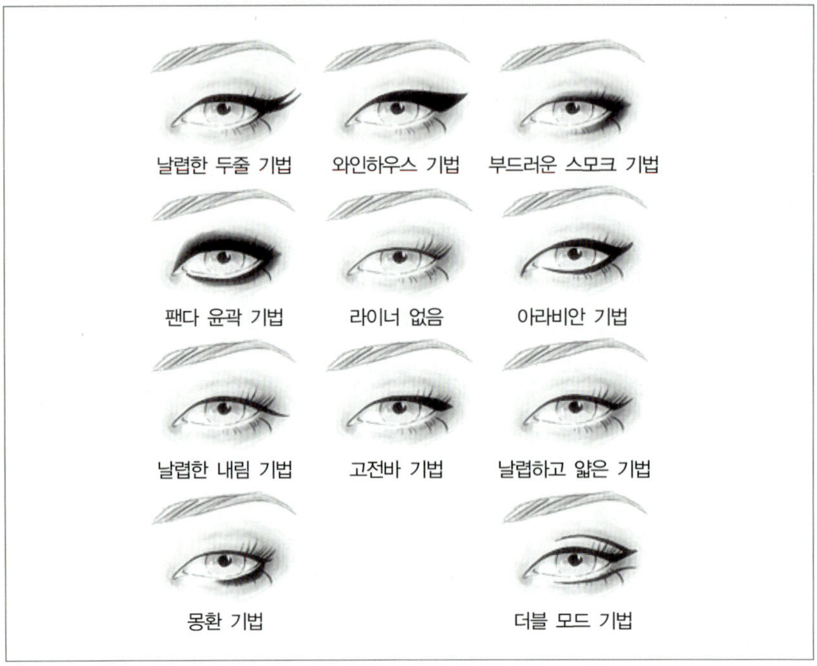


**그림 5.19 아이라이너 그리는 방법**

### (1) 아이라이너의 종류

#### 1 리퀴드 아이라이너

눈매를 가장 선명하게 표현할 수 있는 액상 타입의 제품이다. 펜슬 타입에 비해 번짐이 없으며 오래도록 지속되는 장점이 있다. 붓의 기울기와 누르는 정도를 통해 선의 굵기를 다양하게 표현할 수 있으며, 눈의 중앙에서 그리기 시작하여 눈 중앙 → 눈꼬리 → 눈 앞머리 → 눈꼬리 방향으로 진행한다.

### 2 펜슬 아이라이너

다른 타입의 아이라이너보다 휴대가 간편하고 그리기 쉬운 장점이 있다. 그러나 쉽게 지워지고 번져 수정이 필요한 단점들도 있다. 또한 펜슬 타입은 그리면서 민감한 눈의 피부가 자극을 통해 잔주름을 유발할 수도 있다. 속눈썹 사이를 메우듯 눈썹 앞머리부터 자연스럽게 눈꼬리까지 그릴 수 있도록 연습하는 것이 좋다.

### 3 케이크 아이라이너

자연스러운 표현이 장점이지만 물에 희석하여 사용하는 과정이 번거롭다. 쌍겹이 두터운 눈이나 지방이 많은 눈매에 더 효과적이다. 그리는 방법은 리퀴드 아이라이너와 같으며, 희석하는 물의 양에 따라 농도 표현을 달리할 수 있다.

### (2) 눈 모양에 따른 아이라이너 그리기

기본형 아이라인은 눈의 꼬리에서 앞쪽으로 그리며 쌍꺼풀 윗 라인과 닿아서는 안 된다.(눈꼬리에서 앞으로 그리며 3/5 정도에서부터 점점 흐려지며 4/5 정도에서는 완전히 끝나야 한다)

그림 5.20 아이라이너 그리기

## 10) 마스카라

속눈썹을 길고 풍부해 보이도록 하여 눈에 깊이감과 신비로움을 연출한다. 속눈썹이 풍부한 눈은 특히 여성적인 느낌을 더해준다.

그림 5.21 뷰러와 마스카라 사용법

### (1) 사용방법

① 속눈썹을 일정한 방향으로 빗어준다.

② 뷰러를 이용해 속눈썹을 컬링하여 올려준다.

③ 마스카라로 윗눈썹 위부터 2~3번 쓸어내려준다.

④ 윗눈썹의 아랫부분을 쓸어 위로 올려 바른다.

⑤ 아래 속눈썹은 세워서 좌·우로 3~4회 쓸어준다.

⑥ 아래 속눈썹을 아래로 다시 쓸어준다.

### (2) 마스카라의 종류

#### 1 롱 래시 마스카라

식물 세포벽의 주성분인 셀룰로오스를 특수 가공한 섬유질의 속눈썹으로, 끝에 붙어 실제보다 길어 보이고 싶을 때에 사용한다. 브러시의 굵기가 굵고 가는 섬유질이 브러시 사이사이에 가늘게 붙어있다.

### 2 볼륨 마스카라

대부분의 여성들이 가장 많이 사용하는 타입이다. 눈에 발랐을 때 눈썹이 진하고 숱이 많아보이게 하며 부드럽게 표현되어 눈매가 그윽해 보인다.

### 3 워터 프루프 마스카라

수분 전용 마스카라로 물이나 땀, 수영에도 지워지지 않는 마스카라이며, 눈썹을 하나하나 분리해 코팅해 주는 느낌이므로 힘이 있어 보인다. 브러시 사이가 넓으며 브러시 굵기도 가늘거나 꼬여있다. 또 잘 뭉치지 않으므로 여러 번 덧발라도 괜찮다. 속눈썹 표현이 부드럽거나 풍부해 보이지 않아 딱딱해 보이는 것이 단점이다.

### 4 스완 – 넥 마스카라

블랙스완이라는 닉네임에 어울리는 특이한 마스카라로, 스틱이 보다 쉽고 간편하여 마스카라 연출을 가능하게 한다.

자료 : 신세계 S-Story

**그림 5.22 마스카라의 종류**

## 11) 립

입술에 혈색과 생기를 부여하여 여성스러움과 수분, 유분의 밸런스를 건강하고 촉촉함을 유지시켜 주고, 외부자극이나 자외선으로부터 입술을 보호해 준다. 입술은 일반 피부조직보다 온도 및 건조함에 대한 민감도도 높다. 때문에 립Lip 전용 제품을 적절히 사용함으로써 촉촉하고 건강한 입술을 유지해야 한다. 또한 립 메이크업은 입술의 미화효과와 더불어 메이크업의 전체적인 분위기를 상승시켜 주기 때문에 포인트 메이크업을 대표하는 부분이기도 하다.

### (1) 립스틱의 종류

#### 1 타입별 분류

가) 립스틱Lip Stick : 가장 일반적이며, 색상과 질감이 다양하다.

나) 립크림Lip Cream : 젤 타입으로 립스틱 색상을 선명하게 해주며, 외부로부터 입술을 보호한다.

다) 립라이너Lip Liner : 자신이 원하는 입술 모양을 깨끗하게 그릴 수 있으며, 입술에 주름이 많은 경우 립스틱이 번지는 것을 예방한다.

라) 립그로스Lip Gross : 투명감을 높이기 위해 사용하며, 입술을 촉촉하고 윤기 있게 해주는 역할을 한다.

#### 2 색상별 이미지

**표 5.10 립스틱 색상별 이미지**

| 컬 러 | 이미지 | 컬 러 | 이미지 |
|---|---|---|---|
|  | **레드**<br>피부색상을 약간 어두운 베이지로 표현하면 발랄하면서도 젊은 감각의 빨강이 된다. 눈화장은 섀도의 느낌은 거의 없게 하고, 아이라이너 후 마스카라를 볼륨감 있게 발라준다. |  | **핑크**<br>여성스럽고 낭만적인 분위기를 만들기 위해 깨끗한 피부 표현에 신경을 쓴다. 윤기를 살려주는 것이 중요하고, 소녀다운 이미지로 청순한 느낌이며 신부 메이크업에 많이 사용된다. |

| 컬 러 | 이미지 | 컬 러 | 이미지 |
|---|---|---|---|
|  | 퍼플<br>색상 그 자체를 사용하는 것은 좀 무거워 보이므로, 티슈로 눌러주어 색소만 남기거나 밝은 와인색을 섞어 화려하고 이지적인 느낌으로 만든다. 퍼플 컬러는 우아하고 성숙한 이미지를 준다. |  | 베이지<br>윤곽을 브라운 색상으로 확실히 나타내는 것이 필수이다. |
|  | 브라운<br>차분하고 지적이며 가장 내추럴한 느낌을 주나 라인을 검게 그리고, 펄 감으로 강조하면 고급스러움이 반감될 수 있다. |  | 오렌지<br>정열적이고 생동감과 건강함이 느껴지므로, 젊은층이 선호하는 컬러이다. |

## (2) 립스틱 바르는 방법

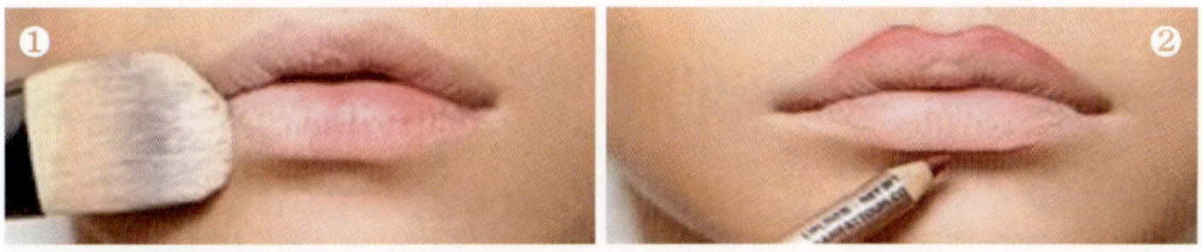

❶ 파운데이션과 파우더로 립 라인을 지워준다.
❷ 중앙의 V자 계곡을 결정, 좌 · 우 산을 그리고 아래 입술의 중앙을 결정한다.

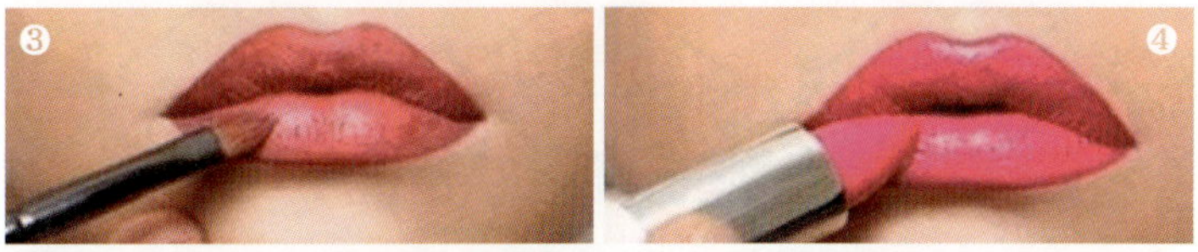

❸ 상 · 하 부분을 그린 다음에 입꼬리 쪽에서 산 쪽을 향해 그린다.
❹ 조금씩 라인을 이어 그린 후 마지막에는 전체적으로 바른다.

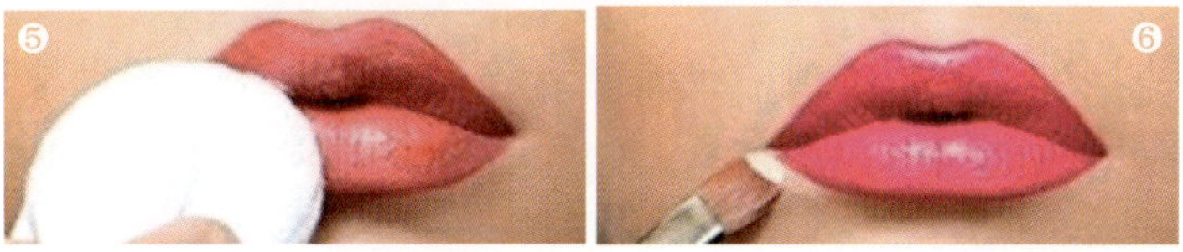

❺ 파우더나 냅킨을 이용하여 매트하게 마무리한다.
❻ 입술라인을 따라 붓이나 펜을 이용하여 컨실러로 마무리하여 깔끔하게 라인을 정리한다.

**그림 5.23 립스틱 바르는 방법**

### (3) 입술 모양과 이미지

① 인커브In Curve

곡선적 느낌으로 윤곽보다 조금 안쪽으로 그려준다. 귀엽고 사랑스러우며 젊고 발랄한 느낌이다.

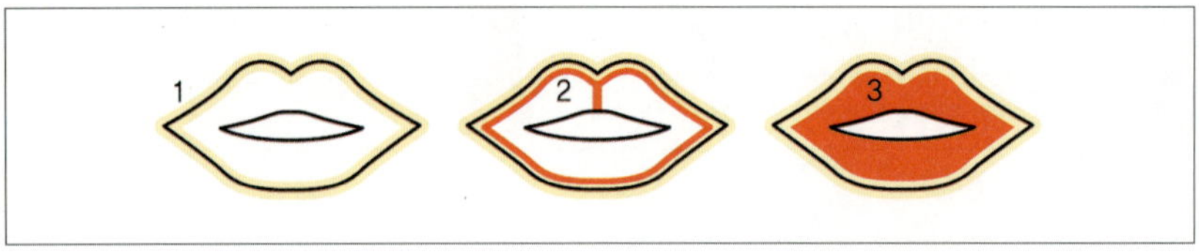


② 아웃커브Out Curve

곡선적 느낌으로 윤곽보다 조금 바깥쪽으로 도톰하게 그려준다. 여성스럽고 부드러우며 매혹적인 이미지이다.

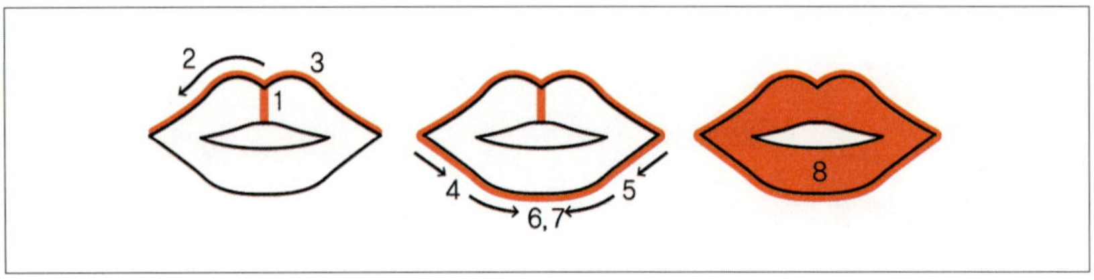


③ 스트레이트 커브Straight Curve

직선형의 느낌으로 윗입술에 각을 주어 그린다. 아랫입술은 약간의 각을 주어 그린다. 갸름하고 단정하며 차갑고 샤프한 이미지이다. 세련되며 현대적이라 오피스 메이크업에 주로 사용된다.

## 12) 블러셔Cheek

블러셔는 피부에 혈색을 주어 건강미를 나타내기도 하고, 얼굴의 윤곽을 적절하게

수정해주기도 한다. 메이크업의 전체적인 분위기를 좌우하는 중요한 역할을 하며, 케이크 타입과 크림 타입이 있다. 또한 입체감 표현에도 중요하며, 색상은 여성스럽고 화사한 느낌일 때는 핑크계로, 발랄하고 생동감 있게 표현할 때는 산호나 오렌지 계열로, 자연스럽고 건강한 느낌을 주고 싶을 때는 베이지나 갈색 계열로 선택한다.

**표 5.11 블러셔 색상별 특징**

| 피부톤 | 흰 피부 | 황색 피부 | 어두운 피부 |
|---|---|---|---|
| 피부특징 | 혈색 없고 화사한 피부 | 노랗고 창백한 피부 | 전체적으로 황갈색 피부 |
| 블러셔색 | 핑크색 | 연오렌지색, 산호색 | 브라운색 |

### (1) 블러셔 색상과 이미지

① 레드Red : 가장 어른스런 색상으로 지적이고 엘레강스한 이미지이다.

② 핑크Pink : 여성다움과 온화하고 청순하며 귀여운 느낌이다. 가장 여성스런 이미지의 색상이다.

③ 퍼플Purple : 침착하고 로맨틱한 분위기의 연출로, 은근한 인상을 준다.

④ 브라운Brown : 오크 계열의 피부에 어울리며, 차분하고 어른스러운 느낌과 도시적인 세련미를 준다.

⑤ 오렌지Orange : 검은피부에 잘 어울리며 발랄하고 활동적이다.

### (2) 얼굴형에 따른 교정 테크닉

눈의 중앙 연결선과 귀 아래 연결선이 만나는 볼의 영역 안을 벗어나지 않도록 터치한다. 관자놀이에서 시작하여 인중을 향해 부드럽게 펴 발라준다.

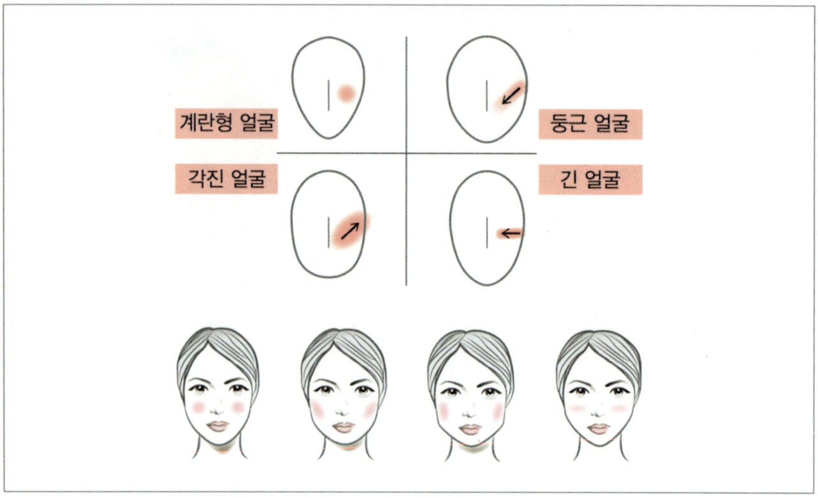


그림 5.24 얼굴형별 블러셔 바르는 법

### 1 얼굴을 작고 갸름하게 만드는, 셰이딩Shading

사각턱, 광대뼈 등 각진 얼굴은 셰이딩 메이크업이 필수이다. 셰이딩은 눈 · 코 · 입 외 얼굴의 여백을 그늘지게 만들어 얼굴을 좀더 작아보이게 할 뿐만 아니라 얼굴의 굵은 선들을 좀더 둥글고 매끄럽게 연출해 준다. 셰이딩이 과할 경우 얼굴이 자칫 검붉게 보일 수 있으니, 붉은기가 강한 컬러나 굵은 펄이 포함된 제품은 피하는 것이 좋다.

짙은 컬러는 광대뼈 아래쪽에, 밝은 컬러는 광대뼈 위쪽에 발라 입체적인 얼굴을 완성할 수 있는 있는 제품이나, 여러 컬러의 미네랄 파우더가 얼굴에 은은한 빛을 선사하는 쉬머 파우더 등을 활용한다.

그림 5.25 셰이딩 메이크업 도구

### 2 얼굴을 밝혀 볼륨을 만드는, 스트로빙Strobing

얼굴에 살이 없거나 볼살이 빠져 고민이라면, 최근 할리우드 스타들 사이에서 유행이라는 스트로빙 메이크업을 활용해 본다. 스트로빙은 카메라의 플래시가 터지듯 순간적으로 번쩍이는 빛을 의미하는 스트롭Strobe에서 유래한 메이크업 기법으로, 이마, 눈썹 뼈, 콧대, 입술 산, 턱 끝 등 얼굴에서 부각되어야 할 곳에 펄이 함유된 제품을 덧발라 얼굴에 볼륨을 더하는 메이크업 방법이다. 과거 T존, C존을 밝히던 하이라이팅과 크게 다른 점은 피치, 핑크 등 인위적이지 않은 컬러의 제품들로 한 듯 안한 듯 감쪽같이 연출해야 한다는 점이다.

그림 5.26 스트로빙 메이크업 도구

### 3 얼굴을 입체적으로 만드는, 컨투어링Contouring

얼굴이 높낮이 없이 평평한 편이라면, 컨투어링 메이크업으로 얼굴에 입체감을 만들어 본다. 컨투어링 메이크업은 셰이딩과 스트로빙을 한꺼번에 하는 것이라고 생각하면 된다. 밝힐 곳은 밝히고, 숨길 곳은 숨겨 얼굴의 전체적인 윤곽을 잡아주는 것이 바로 컨투어링이다. 얼굴을 입체적으로 표현하며, 이목구비 또한 또렷이 만들어 평소보다 포토제닉한 얼굴로 변신할 수 있다. 컨투어링을 가장 손쉽게 하는 방법은 바로 스틱 파운데이션을 활용하는 것이다. 내 얼굴 톤보다 두 단계씩 밝고 어두운 컬러의 파운데이션을 함께 사용하여 경계가 지지 않는 베이스 메이크업을 완성하는 것이 중요한데, 콧방울 주변, 팔자주름 등 강하게 밝혀주어야 할 곳에는 하이라이팅 펜슬을 활용해 한 번 더 빛을 더하는 것이 포인트이다.

그림 5.27 컨투어링 메이크업 도구

ㅇ 손쉬운 컨투어링 메이크업

- 이마 가운데, 눈두덩이, 눈가 아래, 콧등, 입술 끝, 턱 끝 등 밝혀주어야 할 곳에 얼굴보다 두톤 밝은 컬러의 스틱 파운데이션을 바른다.
- 헤어라인, 양쪽 콧방울, 광대뼈 위, 턱 라인 등 감춰야 할 곳에는 얼굴보다 두톤 어두운 컬러의 스틱 파운데이션을 바른다.
- 메이크업 스펀지를 활용하여 두드리듯 파운데이션을 펴 바른다. 이때 최대한 컬러 간의 경계가 생기지 않게 블렌딩한다.
- 은은한 펄이 함유된 하이라이팅 파우더와 셰이딩 파우더를 한 번씩 더 덧발라, 윤곽을 다시 한 번 잡아준다.

그림 5.28 얼굴형에 따른 메이크업 교정

## 03 Daily 피부관리

단정하고 세련된 이미지는 메이크업, 복장, 헤어 등의 여러 요소에 의해 결정되지만, 전체의 조화로움을 만들어내기 위해서는 그 바탕이 되는 피부의 건강함이 제일 중요하다. 기초가 되는 피부를 건강하고 투명하게 관리하여 보다 전략적으로 메이크업을 연출할 수 있다.

실습

### 자신의 피부상태 간단하게 자가진단 해보기

① 얇고 흡수력이 좋은 종이를 준비하여, 종이를 한 변이 3~4cm 정도 사각형 모양으로 만들어 4개를 준비한다.
② 미지근한 물에 중성비누를 거품 내어 얼굴을 깨끗하게 닦아낸 다음, 얼굴 기름기를 제거한다는 느낌으로 닦아주고, 미지근한 물로 비눗물이 남지 않도록 헹궈준다.
③ 수건으로 얼굴 물기를 가볍게 닦은 후, 얼굴이 땅기더라도 로션 등을 바르지 않고 3시간 정도를 기다린다.
④ 시간을 기다린 다음 준비한 종이를 이마, 뺨, 콧등, 턱 중심에 붙이고 10을 센 다음 떼어보면 종이에 오일이 어느 정도 스며들게 되는데, 밝은 불에 비추어 그 정도를 확인한다.

- 건성 피부 : 4장 모두에 기름기가 없거나 거의 없는 상태이다.
- 중성 피부 : 종이 4장에 고루 스며든다.
- 지성 피부 : 확실히 피부로부터 피지가 4장 모두에 충분히 배어나온다.
- 복합성 피부 : 양쪽 뺨에는 기름기가 없거나 적고, T존에는 기름기가 배어나온다.

## 1) 피부 타입별 관리법 및 천연팩

### (1) 건성피부

**표 5.12 건성피부 관리법**

| | |
|---|---|
| 특 징 | • 피지 분비량이 적어 건조하고 윤기 없어 잔주름이 쉽게 생성된다.<br>• 피부결이 얇고 섬세하며, 유/수분 부족으로 각질이 하얗게 일어난다.<br>• 유전적 영향이 많으나, 노화로 인한 현상이 발생하기도 한다. |
| 관리포인트 | • 유수분이 균형감 있게 다량 포함된 제품과 수분 크림을 사용한다.<br>• 눈가는 더욱 건조하므로 아이 전용제품 사용이 필수이다.<br>• 신진대사를 활발히 하는 비타민 A군의 식품(녹황색 야채, 간, 버터, 김, 달걀노른자 등)과 지방함유 식품을 충분히 섭취한다. |
| 손질요령 | • 클렌징 크림 또는 오일로 마사지 후 클렌징 폼으로 세안한다.<br>• 뜨거운 물 세안을 피하며, 아침/저녁 꾸준한 마사지로 순환 증진한다. |
| 적합한 천연팩 | • 에멀전과 에센스를 함께 얼굴에 펴 바르고 랩을 덮어준다.<br>• 달걀노른자, 알로에, 귤, 딸기, 바나나, 수박이 좋은 천연재료이다.<br>• 특히 바나나 팩은 각질이 많은 건성피부 각질을 제거하고, 비타민 A가 풍부하여 피부를 촉촉하게 만든다. |

### (2) 중성피부

**표 5.13 중성피부 관리법**

| | |
|---|---|
| 특 징 | • 유수분 밸런스가 적절히 조화된 섬세하고 촉촉한 피부이다.<br>• 피부가 아름다운 상태를 보이는 이상적 피부이다. |
| 관리포인트 | • 기본적인 세심한 관리가 필요하다.<br>• 폼 클렌징으로 잔여물 없이 깨끗하게 세안한다.<br>• 유수분 균형을 맞춘 제품 사용과 현상태 유지관리가 중요하다. |
| 손질요령 | • 에센스 마사지가 필요하다.<br>• 계절별로 유수분량에 맞춘 제품을 적당량 사용한다. |
| 적합한 천연팩 | • 트러블이 적은 타입이라 오히려 손질을 소홀히 할 수 있음에 유의한다.<br>• 약쑥, 오이, 사과, 요구르트, 우유 등의 천연재료가 좋다.<br>• 특히 오이의 경우, 저자극에 미백효과가 뛰어나 중성피부에 좋다. |

### (3) 지성피부

**표 5.14 지성피부 관리법**

| | |
|---|---|
| 특 징 | • 피지 분비가 왕성하여 번들거리는 피부이다.<br>• 피지로 인해 수분손실이 적어 잔주름은 늦게 나타난다.<br>• 피지로 인해 여드름, 뾰루지 발생이 빈번하고 모공이 큰 것이 문제이다.<br>• 특히 피지 분비량이 많은 모공 주위를 주 1~2회 정도 팩하여, 모공이 막히지 않게 클렌징 하는 것이 중요하다. |
| 관리포인트 | • 무엇보다 피지를 제거하는 청정케어가 중요하다.<br>• 피지 과다로 모공이 열린 상태에 먼지, 이물질 등이 끼어 트러블이 발생하는 것을 방지하기 위해 깨끗한 세안이 필요하다.<br>• 지성전용 스킨을 T존 부위에 중점적으로 흡수시킨다.<br>• 주 2~3회 가량을 팩이나 마스크로 모공 속 더러움을 제거해야 한다. |
| 손질요령 | • 클렌징 로션 또는 크림과 클렌징 폼으로 철저한 이중세안이 중요하다.<br>• 아침에 얼굴이 번들거린다면, 스킨으로 먼저 닦아낸 뒤 세안한다.<br>• 손바닥에 거품을 충분히 내어 세안하고 미지근한 물로 헹군다.<br>• 비눗기가 없어진 후 찬물로 세안을 마무리하여 모공을 수축시킨다.<br>• 피부는 피지와 수분으로 스스로 윤기를 내려는 작용을 하는데, 수분이 부족하면 피부윤기를 위해 피지를 만들어내기 때문에 수분이 부족한 상태에서 번들거릴 수 있다.<br>• 화장솜에 스킨을 묻혀 꼼꼼히 바르고, T존 부위는 다시 한 번 발라주는 것이 좋다.(피지선 활동억제 효과)<br>• 여름에는 스킨을 차갑게 보관했다가 사용하면 더욱 효과적이다.<br>• 피지를 잡으려다 유수분 밸런스를 놓칠 수 있음에 유의한다. |
| 적합한 천연팩 | • 달걀흰자 팩은 모공 속을 깨끗하게 만들고 과도한 피지 분비를 억제시켜 주는 효과가 있어, 여드름 예방과 블랙헤드 제거에 도움이 된다.<br>• 토마토는 피지생성을 억제하는 성분이 있으며, 녹차팩은 여드름 피부개선과 진정효과가 있다. |

### (4) 복합성 피부

**표 5.15 복합성 피부 관리법**

| | |
|---|---|
| 특 징 | • 얼굴의 번들거림과 건조함이 복합적으로 나타나는 피부타입이다.<br>• 볼 부위는 중건성을 나타내며, 이마나 코, 턱 부위는 지성을 나타낸다.<br>• 뺨에는 보습을, T존에는 피지제거를 해야 한다. |
| 관리포인트 | • 겨울철 볼에는 에센스와 크림으로 보습한다.<br>• T존 부위는 팩으로 관리하여 피지 분비를 조절한다. |
| 손질요령 | • T존의 피지 제거를 위한 이중세안(클렌징 크림+클렌징 폼)이 필요하다.<br>• T존은 팩 관리, U존은 에센스 에멀션을 이용한 보습 관리한다. |
| 적합한 천연팩 | • 감자가루팩은 비타민 C, 칼륨, 불소의 함유로 미백과 보습이 좋다.<br>• 살구에는 비타민 A, B와 칼륨, 칼슘 등 다양한 성분이 주근깨나 검버섯, 기미예방과 치료에 효과적이다.<br>• 해초팩은 진정작용이 뛰어나며 여드름 피부에도 효과가 있다. |

### (5) 민감성 피부

**표 5.16 민감성 피부 관리법**

| | |
|---|---|
| 특 징 | • 피부조직이 얇고 섬세해서 물리적 자극이나 물질 등에 반응이 비교적 심하다.<br>• 외부자극에 면역력이 약해 쉽게 거칠어지고 주름이 생기기 쉽다.<br>• 여드름, 염증, 알레르기, 두드러기와 같은 트러블이 생기기도 쉽다. |
| 관리포인트 | • 유해성분이 들어 있지 않은 민감성 피부 전용 화장품을 사용한다.<br>• 외부 물리적 자극 최소화 및 주변 청결로 먼지가 없도록 해야 한다.<br>• 때를 미는 행위, 거칠고 큰 각질제거제 및 팩, 딥 클렌징은 최소화한다. |
| 손질요령 | • 민감성 피부 전용제품으로 관리한다.<br>• 물리적 자극이 많이 가는 행위(각질제거, 팩 등)는 최소화해야 한다.<br>• 미온수에 자극 없이 세안한다. |
| 적합한 천연팩 | • 민감성 피부의 경우 천연팩이 오히려 자극이 될 수 있으므로, 전용팩을 사용하여 관리한다.<br>• 재스민차, 허브차 등으로 피부를 진정시키는 것이 효과적이다. |

### (6) 여드름 피부

**표 5.17 여드름 피부 관리법**

| | |
|---|---|
| 특 징 | • 사춘기 피지분비 증가로 나타나는 비염증성 또는 염증성 피부질환이다. |
| 관리포인트 | • 피부를 문지르지 말고, 햇빛의 노출을 최소화하며 전용제품을 사용한다.<br>• 진정, 살균작용으로 팩을 하여 피지조절을 도와준다.<br>• 평소 스트레스를 최소화하고 휴식을 취하는 것이 도움이 된다. |
| 손질요령 | • 자극을 최소화하는 세안 및 제품관리가 필요하다.<br>• 여드름 전용제품으로 화장솜, 모공 브러시 등의 저자극 도구를 사용하는 것이 좋다.<br>• 전용 화장품과 유수분 제공 크림이나 재생 크림을 사용한다. |
| 적합한 천연팩 | • 시금치나 피망 등의 야채 섭취를 늘리는 것이 효과적이다.<br>• 세포 재생능력이 좋은 저녁 10시~새벽 2시까지는 반드시 수면을 한다.<br>• 가능한 여드름 전용팩을 사용하여 관리하는 것이 좋다. |

## 2) 계절별 피부관리

### (1) 봄

봄철에는 꽃가루가 날리고 건조하다는 점을 염두에 두고 피부관리를 해준다.

그림 5.29 피부관리를 위한 수분과 비타민 섭취

### 1 물을 많이 섭취

다이어트와 피부를 위해서 물보다는 녹차를 선호하는 사람들이 있다. 하지만 녹차는 카페인 성분이 이뇨작용을 도와줘서 물을 마시는 것보다 못하다. 피부를 위해서는 하루 10잔 정도의 물을 섭취하는 것이 좋고, 맹물이 먹기 힘들다고 할 때에는 보리차나 옥수수차로 대신해도 좋다.

### 2 수분크림과 비타민 섭취

피부가 많이 건조할 시에는 수분크림 등으로 보호막을 만들어 주면 촉촉함을 느낄 수 있다. 하지만 진피층까지 건조해지면 크림과 에센스 등을 많이 바르고 난 후라도 당기는 증상을 완화하기는 어렵다. 이 경우에는 피부 자체의 내적 요인까지 가세해서 증상을 악화시키게 된다. 그럴 때에는 비타민 A와 E 등이 함유된 식품을 꾸준히 섭취하는 것이 좋다.

### 3 자외선 차단

봄날에는 야외활동이 많아짐에 따라 자외선을 많이 받게 된다. 자외선은 피부화상과 기미, 검버섯, 주근깨, 피부주름 등 색소침착과 피부노화를 촉진시키기 때문에 자외선으로부터 피부를 보호해야 한다. 외출 시에는 자외선 차단제를 바르고 나가는 것이 좋다.

## (2) 여름

여름에는 뜨거운 태양 아래 그을린 피부를 맑고 건강하게 해야 한다. 햇볕에 그을린 피부는 가벼운 화상을 입은 상태와 비슷하다. 그래서 지치고 자극받은 피부를 진정시키고, 거뭇거뭇한 기미나 얼룩덜룩한 피부톤이 되지 않도록 피부관리가 필요하다.

### 1 Step 1. 자극받은 피부를 위한 진정단계

선번Sun Burn을 입었다면 골든타임인 6~12시간 안에 응급처치를 한다. 우선 화끈거리는 피부는 얼음팩 등으로 재빨리 열기를 식힌 뒤 진정기능이 있는 제품을 충분히 발라준다. 외출할 때는 면 소재의 얇은 긴팔 옷을 입고 촉촉한 텍스처의 자외선 차단제도 꼼꼼하게 발라주어 더 이상 피부가 자외선에 자극받지 않도록 해준다. 피부가 달아올랐다고 에어컨을 과도하게 켜면 피부를 건조하게 만들 수 있다.

**○ 진정작용이 뛰어난 '알로에 팩'**

차가운 성질이 있어 피부를 진정시키는 데에 도움이 되는 알로에, 감자, 오이, 수박 등으로 홈메이드 팩을 하는 것이 좋다. 그 중 구하기 쉽고 효과도 만점인 알로에 팩을 하는 방법은 다음과 같다.

**그림 5.30 알로에 팩하는 방법**

**준비물** : 알로에 1대, 화장솜, 믹서, 접시

**만드는 법**

01 차갑게 보관한 알로에 껍질을 칼로 벗긴다.

02 알로에 안의 끈적끈적한 내용물을 믹서에 넣고 곱게 갈아준다.

03 곱게 갈린 알로에에 화장솜을 적셔 피부 위에 올리면 끝!

## 2 Step 2. 건조해진 피부를 위한 보습단계

자외선에 강한 자극을 받은 피부를 그대로 방치하면, 피부가 건조해지면서 잔주름이 생기는 등 피부노화가 빨리 찾아올 수 있다. 여름일수록 보습케어에 더욱 신경을 써야 한다. 히알루론산이나 글리세린, 천연보습 성분 등이 함유된 제품으로 피부의 보습막을 만들어준다. 또 평소 틈틈이 물을 많이 마시고 여름철이라도 실내가 건조하다면 가습기를 틀어두는 등의 생활습관을 바꿔주는 것도 중요하다.

### ㅇ 피부를 촉촉하게 가꿔주는 '오이팩'

비타민 C가 많이 함유된 오이는 진정효과가 뛰어나고 무기질과 칼륨이 풍부하여 피부 노폐물 제거와 피부결 정돈에 도움이 된다. 오이를 슬라이스해서 붙여도 좋지만, 강판에 한 번 갈면 피부 밀착력이 높아져 더 효과적이다. 마스크시트를 구입하여 그 위에 발라주면 시중에서 판매하는 마스크팩 못지않은 홈메이드팩이 된다.

그림 5.31 오이팩 하는 방법

**준비물** : 마스크시트, 강판, 오이

**만드는 법**

01 재료를 준비한다.
02 오이를 강판에 갈아준다.
03 너무 묽다면 밀가루를 살짝 더해준다.
04 얼굴에 마스크를 묻힌 뒤 오이를 살살 펴서 발라준다.

## 3 Step 3. 거뭇해진 피부를 맑게 되돌리는 미백단계

강한 자외선에 노출되었던 피부는 멜라닌색소가 활발하게 생성되어, 기미나 주근깨가 올라오기도 하고 피부톤이 얼룩덜룩해질 수 있다. 진정과 보습단계를 거쳐 더 이상 피부가 화끈거리거나 건조하지 않다면 이제 미백 케어에도 신경을 써야 한다. 피부를 검게 만드는 멜라닌색소의 생성을 줄이고, 피부톤을 개선해 주는 비타민 C 성분이 풍부하게 함유되어 있는 제품으로, 꾸준히 관리한다면 맑고 건강한 피부를 되찾을 수 있다.

### ㅇ 맑은 피부로 가꿔주는 '우유팩'

하얗고 맑은 피부를 되찾고 싶다면 미백에 도움이 되는 토마토와 레몬, 우유 등을 이용하여 팩을 하면 좋다. 그 중에서도 우유팩은 단백질 분해효소가 피부의 묵은 각질을 제거하고 다양한 비타민 성분이 피부를 투명하고 환하게 가꿔준다. 우유를 화장솜에 충분히 적셔 냉기를 빠르게 전달하는 스테인리스 용기에 담아 냉동실에 5분만 넣어두면 금방 아이스우유팩이 완성된다.

**그림 5.32 우유팩 하는 방법**

**준비물** : 화장솜, 스테인리스 용기, 일반 접시, 우유

**만드는 법**

01 재료를 준비한다.
02 차가운 우유에 화장솜을 충분히 적셔준다.
03 스테인리스 용기에 우유를 적신 화장솜을 담고 냉동실에서 5~6분 정도 얼려준다.
04 아이스밀크팩을 피부에 올려준다.

### (3) 가을

여름에서 가을로 넘어가는 환절기엔 다른 계절들보다 일교차가 가장 크다. 습기가 가득했던 여름에 고기압 영향을 받아 건조하고 맑은 가을 날씨로 바뀌면서 피부의 변화도 크게 일어난다. 가을철의 건조한 날씨는 얼굴이 땅기고 주름이 부각되는 등 푸석푸석하고 주름진 피부를 만드는데, 환절기에 피부관리를 소홀히 한다면 피부트러블까지 생긴다.

가을에는 건조해진 공기로 땀과 피지의 분비가 줄어들면서 각질이 많아지기 시작하는데, 이 때문에 화장이 들뜨기도 한다. 특히 비가 내리면 대기 중에 습기가 가득 차면서 피부의 모공이 열리게 되는데, 이때 바깥의 미세먼지뿐만 아니라 각종 세균들이 피부에 쉽게 노출됨과 동시에 모공으로 흡수하게 된다. 따라서 비가 내리는 날엔 피부의 끈적임이 심해지고 배출된 피지와 노폐물이 쉽게 빠지지 않게 된다. 따라서 특별히 신경을 써서 깨끗하게 세안을 하는 것이 중요하다. 실내 습도는 50~60%로 유지한다.

**o** 미네랄과 비타민 B가 풍부한 오트밀팩

보습효과는 기본이며 피부의 미백도 살려주기 때문에 민감한 피부에도 문제없다. 피지가 많은 사람도 오트밀팩을 사용하면 피지도 쉽게 제거할 수 있다.

**그림 5.33 오트밀팩 하는 방법**

**준비물** : 마스크시트, 우유, 오트밀, 꿀

**만드는 법**

01 재료를 준비한다.

02 오트밀은 믹서기로 입자가 곱도록 잘게 갈아준다.

03 꿀 1숟가락 반, 우유 2숟가락을 넣고 골고루 저어준다.

04 얼굴 위에 골고루 발라주고 마스크시트를 부착한다.

(4) 겨울

환절기만 되면 어김없이 허옇게 일어나는 각질로 피부는 비상이다. 타월로 벅벅 밀어내면 당장에 눈에 띄는 각질은 사라질지 몰라도 피부 표피가 손상되어 더 많은 각질이 생기고 피부는 더욱 건조해진다. 일주일에 2번 부드러운 알갱이가 함유된 보디 스크럽으로 마사지하여 피부 각질을 부드럽게 제거해 본다. 피부를 보호하는 영양보습 성분까지 더해져 피부손상을 최소화하면서 매끄럽고 촉촉한 피부결로 가꿔줄 수 있다.

## 3) 승무원의 피부관리

승무원의 경우 기내에서는 습도가 낮은 환경 때문에 장시간 비행 이후 그냥 방치하면 촉촉했던 피부는 어느새 칙칙하고 건조한 피부로 남게 된다. 승무원들이 이야기하는 피부관리에 대해 알아본다.

(1) 비행 이후의 피부관리

그림 5.34 메이크업 지우기

1 반드시 메이크업은 지운다

메이크업은 모공을 막아 피부를 숨쉴 수 없게 만들뿐만 아니라 시간이 지남에 따라 피부 트러블을 유발하는 가장 큰 원인이 된다. 비행 이후 아무리 피곤해도 꼭 메이크업을 지우고 휴식을 취한다.

2 몸과 피부를 가장 편안한 상태로 만든다

토너로 피부를 정돈한 뒤, 피부 진정효과가 있는 수분크림을 듬뿍 발라준다. 눈가, 입가와 같이 평소 건조함을 많이 느끼는 부위에는 밤 타입 수분제품을 덧발라 촉촉함을 더한다. 또한 나트륨이 가득 든 식사는 부기의 원인이 된다. 소화가 쉽고 면역력도 높일 수 있는 비타민을 가득 담은 디톡스주스Detox Juice로 속을 가볍게 달랜다.

그림 5.35 디톡스주스 마시기

3 피부수분 방어막

미스트와 같이 피부 표면에 일시적으로 수분을 공급하는 제품보다는 피부 속까지 수분을 가득 채워줄 수 있는 제품을 준비한다. 또한 카페인이 함유되어 이뇨작용을 촉진하는 커피, 녹차, 술 등의 음료는 피하고, 순수한 물을 충분히 마셔야 건조함으로부터 피부를 지킬 수 있다.

그림 5.36 피부 모이스처라이저(좌 : 남성용 / 우 : 여성용)

### 4 붓기에 대비

장시간 비행동안 기압이 낮아지며 얼굴뿐 아니라 팔과 다리 모두가 쉽게 붓는다. 하지정맥류가 있거나 평소 팔, 다리가 쉽게 붓는 체질이라면, 수시로 마사지를 해주는 것이 도움이 된다. 이때 민트성분이 함유된 쿨링기능의 손, 발 마사지 크림은 기분까지 상쾌하게 해준다. 또한 나트륨이 가득 든 라면이나 소금으로 버무려진 견과류 등의 간식은 붓기의 원인이 되므로 피한다. 대신 염분 배출에 효과적인 칼륨이 많이 든 음식을 섭취한다. 바나나와 고구마가 대표적인 음식이다.

그림 5.37 붓기 해소에 좋은 음식들

### 5 냄새를 제거할 수 있는 아이템 활용

10시간이 넘는 장시간의 비행이 끝나면 아무리 씻고 관리해도 텁텁하고 찜찜한 기분을 지울 수 없다. 이때 가볍고 산뜻한 향의 제품들을 활용한다. 특히 머리카락은 장시간 비행하면 좋지 않은 냄새가 날 수 있으므로 따로 헤어 퍼퓸을 사용하는 것이 좋다.

그림 5.38 헤어 퍼퓸

### 6 간단히 변신할 수 있는 퀵 메이크업

눈썹을 그린 뒤 속눈썹을 뷰러로 바짝 올려 눈매를 또렷하게 연출하면, 장시간 비행으로 인한 피곤한 기색을 말끔히 지울 수 있다. 또한 은은한 컬러의 크림 블러셔를 사용하여 입술과 볼에 혈색을 찾아준다면 비행 후 간단한 외출에서 활기를 찾을 수 있다.

### 7 승무원들의 파우치

그렇다면 승무원들은 어떤 화장품을 사용할까? 요즘은 메이크업과 스킨케어 제품들이 워낙 다양하고 많지만, 그 중에서 핫한 잇-아이템It-item을 확인해 본다.

가) 기초화장품

기내 환경에서 무엇보다 중요한 것은 수분공급이다. 수시로 물을 마셔 몸에 수분을 공급하는 것은 승무원의 상식이고, 수분력이 강한 기초화장품을 사용한다면 그야말로 퍼펙트하다.

그림 5.39 승무원들의 파우치

수분공급에 절대강자라고 불리는 시슬리와 뉴스킨은 즉각적인 보습효과로 푸석푸석한 피부를 촉촉하고 유연하게 가꿔주는 승무원 사이에서 인기 있는 제품이다. 또한 천연식물에서 추출한 에센셜 오일을 다리와 발에 바르고 마사지 볼로 꾹 눌러주면, 다리 부종을 막아주는 허브 마사지

오일을 사용한다. 손은 건조해지기 쉬우므로 수시로 허바신 우타카밀 핸드크림을 바른다.

나) 파운데이션

파운데이션도 수분함유가 중요하다. 수분력과 커버력을 동시에 갖고 있다면 금상첨화이다. 바비브라운 파운데이션과 헤라 HD 파운데이션은 피부 속까지 촉촉함을 전달해 주는 것은 물론 무게감이 가볍고 발색력이 뛰어나다는 평을 받고 있다.

다) 자외선 차단제

고도가 높아질수록 자외선은 더 강해지기 때문에 3~4시간마다 틈틈이 발라줘야 한다. 하지만 건조한 기내에서 매트한 타입의 자외선 차단제 대신 끈적거림 없이 발리고 로션처럼 싹 스며드는 가네보의 자외선 차단제는 기름기가 없어 번들거리지 않아 선호도가 높다.

라) 파우더

유분기를 잡아주면서 수분력이 좋은 제품을 선택해야 한다. 또한 파우더는 입자가 고운 것을 선택하여 비행 중간중간 메이크업이 지워질 때마다 얇게 덧바르는 것이 좋다. 샤넬과 케사랑파사랑 파우더는 커버력은 뛰어나지 않지만, 아기처럼 뽀얗고 투명하며 화사한 얼굴을 연출해 준다.

마) 마스카라와 아이라이너

화사하면서 깔끔한 라인이 생명이다. 그런데 오전에는 깔끔했던 아이메이크업이 어느 순간 뭉개지고 번져서 판다가 되면 곤란하다. 컬링과 발색력, 지속력 모든 면에서 마스카라계의 여왕 랑콤과 바비브라운의 젤 아이라이너는 승무원 화장품 중 필수로 사랑받고 있다.

바) 립스틱

끈적이지 않으면서도 쉽게 지워지지 않는 입생로랑 베르니 아 레브르는 오랫동안 선명하고 아름다운 컬러를 지켜준다. 중간중간 랑콤 쥬시튜브 립글로즈를 사용한다.

그림 5.40 승무원들이 자주 사용하는 화장품

IMAGE MAKING CHAPTER 6

# Hair-do 연출

## 01 헤어스타일에 필요한 도구와 제품

### 1) 헤어도구

#### (1) 헤어드라이어와 스트레이너

그림 6.1 헤어드라이어와 스트레이너

#### (2) 빗과 머리핀

그림 6.2 빗과 머리핀

### (3) 올림머리를 위한 패키지

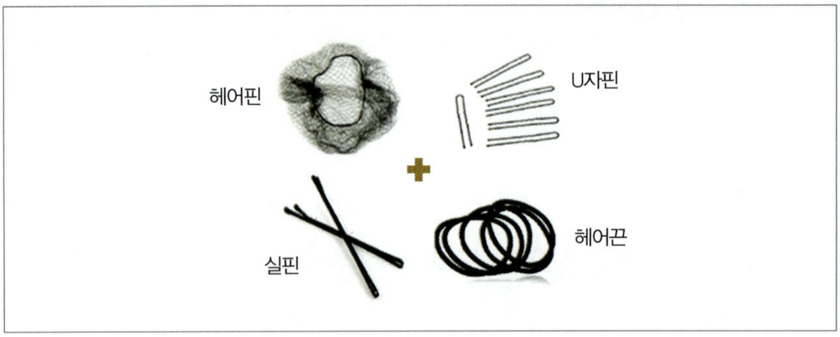


그림 6.3 승무원 올림머리를 위한 패키지

## 2) 헤어제품

### (1) 샴푸와 린스

샴푸의 주요 목적은 두피와 모발을 청결하게 하는 것이며, 젖은 샴푸Wet Shampoo나 드라이 샴푸로도 가능하다. 샴푸제는 세정력이 가장 중요한 요소이나, 세정력이 지나치게 강하면 머리카락의 기름기를 너무 빼앗아 좋지 않으므로 조절제를 따로 첨가하는 것이 보통이다. 헤어상태에 따라 손상용 혹은 볼륨케어용 등을 선택하여 사용한다.

한편 린스는 물, 약산성의 색소약품이나 특수성분으로 이루어져 있다. 두발을 헹굴 때 세발된 모발을 산성으로 만들어 유연성을 주고, 탈지(脫脂)된 모발에 적당한

그림 6.4 샴푸와 린스의 종류

기름기를 주어 부드러운 광택이 있는 모발로 만들기 위하여 사용하는 세제이다. 단정한 Hair-do를 연출하기 위하여 스프레이를 많이 뿌렸을 경우, 샴푸로도 완전히 깨끗이 헹구어지지 않을 때는 린스를 먼저 사용하고 샴푸를 사용하는 방법이 있다.

### (2) 트리트먼트

손상된 모발의 조정과 보호, 손상의 예방을 위해 모발의 지성분에 가까운 조직의 유지를 배합하여, 케라틴에 유연성을 주는 계면활성제와 보습제를 사용해서 단백질 분해물을 첨가시켜 조성된 것을 모발에 미리 넣어주는 것이다. 즉 두발에 수분이나 유분을 보급한다. 화학적인 것이 꺼려진다면 천연 트리트먼트를 활용해 본다. 가장 좋은 천연 트리트먼트제는 아보카드로, 코코넛밀크, 계란, 오일 등이 있다.

승무원머리와 같이 올림머리를 하다보면 탈모로 고민하는 여성이 의외로 많다. 그렇다면 참기름을 활용해 본다.

**그림 6.5 탈모 트리트먼트하는 방법**

**준비물**: 참기름, 헤어캡, 참기름을 데울 수 있는 용기

**만드는 법**

01 참기름을 100도로 데워준 다음 식혀준다.

02 참기름 100ml 정도를 손을 이용해서 머리 전체에 손가락 끝으로 가볍게 문질러주면서 바른다.

03 밤에 자기 전에 바르고 헤어캡을 쓴 상태로 잔다.

04 다음날 아침 머리를 감아준다.

(3) 스프레이

헤어스프레이는 얇은 피막이 형성되므로, 습기로부터 헤어스타일을 보호하며 유연성과 가벼운 느낌을 준다. 종류로는 에어졸 타입의 헤어스프레이와 Mist라 부르는 자연스프레이 제품이 있다. Mist란 '안개'라는 뜻으로, 논에어졸 타입의 로션상으로, 고정력이 강한 것이 많고 모발을 일으켜 세워 고정시킬 때 사용한다.

그림 6.6 헤어스프레이 종류

(4) 헤어젤과 왁스

짧은 머리일 경우, 머리를 세우거나 고정시킬 때에 사용한다. 다른 스타일링 제품보다 광택이 나는 특징이 있다. 제품이 두피에 묻으면 외부 먼지와 함께 노폐물이 되어 모공을 막을 수 있으니, 사용 후 깨끗이 샴푸할 수 있도록 한다. 왁스는 유분을

그림 6.7 헤어젤과 왁스 종류

사용한 스타일링제로 피마자씨유 등 점착성을 가진 것과 카나우바 등 고형의 것이 사용되고, 수분을 포함한 것이 주로 사용되며 증발하면 모발 표면에 유분의 가벼운 피막이 형성되어 이 유분의 점착성이나 접착력으로 모발끼리 다발로 모아 스타일링되는 것으로, 수지와 달리 유분은 건조되지 않기 때문에 딱딱한 세팅력은 갖지 않지만 한 번 스타일링이 흐트러졌어도 재차 모발을 정리할 수 있는 특징이 있는 헤어스타일링 제품이다.

## 02 헤어 관리법

### 1) 모발손상의 원인

모발의 손상을 일으키는 원인을 우리들의 일상 환경, 생활, 손질 중에서 살펴보면, 다음과 같다.

| 강한 햇빛 | 건조함 | 열 | 알칼리와 산 | 염분 |
|---|---|---|---|---|
|  |  | 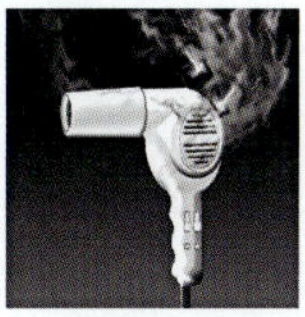 |  |  |
| 잘 헹구지 않은 샴푸 | 오버타임 웨이브제 사용 | 염색 | 계면활성제 | 잘못된 브러싱 |
|  | 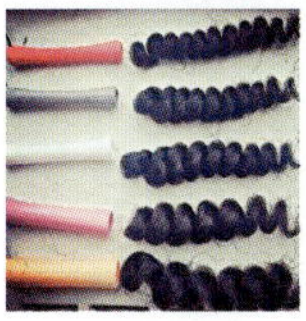 |  | 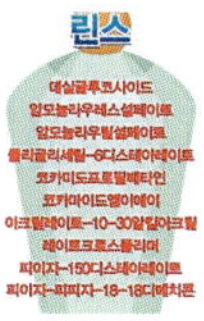 | 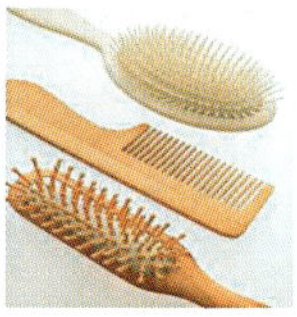 |

## 2) 건강한 모발을 위한 기초관리법

### (1) 모발관리의 기초 브러싱

1 브러싱에 적합한 때

언제 브러싱을 하는 것이 가장 효과적일까? 기본적으로 아침, 저녁으로 30회 정도 브러싱을 꾸준히 하는 것이 중요하다. 특히 잠들기 전의 브러싱은 두피와 모발 건강에 매우 효과적이다. 그리고 샴푸하기 전의 브러싱도 좋다. 모발 사이사이의 먼지나 더러움을 떨어내는 효과가 있어 샴푸 전 20~50회 정도 해주면 좋다. 이때 빠지는 머리카락은 어차피 빠질 휴지기 머리카락이기 때문에 안심해도 된다.

2 브러싱만으로도 세정효과

매일 샤워를 할 수 없는 상황이라면, 대신 외출로 더러워진 모발을 브러싱만 해주어도 세정효과를 볼 수 있다. 대신 젖은 머리에는 절대 브러싱하지 말아야 한다. 머리가 젖어있을 때는 머리카락이 끊어지거나 엉키기 쉬워 모발 손상의 직접적인 원인이 되기 때문이다. 자연상태에서 충분히 말린 뒤, 웨이브 모발이라면 손으로 살살 펴고, 생머리라면 스트레이트 헤어용 브러시를 이용하여 브러싱 해준다. 만약 모발이 젖어있는 상태에서 꼭 브러싱을 해야 할 경우엔 굵은 도끼빗을 이용하도록 한다.

3 머릿결이 상하지 않는 브러싱 순서

무조건 빗는 것만이 능사가 아니라는 것을 알았으니, 바른 브러싱 순서 또한 필히 기억해야 한다. 탈모증세가 있는 사람은 머리카락이 잘 빠진다는 이유로 브러싱을 제대로 하지 않는데, 브러싱을 소홀히 하면 모발에 탄력이 없어져 오히려 더 잘 빠질 수도 있다.

두피의 건강과 모발의 강화를 위해 적당한 브러싱을 해주는 것이 좋다. 정상적인 모발의 경우, 하루에 50~100개 정도의 탈모는 자연스러운 현상이다. 그러나 스트레스나 체력이 떨어져 혈액순환이 잘 안되면 모근에 충분한 영양이 공급되지 않아 잘 빠지는 경우가 많다. 이런 경우, 올바른 브러싱 방법은 먼저 모발 끝의 엉킨 부분부터 시작한 다음 중간에서 끝으로 빗어 내린다. 그 후 두피 부분에서 끝으로 다시 빗어 내린다. 브러싱의 횟수는 건강한 모발을 기준으로 하루에 30~50회 정도가 적당하다. 브러싱하면서 두피를 톡톡 두드리며 마사지하면 머리카락이 빨리 자라는데 도움을 주고 머릿결이 좋아지는 효과를 볼 수 있다. 하지만, 두피가 쉽게 지성이 되는 지성, 지루성 두피와 탈모증이 있는 사람들에게는 두피를 두드리는 것은 피해주는 것이 좋다.

### (2) 올바른 샴푸 · 린스 6단계

#### 1 1단계 : 두피마사지

두피가 상하지 않도록 손가락 안쪽 끝으로 두피를 부드럽게 마사지하여 더러움이나 먼지가 쉽게 떨어지도록 만든다.

#### 2 2단계 : 브러싱

샴푸 전에 브러싱을 하면 머릿결이 차분하게 정리되어 모발 마찰에 의한 손상을 막을 수 있다.

#### 3 3단계 : 거품으로 샴푸하기

모발 타입에 적합한 샴푸를 선택하여 손바닥에 던 다음, 거품을 충분히 내어 두피와 모발에 마사지하듯 샴푸한다. 손가락을 세워 톡톡 치듯이 누르면서 거품을 문지르면 두피마사지 효과를 낼 수 있다.

#### 4 4단계 : 헹구기

비눗기가 남아있으면 헤어 트러블의 원인이 되므로, 미지근한 물로 충분히 헹군다. 젖은 상태에서 거칠게 헹구면 머리카락이 끊어지기 쉬우므로 주의한다.

#### 5 5단계 : 린스 바르기

두피보다는 모발 중심으로 린스를 바르는 것이 포인트이다. 머리카락 표면을 가볍게 코팅해주듯 머리카락 끝부터 골고루 바른다. 1~2분 후 미지근한 물로 충분히 헹구어 린스성분이 모발에 남지 않도록 한다.

⑥ 6단계 : 타월 드라이

부드러운 수건 사이에 젖은 머리카락을 끼우고 톡톡 두드리면서 물기를 제거한다. 비비면서 말리면 모발에 자극이 가해지므로 주의한다.

#### (3) 트리트먼트의 효과적인 사용법

트리트먼트제를 바를 때는 깨끗하게 샴푸한 다음, 두피에서 머리끝까지 전체적으로 골고루 스며들도록 마사지를 하며 바른다. 다음에 따뜻한 물에 적셔 꼭 짠 스팀타월을 쓰고 15~20분 정도 지나면 헹구어낸다. 이 방법은 온도가 높으면 응고하는 단백질의 원리를 이용한 것으로, 스팀타월 속의 머리카락에 굳어진 단백질이 영양막을 형성하면서 머릿결이 좋아지는 것이다. 때문에 온도가 높은 대중목욕탕에서 하면 훨씬 효과적이다. 효과적인 트리트먼트 방법은 다음과 같다.

① 샴푸 후에 수분을 가볍게 털어낸다. 물기를 머금은 정도의 모발이 트리트먼트의 침투를 좋게 한다.
② 모발에 빠짐없이 골고루 트리트먼트를 바른다. 빗 등을 이용하여 바르면 보다 효과적으로 모발 전체에 바를 수 있다.
③ 타월, 스팀타월(뜨거운 물에 적신 후 꺼낸 타월) 등을 이용해 머리를 감싼 후 3분 이상 방치한다. 유효성분들이 모발에 충분히 침투할 수 있는 시간을 준다.
④ 깨끗이 헹구어낸다. 모발과 두피에 트리트먼트가 잔류하게 되면 안 되므로, 충분히 씻어내야 한다.

### 3) 두피타입별 모발 관리법

#### (1) 지성타입

유전적으로 물려받는 경우나 비타민의 부족 등의 영양장애, 과도한 스트레스, 수면 부족 등으로 인해 발생하는 모발이다. 샴푸를 하고 1시간 후에 머리에 기름기가 돌거나 육안으로 과다피지 및 오일이 발생될 때를 지성모발이라고 한다. 지성모발은 청결한 두피관리를 하지 않을 경우 비듬으로 인해 피부염도 일으킬 수 있고, 비듬이 모공에 쌓이게 되면 머리카락이 자라는 것을 막게 되어 퍼머 또는 염색을 할 경우 원하는 웨이브와 색상이 잘 나오지 않는다. 지성모발을 가진 경우, 비타민 등이 함유된 음식을 섭취하고 신진대사 및 혈액순환에 도움을 줄 수 있는 약간의 알코올 섭취를 하는 것도 좋다. 곡류, 채소류, 현미, 우유 등을 많이 먹는 게 좋다.

관리방법은 트리트먼트 성분이 적은 샴푸로 청결을 유지하는 것이 제일 중요하다. 컨디셔너는 두피에 닿지 않게 머리카락을 중심으로 도포하며, 약한 드라이 바람으로 헤어 볼륨을 만들 수 있도록 한다.

### (2) 건성타입

건성모발은 수분이 부족한 상태로 모발이 거칠고 흩날리기 쉬우며, 윤기가 없고 빗질하면 정전기가 잘 일어난다. 필요 이상으로 머리를 자주 감아서 수분이나 유분이 제거되지 않도록 주의하여야 한다.

관리방법은 모발뿐만 아니라 두피도 건조하여 헤어오일이나 헤어크림을 발라서 영양마사지를 하는 것이 좋다. 브러싱 시에는 모발이 엉키기 쉬우므로 헤어오일을 물에 섞어 뿌린 후 브러싱하는 것도 효과적이다. 탈지력이 약한 건성용 샴푸제를 적당량 사용하며, 지나치게 뜨거운 물로 헹구는 것을 피한다. 트리트먼트를 주 2~3회 모발과 두피에 바르고 스팀타월을 한 채로 20~30분간 두어 수분과 영양을 공급하는 것이 좋다. 가능하면 드라이어를 사용하지 않은 자연건조 후 수분 증발로 모발이 건조해지지 않도록 헤어크림 또는 오일을 가볍게 발라두면 좋다.

### (3) 중성타입

중성모발은 모발이 탄력이 있는 상태이다. 그러나 외부의 온도, 바람, 햇볕 등에 의해 상태가 변하는 중성모발은 피지의 분비가 정상적이기 때문에 두피가 적당한 수분을 유지하기 쉬운 장점이 있다. 그러나 현대와 같은 생활습관과 외부환경에도 손상과 변화가 일어나기 쉬우므로 꾸준한 관리가 필요하다.

관리방법은 샴푸하기 전 맨손으로 두피마사지를 해주고 부드럽고 탄력 있는 브러싱 전용빗으로 브러싱을 해주며, 모발 전체를 한손으로 들어올리고 목덜미에서 머리 윗부분까지 조금씩 부드럽게 브러싱한다. 이때 브러싱 로션을 뿌려 주거나 헤어크림이나 헤어오일을 발라주면 브러싱이 잘되며 모발의 손상을 막을 수 있다.

따뜻한 물에 모발을 적시고 나서 적당량의 샴푸제를 모발과 두피 구석구석에 바르고 비비듯이 하며 씻는다. 샴푸 3번에 1번 정도 트리트먼트 하는 것이 좋으며, 샴푸한 후에 물기를 잘 닦아내고 트리트먼트제를 바른다. 두피에는 부드럽게 비비듯이 하여 발라준다. 그리고 잘 빗고 나서 비닐모자를 쓰고 5~10분 그대로 둔 다음 잘 헹군다. 건조 시 모발을 털거나 문지르면 머릿결이 상하므로 수건으로 찍어내듯이 닦아낸다.

#### (4) 복합성 타입

현대의 젊은 여성들에게 가장 흔히 볼 수 있는 두피타입으로, 복합성 두피의 경우 두피는 지성이며 모발은 건성인 상태를 말한다. 피지선의 활동은 지성두피를 형성하나 잦은 시술로 인해 모발은 건성화된 경우이다. 두피가 단단해지고 모근에 압박이 가해져 혈액순환이 제대로 이루어지지 않아 모발에 영양공급이 되지 않는다.

관리방법은 두피마사지로 두피의 혈액순환을 도와주고, 두피의 유분제거를 위한 샴푸제를 사용하며, 모발의 영양공급을 위해 단백질 성분이 코팅된 헤어 컨디셔너를 사용한다. 즉 샴푸를 두피와 모발용으로 구분해서 사용하는 것이 도움이 된다.

**T I P** 자연요법 – 레몬즙 린스

레몬즙 린스는 손상된 머리카락에 윤기를 주어 반짝반짝하게 만들어 주며, 두피가 건성인지 지성인지 구별이 안가는 사람에게 권할 수 있는 방법이다. 만드는 방법과 사용법은 다음과 같다.

- 레몬 1/2개를 즙을 낸 후 물 1ℓ에 섞어 레몬즙 린스를 만든다.

- 샴푸제로 머리를 감은 후 레몬즙 린스를 바르며 마사지한다.
- 마사지를 골고루 한 후 미지근한 물로 헹군다.
- 혹은 세면기 2/3의 더운물에 대해 레몬 반 개 분량의 즙을 넣는다.
- 머리에 바르고 충분히 헹군다.

레몬즙을 엷게 하는 것은 그대로 사용하면 산성도가 너무 높아, 자극이 강해 오히려 역효과를 일으키는 경우도 있기 때문이다. 레몬에는 유분이 포함되어 있지 않으므로 평소에 머리가 기름져 있는 사람에게 가장 적합하다. 레몬의 비타민 C는 공기에 닿으면 파괴되므로, 그때그때 만들어 쓴다.

## 03 헤어스타일

### 1) 얼굴형에 따른 헤어스타일

#### (1) 계란형

계란형의 얼굴형은 가장 이상적인 얼굴형으로 인식되며, 대체로 여러 헤어스타일을 소화할 수 있는 얼굴형이다. 볼과 턱이 부드러우며 살이 많이 찌지 않는 상태의 매력과 우아함의 하모니를 이룬 윤곽을 갖추고 있다.

얼굴형에는 모발의 볼륨을 원심적으로 표현한다. 주된 선을 수평 느낌으로 잡아 길이를 끊는 인상을 주어 얼굴을 작아보이게 한다. 또 자칫하면 고풍적인 느낌을 주기 때문에, 볼륨은 자연스럽게 연출하는 것이 좋다. 얼굴의 윤곽을 그대로 살려주는 헤어스타일이나 다른 변수가 없다면, 어느 헤어스타일도 무난한 형이다. 짧은 스타일을 하든지 긴 스타일을 하든지 잘 어울리지만 평소 온화하고 얌전한 느낌을 줄 수 있기 때문에, 웨이브와 헤어칼라로 포인트를 주면 스타일이 더욱 살아날 수 있다. 또한 대담하고 화려한 스타일도 잘 어울리기 때문에 평소에 하던 스타일을 벗어난 과감한 시도도 좋다.

그림 6.8 계란형에 어울리는 헤어스타일

(2) 역삼각형

넓은 이마와 가는 턱선을 가진 얼굴형이다. 얼굴 길이에 비해 넓이가 넓은 형으로, 이마의 폭이 넓고 턱이 좁은 형이다. 예민하고 빈약해 보이지만, 현대인들은 좁은 턱을 선호한다.

턱선이 가늘어 아름답게 느껴지는 반면, 냉정한 느낌으로 따뜻함이 부족하고 쓸쓸하며 빈약한 인상으로 보이는 경향이 있기 때문에, 헤어스타일의 포인트는 전체 얼굴을 드러내는 헤어스타일은 피하고 턱선의 아름다움을 살리면서도 단점이미지를 커버하기 위해 다양한 머리 흐름과 웨이브로 부드럽고 귀여운 이미지의 헤어스타일을 연출하는 것이 좋다. 질감의 착시를 이용하여 가볍게 해주고, 색채의 대비를 이용하여 턱을 드러낸다. 높이의 착시를 이용하여 톱 부분을 조금 높게 하고, 이마는 큰 뱅스타일로 청초한 이미지를 준다.

이마가 지나치게 넓지 않고 둥근 느낌이 있는 역삼각형은 비교적 어떠한 스타일도 잘 어울린다. 헤어스타일은 이마의 넓이를 줄이기 위해, 앞머리는 커브로 양옆으로 내려주고, 양 옆머리는 귀 뒤로 넘기거나 볼을 드러낼 수 있도록 볼륨을 주면 턱선이 부드럽고 넓게 보인다.

이마가 넓고 깔끔한 얼굴형은 현대적 미인 타입이며, 앞머리를 넘겨서 이마를 드러내면 총명하고 지적인 이미지를 주지만, 개인차에 따라서는 냉정하게 보여 친근감을 주지 못하므로 부드러운 헤어스타일을 연출하는 것이 좋다. 두정부에 무거운 볼륨이나 극단적인 짧은 스타일은 피하며, 헤어스타일의 길이는 턱선에서 어깨까지 길이가 이상적이며, 목덜미에서 밖으로 휘어지는 바람머리 스타일은 가는 턱선을 둥그렇게 보이게 한다.

그림 6.9 역삼각형에 어울리는 헤어스타일

### (3) 삼각형

굉장히 무거운 턱 라인을 가진 형이며 좁은 이마, 넓은 턱, 그리고 턱선으로 불균형을 이룬다. 이 얼굴의 볼륨은 구심적인 감각으로 상부에 양감을 낸다. 그렇게 하면 원심적 감각의 볼륨이 하부의 무게를 커버한 것과 같은 느낌이 난다. 턱보다 다소 넓게 사이드볼륨을 잡아 한결 더 얼굴을 밝고 가볍게 보이게 한다.

헤어스타일의 포인트는 좁은 이마를 넓게, 턱 부분을 갸름하게 보이는 헤어스타일 연출이다. 앞머리를 볼륨을 주어 뒤로 넘겨 좁은 이마가 확장되어 보이는 착시현상을 주거나 앞머리를 양 옆으로 내려서 좁은 이마를 가려주는 연출을 해야 한다. 턱 부분을 축소시키기 위해 관자놀이에 풍성한 볼륨의 스타일을 구성하거나, 볼을 감싸고 턱 선으로 휘어지거나 귀 뒤로 넘겨져서 턱선 방향으로 안말음 되는 머리흐름이 둥근 턱선을 갸름하게 보이게 한다.

헤어스타일 길이는 턱보다 짧은 스타일을 피하고 스타일의 하부에 풍성한 무게감을 느끼게 하여, 턱의 넓은 부분을 축소시켜 얼굴 윤곽을 부드럽게 해주는 연출이 필요하다.

### (4) 사각형

양 턱이 돌출되어 보인다. 직선 헤어라인과 각진 턱 선, 넓은 얼굴로 남성적인 인상을 지녔다. 하지만, 개성을 중시하는 현대인에게는 강인한 인상을 준다.

개성이 강하면서 원심적 감각의 사각얼굴에는 반대로 둥근 느낌을 갖는 구심적인 볼륨으로 한다. 이것은 적당한 안정감과 평면적으로 밝은 얼굴형의 인상으로, 부드러운 볼륨의 아웃라인을 악센트로 내고 둥근 입체감을 낼 수 있도록 한다.

선의 요소 중 사선을 이용하여 착시효과를 유도하고 비대칭 라인을 강조하여 앞머리를 들어 올린다. 관자놀이와 턱쪽으로 머리를 당겨서 얼굴을 좁게 보이게 하고, 얼굴에 부드러움을 주어 각진 형태를 완화시켜 준다.

탑 부분에 풍성한 볼륨을 구성하며 앞머리는 6:4 정도의 가르마를 타고, 한쪽은 큰 스윙의 커브를 내려주면서 볼을 감싸듯 턱선으로 안말음 되는 비대칭 스타일이 사각진 느낌을 커버해 준다. 또한 탑 부분에 볼륨을 만들면서 층을 지게 커트하여 둥그렇게 입체감을 주면서 얼굴을 감싸듯 흐르는 헤어스타일은 넓은 얼굴을 축소시켜 준다.

볼륨이 많은 스타일, 차분하지 않은 바람머리 스타일은 사각진 얼굴을 더욱 확장시키기 때문에 피한다. 차분하면서 여성스러운 스타일이 단점을 커버해 준다.

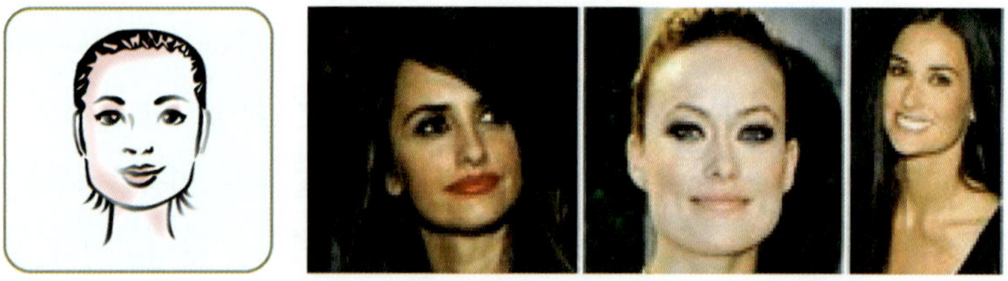

그림 6.10 사각형에 어울리는 헤어스타일

### (5) 둥근형

둥근형은 얼굴의 길이와 넓이가 거의 같다. 실제 나이보다 어려보이는 경향이 있으며, 얼굴 전체를 갸름하게 보이게 하는 것이 포인트이다. 구심적 감각의 둥근 얼굴에 대하여 역으로 원심적 감각의 볼륨이 맞다. 단순한 볼륨이지만, 볼륨의 아웃라인을 정렬시키지 말고 모선에 변화를 주는 것이 둥근형을 어느 정도 약하게 하는 방법이다.

톱 부분에 선의 요소 중 사선을 이용한 착시 효과를 이용하여 모발 길이에 단차를 주고 질감처리를 강하게 하여 볼륨을 주는 헤어스타일과 가르마는 사이드 파트로 하여 길이감을 더한다. 탑 부분에 풍성한 볼륨을 주고 옆머리는 차분하게 정리하여 턱선을 타고 감싸듯 내려오는 스타일이 갸름하게 하는 효과가 있다.

앞머리를 업 시켜서 양 옆으로 내려오는 큰 스윙의 뱅 스타일이 둥근 이마를 길어 보이게 하는 착시현상을 준다. 6 : 4 정도 가르마를 타고 좌 · 우측 앞머리의 길이를 다르게 하여 양 옆으로 내려오는 뱅 스타일은 둥근 얼굴은 갸름하게 보이게 한다. 한쪽 옆머리를 귀나 뺨을 덮어주는 머리 흐름을 구성하고, 다른 쪽 옆머리를 귀 뒤로 넘겨주면 얼굴 길이를 길어보이게 하는 착시현상을 준다. 가운데 가르마나 옆머리가 풍성한 스타일, 목덜미에서 뻗치는 바람머리 스타일은 둥근 얼굴을 살쪄보이기 때문에 피하는 것이 좋다.

그림 6.11 둥근형에 어울리는 헤어스타일

## 2) 서비스인의 헤어스타일

밝고 건강한 이미지를 연출하기 위해 얼굴을 개방한 올백스타일이 일반적이다. 항공사 승무원, 호텔리어, 외식업종사자, 비서 및 고객접점서비스 제공자들이 해당되며, 앞머리 모두 가지런히 넘겨 헤어제품(스프레이, 젤 등)이나 도구(머리핀, 헤어밴드)로 고정하는 방법이다. 서비스업 종사자의 짧은 단발(어깨에 닿지 않는 머리카락 길이)도 깔끔한 이미지를 줄 수 있다. 짧은 단발의 경우, 앞머리를 뱅 스타일이나 길이를 길게 덮어 이마를 가리게 될 경우 밝고 적극적인 이미지를 반감시키므로 유의한다.

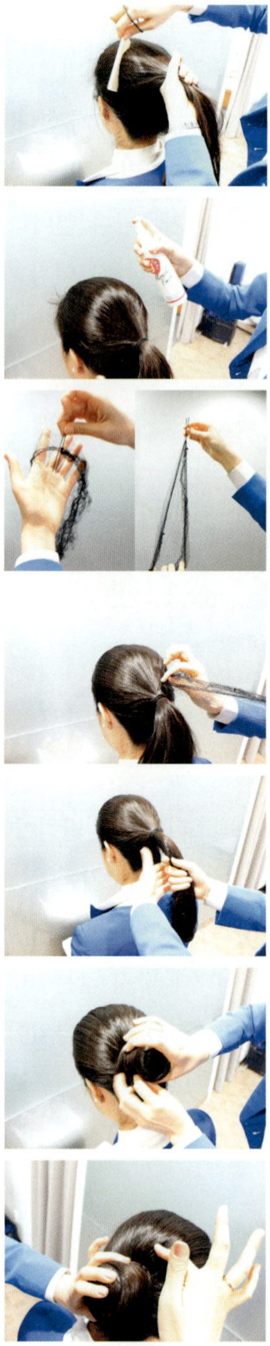

❶ 양쪽 귀 윗선이 만나는 머리중앙을 기준으로 고무줄로 단단히 묶는다.

❷ 묶은 다음 스프레이와 빗을 이용하여 머리 양쪽에 있는 잔머리를 정리하고 필요 시 실핀을 사용한다.

❸ 헤어망의 윗부분에 U자 핀을 꽂아서 준비한다.

❹ 묶은 머리 위쪽에 고정시킨다.

❺ 헤어망 안으로 묶은 머리를 넣고 망의 매듭부분을 안쪽으로 잘 정리한다.

❻ 헤어망을 오른쪽으로 돌려가며 동그랗고 예쁘게 만든다.

❼ U자핀을 헤어망 주변으로 돌려가며 꽂아준다.

**그림 6.12 올림머리 하는 법**

IMAGE MAKING CHAPTER 7

# 패션스타일

## 01 복장전략 기본

캐주얼 웨어

**홈 웨어**
홈 웨어는 편안하게 집에서 착용하는 옷

**레저 웨어**(여가시간을 위한 복장의 총칭)
생활수준이 높아지면서 노동시간 이외의 레저타임이 늘어나며 입게 된 복장(리조트 웨어, 여행복, 액티브스포츠 웨어 등)

**캠퍼스 웨어**
대학의 교정에서 착용하기에 적합

**타운 웨어**
거리에서 착용하는 의복이라는 의미로, 쇼핑이나 간단한 모임 등에 착용하는 캐주얼한 분위기의 외출복

오피셜 웨어

**비즈니스 웨어**
사무, 근무 시 착용하는 의복으로 화려한 색상이나 노출된 것이 아니라 움직임이 편한 실용적인 소재가 적당

**소셜 웨어**
사교적, 사회적이라는 의미로 엄격하게 격식을 차리지 않는 파티드레스, 칵테일드레스, 애프터눈드레스 등을 의미

**포멀 웨어**
'정식의, 형식의'라는 의미로, 파티와 같은 공식적인 장소에서 착용하는 정식복장을 의미

그림 7.1 캐주얼 웨어와 오피셜 웨어의 분류

### 1) 패션 스타일링

패션의 중요성은 나날이 중요해지고 있다. 외교가에서도 패션외교란 말이 있을 정

도로 패션은 개인의 이미지 형성에 많은 영향을 미치고 있다. 퍼스널 브랜드에서도 패션은 다른 자산들을 강화시키는 역할을 한다. 패션이나 스타일링이 뛰어난 사람은 자기관리와 호감도에서도 다른 사람과 비교해서 뛰어나다는 연구도 있다.

이제는 패션과 스타일도 전략이다. 패션에서는 T.P.O가 중요하다. 타이밍, 장소, 상황이 그 사람의 패션을 결정한다. 마음 편하게 일상생활에서 약식으로 착용할 수 있는 간편한 옷차림의 캐주얼웨어와 사회인으로서 공식적인 자리에 맞게 착용하는 오피셜웨어로 나눌 수 있다.

1 패션스타일링 구축 프로세스

- 스타일 분석 : 컬러 분석 후 개인별 체형 및 스타일 분석을 실시한다.
- 콘셉트 확정 : 체형과 스타일 분석 후 T.P.O에 맞는 콘셉트 확정, T.P.O 전략 제시(시간, 장소, 상황에 맞는 전략 코디법을 제안한다)
- 패션, 헤어, 메이크업 등 부가 액세서리 대안 제시 : 코디와 맞는 액세서리를 제시한다.

2 코디 TIP

- 베이직한 아이템은 어디에서든 잘 어울린다.
- 본인의 톤&톤을 잘 이해하고 활용한다.
- 심플한 스타일에 액세서리로 포인트를 준다.
- 항상 스타일에 대한 관찰을 한다.

## 2) 이미지 스타일

패션영역에 따른 이미지의 이해를 돕고 스타일을 함께 살펴보면, 자신의 이미지를 찾아볼 수 있다.

### (1) 내추럴Natural

자연을 모티브로 한 테마로 자연스럽고 친근감이 느껴지며, 패션에서는 풀, 나뭇잎 등의 패턴, 즉 자연에서 볼 수 있는 색채로 이미지를 연출하는 것이 내추럴 이미지이다. 몸을 구속하지 않는 편안한 실루엣으로, 소재 또한 가공되지 않는 천연소재를 사용하여 자연미, 소박함, 편안함을 강조하는 것이 그 특색이다. 디자인은 헐렁한 캐주얼 스타일, 즉 헐렁한 T셔츠, 가디건, 심플한 직선의 스커트 등을 들 수 있다.

소재는 천연소재와 따스하고 편안한 느낌의 니트나 목면, 마, 울 등이 사용되며, 무지나 질감을 그대로 살린 손으로 짠 듯한 무늬패턴도 많이 활용된다. 색상에서는 베이지, 아이보리 등이 주색을 이루며, 브라운 그린톤의 자연색조를 살린 자연미가 돋보이며, 소재감을 살린 톤 배색이 적합하여 컬러 대비감이 온화한 분위기로 연출된다. 소품 또한 부드러운 가죽소재의 모자나 가방, 나무나 조개껍질 등으로 만든 팔찌나 목걸이를 코디하면 좋다.

참고 : christimems.polyvore.com

**그림 7.2 내추럴 스타일**

### (2) 캐주얼Casual

격식 없는 해방감이 있는 자유로운 분위기 연출로, 젊은층이나 다양한 연령층을 주로 하여 평상시 옷차림, 야외의 즐거운 기분을 연출하는 이미지이다. 발랄하고 편안한 분위기의 자유로운 스타일을 좋아하는 사람들이 선호하며 형식보다는 실용 위주이다.

대체로 소재와 장식이 심플한 편이며 진, 니트웨어 등의 아이템이 있다. 주로 울, 면의 소재를 사용하며 스트라이프, 체크 등 기하학 무늬, 발랄하며 화려한 패턴을 선호한다. 배색 또한 화려하고 활동적이며 컬러풀한 색상을 중심으로 조화하면 캐주얼 이미지를 효과적으로 표현할 수 있다.

참고 : christimems.polyvore.com

**그림 7.3 캐주얼 스타일**

### (3) 엘레강스Elegance

부드러운 곡선이 흐르는 듯한 우아함, 안갯빛 유리로 투과되는 듯한 정서가 감도는 운치 있는 이미지로 우아함, 고상하며 단정함과 품위 있는 이미지를 지향하는 세련된 감성의 패션으로, 넓게는 여성적인 아름다움을 지향하는 페미닌룩을 창출하는 패션이기도 하다.

디자인은 타이트하며 허리 라인을 강조하며, 여성의 아름다움을 강조하는 디자인이 특징이다. 대체로 차분한 신체에 부드럽게 밀착되는 블라우스나 원피스 등의 아이템과 레이스 소재의 옷도 엘레강스 이미지 연출에 이용된다.

소재는 실크나 레이온 등의 부드럽고 여성미가 느껴지는 섬세한 것이 좋으며, 색은 선명하지 않고 연한 것이 우아해 보이며 페일톤이나 라이트톤이 적합하다. 또한 소품으로는 스카프를 잘 활용하는 것도 엘레강스 이미지 연출에 좋고, 작은 핸드백과 가는 힐도 적합하다.

참고 : christimems.polyvore.com

**그림 7.4 엘레강스 스타일**

### (4) 로맨틱Romantic

귀엽고 사랑스러우며 소녀적인 느낌의 패션으로, 부드러운 질감의 꽃무늬나 프릴이나 레이스 장식 및 부드러운 감각으로 표현된 장식적인 디테일을 사용해 순수하며 사랑스러운 아름다움을 강조하는 이미지이다.

디자인은 여성미를 살린 둥근 어깨선, 부풀린 가슴, 잘록한 허리로 연상되지만, 일정한 형은 없고 귀여운 아름다움이 포인트이다. 리틀걸룩, 에이프론 드레스가 이 유형이며, 소재는 앙고라, 벨벳, 시폰, 코튼 같이 소박한 소재에 작은 꽃무늬 패턴이 있으며, 색상은 은은하고 부드러운 핑크나 화이트가 주를 이룬다. 액세서리는 링 귀걸이, 보석류, 리본 등이 많이 활용된다.

자료 : lolobu.com

**그림 7.5 로맨틱 스타일**

### (5) 클래식Classic

시대를 초월하는 가치와 보편성을 지닌 고전적이고 전통적인 의상을 클래식이라 하는데, '일류의', '모범적인', '표준적인', '고전적인'의 뜻이 있다. 원숙미와 성숙된 취향의 고전적 · 전통적인 것이 가미된 안정감이 돋보이며 전통성과 윤리성을 존중한 풍요로움을 추구하는 유행의 영향을 받지 않는 것이 특징이다.

패션에서 클래식은 유행에 관계없이 오랫동안 지속적으로 입혀지는 특정한 스타일의 옷을 지칭하는데, 시대감이 가미되어 새롭게 변형되기도 하며, 보수성이 강한 캐주얼풍인 남성미를 나타내는 트래디셔널과 (패션에서는 미국의 전통적인 남성신사복을 의미)동의어로 사용되기도 한다. 전통적이고 기본적인 뉘앙스를 풍기는 지속성이 그 생명인데, 이런 의미에서 테일러드슈트, 가디건, 샤넬슈트, 트렌치코트 등이 그 전형이라 볼 수 있다. 이 중에서도 샤넬슈트는 1910년 샤넬이 처음으로 발표한 이래 그대로 입고 있다.

디자인은 단정하며 소재는 광택이 있는 벨벳, 울 등이며, 패턴은 타탄체크, 대칭패션 물방울이 적합하다. 색상톤은 갈색톤 중심으로 와인, 다크그린, 겨자색 등으로 동색 계열의 자연스러운 조화가 좋다. 액세서리는 유행에 따르지 않는 고급스럽고 무게가 느껴지는 것을 활용한다.

그림 7.6 클래식 스타일

### (6) 모던Modern

항상 미래를 동경하고 지적인 여성이 되기를 소망하는 사람들의 현대적인 감각의 패션을 의미하는데, 상식적으로 여겨지던 스타일과는 달리 새롭고 기묘한 디자인을 지적인 멋으로 승화시켜 표현하거나 대비되는 강한 배색을 사용하여 현대적 이미지를 표현하는 것을 말한다.

자료 : fashion-fancy.com

**그림 7.7 모던 스타일**

도회적 감성, 하이테크한 분위기를 중심으로 진취적인 이미지를 추구해가는 것이다. 보편적으로 판단력이 빠르고 간결하며 깔끔한 성격의 소유자들이 선호하는 스타일이다. 긴장감을 갖고 사는 사람들이 추구하는 독특한 이미지 연출방법이라고 할 수 있다. 다소 차가운 듯한 간결미와 현대적이며 도시적인 감각을 추구하며, 디자인은 직선적인 패턴들이 선호된다. 색상도 색, 명암 대비가 강한 흰색, 검정, 회색과 기하학 무늬구조에 사용한다.

액세서리는 골드보다 실버계를 중심으로 한 차가운 계열로 코디하는 것이 대부분이며, 가급적 부드러운 느낌의 것은 피하고 대담하고 과감한 디자인으로 한다. 모던한 복장의 핵심은 바로 무채색을 주조로 차가운 분위기를 연출하고 도회적 감각을 살리는 것이다. 아방가르드Avant-garde 분위기의 패션이 포함된다. 블랙이나 화이트 또는 그레이와 같은 무채색 계열과 쿨한 느낌을 주는 색 계열이 모던한 인상을 강조하는 데에 도움이 된다.

색은 디자인에 우선해서 눈에 띄기 때문에, 그 옷이 지닌 인상을 일순간에 각인시키는 효과가 있다. 난색 계열의 색처럼 따듯한 느낌을 주는 색이 클래식을 상징하는 색이라면, 그 반대로 차가운 느낌의 색과 무채색이 모던 컬러이다.

### (7) 에스닉Ethnic

종교적 의미가 가미된 토속적이며 소박한 느낌을 주는 패션으로, 유럽을 제외한

자료 : festivalbrides.co.uk

**그림 7.8 에스닉 스타일**

세계 여러 나라의 민속의상과 민족고유의 염색, 패턴, 자수, 소품 등에 힌트를 얻어 디자인한 패션을 말한다. 재봉에 기교를 부리지 않고 단순하게 구성된 것이 많으며 레이어드(겹쳐 입는 것)의 코디방법 또한 눈에 띈다. 소재는 소박하며 패치워크 등 장식적인 것이 많고 특이한 문양도 많다.

색은 비비드 컬러가 많은 편이며, 강한 배색과 천연염료에 의한 거칠고 무거운 느낌도 에스닉 무드의 특징이다. 오리엔탈리즘Orientalism, 포클리어Folklore 분위기의 패션이 이에 속한다.

### (8) 소피스트케이트Sophisticated

자료 : glamradar.com

**그림 7.9 소피스트케이트 스타일**

어른스러운 감각과 도시적인 세련미를 가진 전문직 여성들의 표현스타일이다. 섹시하면서도 스마트함을 표현하는 패션을 의미한다. 이 속에는 새로운 가치관을 지닌 현대인에게 사용되는 패션스타일로서 주로 전문적인 직업을 가지고 있고, 경제적으로도 자립하여 패션감각이 뛰어난 도회적인 현대여성의 새로운 옷차림새를 말하는 컨템포러리Contemporary가 속한다.

### (9) 매니시Mannish

매니시란, 남녀평등을 주장하던 시대상이 반영된 패션 테마로, 여성복에 팬츠, 슈트와 같은 남성적인 요소가 가미된 이미지를 말한다. 오늘날의 매니시는 자립심이 강한 여성이 지니는 감성이미지와 격조와 품위를 유지하기 위한 목적으로써 매니시 패션을 선호하는 경향이다. 남성적이면서 깔끔한 패션감각으로 경쾌한 캐주얼 이미지와 더불어 성숙된 감각을 돋보이게 하는 것이 특징이다. 이런 이미지는 강하고 깔끔한 이미지의 고품격을 선호하고, 하드한 스타일의 사람들에게 잘 어울린다.

디테일은 바지와 재킷이 주를 이루고 넥타이, 셔츠 등을 입는다. 색상은 어두운 톤으로 차분한 분위기를 연출하며, 소품은 벨트나 구두를 남성스타일로 활용하거나 때로는 남성의 전유물인 넥타이를 사용한다. 매니시 이미지에는 댄디Dandy, 밀리터리Military 분위기의 패션이 포함된다.

자료 : asos.com

그림 7.10 매니시 스타일

### 3) 여성 비즈니스 스타일

직업에 따라 여성의 비즈니스 패션 연출법은 조금씩 변화가 가능하며, 자신의 업무를 성공적으로 이끌고 자신을 돋보이게 하면서 상대방의 신뢰를 받을 수 있는 옷차림이어야 한다.

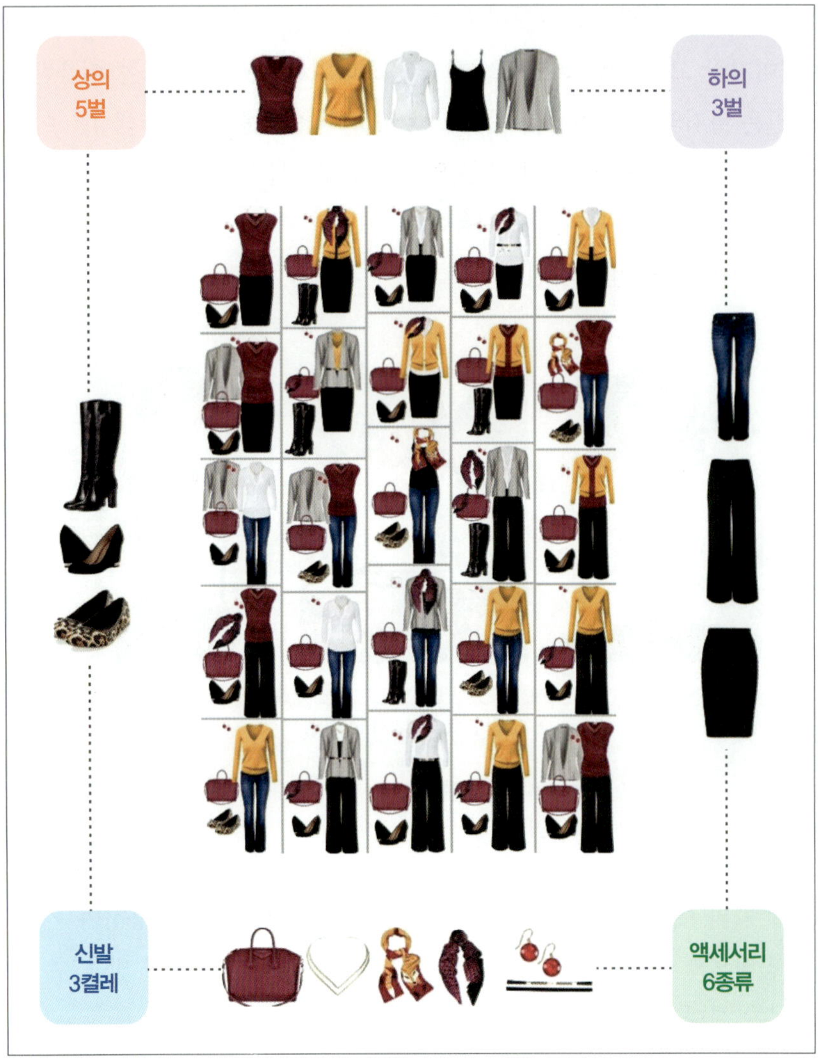


그림 7.11 다양한 패션스타일 연출

(1) 클래식하고 심플한 느낌의 스타일로 연출할 때

너무 화려한 색이나 소품은 쓰지 않으며, 은은함이 느껴지도록 블루 계열의 투피스에 브로치나 구두, 가방 등에 약간의 여성스러운 디자인을 선택하면 전문적인 비즈니스 우먼으로의 커리어를 표현할 수 있다.

### (2) 지적이며 도시적인 분위기를 연출할 때

검정색, 회색 등의 무채색이나 짙은 톤의 슈트와 흰색 등의 콘트라스트 대비가 강한 셔츠로 코디하고, 실버류의 간단한 액세서리로 포인트를 주면 자신감 있으며 신뢰감을 주는 고급스러운 느낌을 연출할 수 있다.

### (3) 활기차고 밝은 느낌의 스타일로 연출할 때

옐로우 계열의 따뜻하고 밝은 느낌의 슈트에 약간은 귀여운 이미지의 액세서리나 가방을 코디하되, 소품 컬러는 옷보다 너무 밝지 않게 하여 비즈니스우먼으로의 전문성을 살리도록 한다.

### (4) 성숙한 비즈니스우먼 스타일로 연출할 때

짙은 브라운컬러나 체크무늬의 슈트에 약간 밝은 톤의 스커트를 코디하고, 스커트와 비슷한 색상의 스카프나 소품으로 포인트를 주어 편안하면서도 성숙한 느낌을 연출한다.

#### TIP 여성 비즈니스 옷차림의 주의사항

- 옷에 얼룩이 묻었는지 체크한다.
- 스타킹의 올이 나갔는지 체크한다.(비상용 스타킹은 늘 준비해 둔다)
- 스커트 단이 풀렸거나 단추가 떨어지려 하는지 점검한다.
- 지나친 액세서리는 신뢰도를 떨어뜨리므로, 3가지 이상 하지 않는다.
- 반쯤 지워진 매니큐어나 립스틱은 지저분한 인상을 주므로, 항시 체크한다.
- 옷에 구김이 간 옷은 사람까지 구겨져 보이게 하므로, 항상 다림질을 하여 입는다.
- 옷의 컬러는 심플하고 세련되게 보이도록, 3가지 이상 쓰지 않는 것이 좋다.
- 몸에 너무 꼭 끼는 옷은 보기에 불쾌하므로, 사이즈를 체크한다.
- 전체적인 마무리를 위해 구두는 항상 깨끗하게 유지시킨다.

## 4) 남성 비즈니스 스타일

### (1) 슈트Suit

바지와 상의가 동일색상과 소재로 이루어진 한 벌의 옷을 말하며, 흔히 우리가 양복이라고 하는 옷이다. 전통을 향한 존경과 조직의 소속감을 갖는 수단이자 성공의 의지가 담겨있는 옷이 남성의 슈트이다. 특히 적절한 슈트를 맞춰 입는다는 것은 자신의 개성을 적당히 숨겨 튀지 않으면서도 은근한 멋이 드러나는 것을 말한다. 절제 속에 보이는 매력을 효과적으로 연출함으로써 성공적인 비즈니스에 도움이 될 수 있도록 해야 한다. 상황에 맞게 착용하는 비즈니스 슈트는 일반적으로 같은 색이 무난하며 질감이 너무 거칠지 않은 것이 좋다. 전통적으로 슈트는 트렌드가 반영된다고 해도 크게 아래와 같은 3가지 스타일을 기본 실루엣으로 한다.

그림 7.12 남성 슈트(좌로부터 영국, 이탈리안, 미국 스타일 슈트)

#### 1 영국 스타일

각진 어깨와 타이트하게 조인 허리 스타일과 영국신사가 좋아하는 체인지 포켓을 가지고 있다. 넓은 가슴을 강조한 실루엣으로, 사람의 몸과 가장 잘 맞도록 만든 입체적인 스타일로 3가지 스타일 중 가장 스타일리시 하며 현대적인 핏을 보여준다. 좁은 소매, 더블트임(벤트), 끝이 점점 좁아지는 바지는 남자가 남자답게 강조되는 장점이 있다.

2 이탈리안 스타일

몸에 따라 흐르는 부드러운 촉감과 어깨의 움직임이 편하도록 넓힌 진동 둘레, 입체적인 가슴 포켓이 특징이다. 영국의 균형미와 유럽의 곡선미, 미국의 편안함을 조화시켜 만들어낸 스타일이다. 영국식보다는 좀더 자연스럽게 떨어지고 주로 발목보다 높이 올라가는 길이의 좁은 바지로 정리된다. 격식을 차리지만 우아함을 살리고 싶은 사람들에게 어울리는 스타일이다.

3 미국 스타일(아이비리그 스타일)

실용주의가 반영된 박시한 실루엣으로, 활동성과 기능성을 중시한 스타일이다. 넓은 소매, 쓰리 버튼, 한 개의 트임(벤트)과 내추럴한 어깨 라인, 허리를 조이지 않는 실루엣은 미국의 합리주의에서 생겨난 대량 생산복이며 기성 슈트의 개척자이다.

그림 7.13 뒷모습으로 구분하는 남성 슈트 스타일

(2) 슈트 컬러

1 블랙Black

관혼상제, 비즈니스웨어로 적합하며, 어떤 자리에서도 격식 있는 옷차림이다. 자칫 단조롭고 상복 분위기가 날 수 있는 블랙 컬러 슈트의 코디네이션 포인트는 V존이다. 넥타이와 드레스 셔츠에 신경을 써서 화려하게, 점잖게 연출할 수도 있다. 단색보다는 핀 스트라이프나 펜슬 스트라이프 슈트 스타일이 좀더 고급스럽고 세련되어 보인다.

### 2 블루Blue

뉴욕의 성공한 월 스트리트맨들이 즐겨 입는 블루컬러 슈트는 비즈니스맨들이 갖추어야 할 베이직 아이템으로서 비교적 코디네이션이 쉬운 편으로, 화이트 드레스 셔츠에 페이즐리 무늬타이, 레지멘탈(2~3색사선) 타이가 좋다. 다소 차갑고 경직되어 보이기는 하나, 비즈니스에서는 오히려 지적이고 깨끗한 이미지로 어필할 수 있다.

### 3 그레이Gray

무난하며 기본적인 슈트 컬러로, 블루나 핑크, 옐로우 등 파스텔 컬러의 드레스 셔츠와 매치하면 도시적인 이미지를 전달할 수 있고, 클래식한 컬러의 드레스 셔츠와도 잘 어울린다. 셔츠와 타이를 어떻게 조화시키느냐에 따라 화려하게 변신한다.

### 4 브라운Brown

브라운은 부드럽고 따뜻함, 세련된 느낌을 주지만 의외로 소화하기 어려운 컬러이다. 뛰어난 감각을 가진 사람이 아니라면 브라운 컬러 슈트는 입기가 힘들다. 갈색 혹은 그린 계열의 셔츠나 타이 등 동색 계열의 코디법이 무난하다. V존이 너무 돋보이는 코디네이션이 되지 않도록 유의한다.

그림 7.14 다양한 슈트 컬러

그림 7.15 슈트 컬러

(3) 셔츠Shirts

양복 밑에 입는 셔츠는 정장을 입을 때 넥타이와 블레이저와 함께 입는 것이 보통이다. 영어로는 'Dress Shirt' 혹은 'Shirt'라고 한다. 와이셔츠라는 말은 근대일본의 한 일본인이 서양인에게 하얀 드레스셔츠를 받으면서 'White Shirt'를 'ワイシャツ(와이샤츠)'로 잘못 들은 데에서 시작되었다.

1 레귤러 칼라

어디서나 볼 수 있는 교복셔츠의 칼라는 가장 전형적인 레귤러 칼라로서, 칼라의 높이나 폭, 벌어진 정도가 일반적이다. 어느 얼굴형에나 잘 어울릴 수 있다.

2 윈저 칼라

칼라와 칼라 각이 120도 이상으로 많이 벌어져 있으며, 비교적 두꺼운 칼라 심을 가지고 있다. 이런 칼라는 긴 얼굴을 수평으로 커버해 주며, 중후한 멋을 풍긴다.

3 버튼다운 칼라

칼라 끝에 버튼이 있어 몸판에 고정시킬 수 있도록 만든 칼라를 말한다. 미국의 '브룩스 브라더스'가 폴로셔츠를 본떠서 만든 것에서 유래되었다. 다른 종류의 셔츠보다 칼라 자체가 부드러우며 캐주얼한 이미지가 있다.

이외에도 만다린 칼라, 핀홀 칼라, 윙팁 칼라, 태브 칼라, 클럽 칼라, 더블 칼라, 콘트라스트 칼라 등 여러 다양한 칼라가 존재한다.

**그림 7.16 셔츠 칼라 종류**

한편 커프스란 셔츠의 소매부분을 지칭하는 말이다. 간혹 "눈에 잘 보이지도 않는 커프스까지 신경써야 해?"라고 생각하는 사람도 있지만, 이 작은 부분도 놓치지 말고 생각해 본다. 계산할 때, 악수할 때, 제스처를 취할 때, 생각해보면 셔츠의 소매는 우리 일상에서 많이 보이는 부분이다. 커프스에는 다양한 종류가 있고, 또 각각의 커프스마다 다른 스타일을 나타내는데, 이것만 잘 알아도 셔츠뿐만 아니라 슈트까지 멋지게 입을 수 있는 센스 있는 남자가 될 수 있다.

**그림 7.17 커프스 종류**

### ① 굴림 커프스

굴림 커프스는 가장 보편적인 기본 커프스이다. 칼라에서 레귤러 칼라가 기본이라면, 커프스는 굴림 커프스가 기본이다. 곡선 디자인이 부드러운 느낌을 심어주며 캐주얼 셔츠, 드레스 셔츠 어디에나 다 잘 어울리고 베이직한 느낌을 연출할 수 있다.

### ② 육각 커프스

커트 커프스라고도 불리는 육각 커프스는 캐주얼과 드레스 셔츠에 모두 무난하게 어울린다. 끝단을 직각으로 잘라 소매에 여분을 주기 때문에 손목 움직임이 한결 편안한 디자인이며, 특히 두꺼운 시계나 액세서리를 즐겨 착용하시는 남성이라면 육각 커프스가 편하다. 굴림 커프스만큼이나 무난한 커프스이다.

### ③ 사각 커프스

셔츠의 끝부분을 사각으로 처리하여 캐주얼 셔츠에 더 잘 어울리는 커프스이다. 끝부분이 일자로 떨어지는 디자인이기 때문에 걷어입었을 때 단정하고 깔끔한 느낌을 연출할 수 있다. 데님이나 샴브레이 셔츠처럼 많이 걷어입는 셔츠는 사각 커프스를 선택하면 좋다.

### ④ 투버튼 커프스

투버튼 커프스는 버튼을 두개 처리하여 커프스의 단이 넓어지는 특징을 가진 디자인이다. 소매가 길기 때문에 팔이 긴 사람들에게 특히나 잘 어울리는 커프스로서, 포멀한 디자인이라 드레시해 보이고 클래식한 이미지를 연출할 수 있다.

### ⑤ 프렌치 커프스

프렌치 커프스는 소매를 여미는 스타일로 단추가 존재하지 않는 디자인이다. 단추 대신 커프스 링크를 끼우도록 디자인되어 있다. 셔츠에 멋을 부리기란 쉽지 않은데, 프렌치 커프스의 경우는 어떤 커프스 링크를 선택하느냐에 따라서 다양한 이미지를 연출할 수 있다. 포멀한 칼라와 잘 어울리며 고급스럽고 품위 있는 느낌을 드러낼 수 있다. 주의할 점은 프렌치 커프스는 드레스 셔츠에만 어울린다는 점, 그리고 커프스 링크가 있어야 한다는 점이다.

개개인에 따라서 어울리는 커프스가 조금씩 다르며, 또 어떤 용도로 셔츠를 입느냐에 따라서 선택해야 하는 커프스도 달라진다. 셔츠의 색깔, 패턴처럼 크게 눈에 띄는 부분은 아니지만, 이렇게 작은 부분까지 완벽하게 맞춘다면 더욱 예쁘고 멋지게 셔츠를 입을 수 있다.

#### (4) 구두와 양말

① 청결유지가 첫 번째이다.
② 양말은 슈트보다 짙은 색을 신는다.
③ 구두는 튀지 않는 것이 세련되어 보인다.
④ 흑색 구두는 흑색이나 감색 양말을, 갈색 구두는 갈색이나 회색 양말을 선택한다.
⑤ 흰색 양말은 스포츠웨어를 입을 때에만 신는다.
⑥ 양말은 구두와 바지를 자연스럽게 연결하므로 동색 계열을 신는다.

**T I P 슈트, 이렇게 입자**

- 한국인의 피부색을 고려하여 감색, 회색, 흑색계통이 무난하다.
- 한 벌 슈트는 한 벌로만 입는다.
- 재킷의 길이는 엉덩이 중간부분을 살짝 덮는 정도가 적당하다.
- 넥타이 끝이 벨트의 버클 중앙에 위치하도록 한다.
- 바지의 길이는 구두바닥에서 1인치 정도 올라오는 정도가 적당하며, 바지통은 구두의 길이를 3/4 덮는 정도가 적합하다.
- 바지가 너무 타이트해서 엉덩이가 끼지 않으며 바지 주름이 살아있도록 입는다.
- 양말은 슈트와 같은 컬러 또는 한톤 짙은 색으로 착용한다.
- 단추가 2개인 슈트는 윗단추 1개, 단추가 3개인 슈트는 2개를 채우는 것이 기본이다.
- 벨트는 단순한 것이 좋으며, 서스펜더와 같이 착용하지 않는다.
- 장지갑은 상의의 안주머니에, 반지갑은 뒷주머니에 넣도록 한다.

## 02 체형별 연출법

### 1) 체형의 분류법과 체형별 코디 연출법

**표 7.1 체형의 분류법과 연출법**

| 체 형 | 이미지 | 특 징 | 연출방법 | 아이템 |
|---|---|---|---|---|
| S형<br>모래시계형 |  | 어깨가 넓고 가슴과 엉덩이가 큰데 비해, 허리가 매우 가늘어 여성스러운 체형이다. | • 허리선을 아래로 허리부위를 느슨하게 처리하여 가는 허리를 보완한다.<br>• 여성적인 곡선 이미지가 강하므로, 엘레강스 스타일이 잘 어울린다. | • 폭넓은 벨트<br>• 부드러운 소재 – 허리선과 엉덩이를 감싸주는 디자인 |
| O형<br>뚱뚱한 형 |  | 체중이 평균 이상인 경우가 많다. 팔과 등이 크고 둥글며 가슴, 몸통, 허리, 엉덩이, 허벅지도 크다. | • 몸 부분에 시선이 쏠리지 않도록 하고, 체형을 세로로 보이게 하고 가늘어 보이게 한다.<br>• 클래식 스타일단색, 중간 크기의 수직무늬가 좋다.<br>• 세로 줄무늬, 세로 절개 디자인이 좋다.(너무 가는 선은 역효과) | • 허리선이 없는 심플한 원피스 – 옷자락을 밖으로 내거나 오버 블라우스 위에 벨트<br>• 박스티로 연출 – 부드러운 소재 사용 |
| H형<br>마른체형 |  | 직사각형이라고 볼 수 있으며 허리 라인이 확실하지 않고, 전체적으로 마르고 딱딱한 느낌이다. 엉덩이, 가슴, 허리라인의 구분이 어렵다. | • 직선의 느낌을 줄이기 위한 풍만함과 부드러운 곡선을 사용한다.<br>• 시선을 옆으로 유도한다.<br>• 수평선, 지그재그, 대각선 등의 디자인이 좋다. | • 부푼 헤어스타일, 넓은 모자<br>• 주름, 러플, 무늬가 있는 소재<br>• 레이어드 코디<br>• 빳빳하거나 반짝거리는 소재 |
| Y형<br>역삼각형 |  | 어깨폭이 넓으나 엉덩이 폭과 허리폭이 어깨에 비해 좁다. 어깨, 윗등, 가슴에 살이 모여 있어 균형 잡히지 않은 것처럼 보인다. | • 상반신을 작게 연출한다.<br>• 하체 볼륨을 주어 엉덩이를 풍성하게 한다.<br>• 퍼프소매, 짧은 상의는 피한다. | • V네크라인, 레글런 슬리브, 시선을 아래로 유도하는 디자인<br>• 단순한 디자인의 블라우스<br>• 웨이스트 라인이 낮은 셔츠<br>• 넓은 플리츠 스커트 |
| A형<br>삼각형 |  | 어깨와 가슴이 엉덩이의 폭보다 좁고 허리 아래 부분의 폭이 넓어 무거운 느낌이 들고, 어깨가 처져있거나 좁고, 엉덩이와 허벅지 부분에 살이 많다. | • 어깨에 장식이 들어가는 스타일이다.<br>• 넓은 목선이 강조되는 네크라인이다.<br>• A라인이나 플레어 스커트이다. | • 넓게 강조된 네크라인<br>• 적절한 액세서리를 활용<br>• 어깨 장식, 플리츠, 포켓 디자인이 있는 것 |

## 2) 체형별 커버 포인트

**표 7.2 체형별 커버 포인트**

| 체 형 | Do | Don't |
|---|---|---|
| 155cm 이하의 작은 체형 | • 색은 2~3색으로 하고 심플<br>• 상반신에 포인트<br>• 세로 라인을 강조<br>• 역삼각형의 실루엣<br>• 싱글팬츠<br>• 색의 진함을 상 · 하로 강조하기 위해서 목 주변에 악센트<br>• 짧은 재킷 | • 큰 옷깃, 소매, 버튼<br>• 스커트, 팬츠에 큰 포켓<br>• 뚜렷한 대비를 준 것<br>• 힐이 너무 높은 구두<br>• 큰 백<br>• 큰 모양<br>• 폭넓은 벨트<br>• 긴 목걸이 |
| 163cm 이상의 큰 체형 | • 뚜렷한 대비<br>• 대담한 모양<br>• 폭넓은 벨트<br>• 큰 소품으로 악센트<br>• 긴 목걸이<br>• 롱스커트<br>• 대형 스톨 | • 섬세하고 귀여운 디테일<br>• 너무 짧은 재킷류<br>• 작은 소품<br>• 세로 스트라이프 모양 |
| 날씬한 사람 | • 부드러운 소재<br>• 벨트를 함으로써 상체 볼륨감 강조<br>• 목가인은 높게<br>• 옆선을 강조<br>• 짧은 목걸이 | • 뚜렷한 세로 줄무늬<br>• V네크라인<br>• 깊게 파인 옷깃<br>• 슬리브리스 소매<br>• 폭넓은 벨트 |
| 포근한 사람 | • 세로, 기울어진 세로라인<br>• 느긋한 것<br>• 상반신은 심플하게<br>• V네크라인<br>• 심플한 액세서리 | • 짧은 스커트<br>• 몸에 딱맞는 라인<br>• 난색계의 뿌연색<br>• 너무 작은 액세서리<br>• 풍성한 플레어 |
| 힙이 큰사람 | • 어깨에 퍼프를 넣음<br>• 진한 색의 스커트, 팬츠<br>• 넉넉한 사이즈<br>• 오버 블라우스<br>• 롱재킷 | • 딱 맞는 사이즈<br>• 힙 포켓<br>• 개더가 많이 들어간 스커트<br>• 큰 모양 |
| 목이 짧은 사람 | • V네크라인<br>• 어깨퍼프<br>• 긴 목걸이 | • 초커 목걸이<br>• 목이 막힌 옷<br>• 스카프 묶는 법에 주의 |
| 가슴이 큰 사람 | • V네크라인<br>• 옷깃이 깊은 것<br>• 심플한 디자인 | • 소매 길이가 가슴라인까지 오는 것<br>• 풍성한 스커트<br>• 가슴에 주머니<br>• 가슴에 디자인이 들어간 것<br>• 가슴선의 목걸이 |

| 체 형 | Do | Don't |
|---|---|---|
| 가슴이 작은 사람 | • 넉넉한 블라우스<br>• 너무 풍성한 스커트의 경우 어깨에 퍼프를 넣어줌<br>• 초커 목걸이 | • 딱 맞는 니트<br>• 가슴선의 목걸이 |
| 다리가 굵은 사람 | • 스커트, 스타킹, 구두가 같은 색<br>• 얼굴 부근의 악센트<br>• 벨트를 높게 | • 짧은 스커트<br>• 복사뼈를 덮는 구두<br>• 로웨스트 디자인<br>• 정교한 디자인의 구두 |
| 팔뚝이 두꺼운 사람 | • 개더에 따른 넉넉한 소매<br>• 심플한 디자인 | • 슬리브리스 소매<br>• 카프 반소매 |

## 3) 얼굴형에 따라 달라지는 코디법

**표 7.3 얼굴형에 따라 달라지는 코디법**

| 얼굴형 | 연출방법 | 비 고 |
|---|---|---|
| 둥근 얼굴형 | • 둥근 얼굴형에는 U네크라인 라인이나 숄칼라 V네크라인 라인이나 가슴이 직선으로 처리된 캐미숄넥 라인도 잘 어울린다.<br>(Tip : 드레스는 핏이 들어가서 라인을 살릴 수 있는 스타일을 선택하면 좋다.) |  |
| 네모진 얼굴형 | • 네모진 얼굴형은 서플리스넥 라인이나 셔츠칼라 깊게 파인 라운드넥 라인이나 V네크라인, U네크라인 라인도 네모난 얼굴을 커버해 줄 수 있다.<br>(Tip : 네모진 얼굴을 강한 인상을 심어줄 수 있기 때문에 우아하고, 여성스러운 드레스가 좋다.) |  |
| 타원(길쭉한) 얼굴형 | • 타원(길쭉한) 얼굴형은 보트넥 라인이나 크로스머플러 칼라가 좋다.<br>• 어깨가 들어나는 오프 숄더나드레이프넥 라인 또는 하이넥 라인으로 목을 감싸 긴 얼굴을 커버할 수 있다. |  |
| 세모진 얼굴형 | • 세모진 얼굴형은 라운드넥 라인이 좋다. V네크라인이나 다이아몬드넥 라인은 뾰족한 턱을 강조하므로 피하는 것이 좋다.<br>(Tip : 드레스는 페미닌 스타일이나 큐트 스타일이 좋다.) |  |

## 4) 체형 분류에 따른 남성정장 스타일

### (1) 신체형태에 따른 분류

**표 7.4 신체형태에 따른 분류**

| | |
|---|---|
| 근육형 | 근육형은 다른 말로 역삼각형 체형이라고도 하는데, 어깨가 넓고 어깨에 비해 힙이 적은 것이 특징이다. 근육형일 경우, 짙은 원색이나 큰 줄무늬, 부피 있는 소재 등을 피하면 어떤 스타일의 옷이라도 무난하게 어울린다. 단, 가슴 혹은 어깨를 강조하는 디자인의 슈트나 티셔츠, 원색의 넥타이 등은 피해야 할 아이템이다. |
| 마른 체형 | 마른 체형은 전체적으로 빈약한 느낌을 주는 여윈형으로, 부드러운 남성미를 나타내도록 연출해야 한다. 어두운색이나 너무 빈약해 보이는 실루엣은 피하고, 밝은 원색, 질감 있는 소재, 더블 여밈의 슈트 등을 입어주도록 한다. |
| 보통 체형 | 보통 체형은 어떤 스타일의 옷이라도 잘 어울리고 짙은 색보다는 회색, 브라운 계열의 중간색이 무난하다. 힙에 비해 가슴을 강조하고 싶다면 패드가 조금 들어가 있는 스리피스 재킷이나 두께가 있는 소재 등이 어울린다. |
| 비만형 | 비만형은 밝은 색상보다는 짙은 갈색, 검정 등 어두운 색상이나 매끄러운 소재가 어울린다. 슈트를 입을 때는 더블 여밈은 피하고 단순한 실루엣의 아메리칸 스타일을 입는 것이 좋다. |

### (2) 신체조건에 따른 분류

**표 7.5 신체조건에 따른 분류**

| | |
|---|---|
| 키 작은<br>마른 체형 | 전체적으로 귀여운 느낌을 주지만 자칫 왜소해 보일 수 있는 체형이다. 상 · 하의를 동일한 색상으로 입으면 시선을 위로 끌어올려 키가 커보이고, 어깨 라인이 꼭 맞는 것보다는 조금 여유 있는 스타일을 선택하도록 한다. 어울리는 스타일은 부피감이 느껴지는 패딩점퍼나 니트, 어깨가 강조된 재킷, 코트 등이며, 너무 길이가 긴 재킷이나 롱코트는 피하는 것이 좋다. |
| 키가 작고<br>뚱뚱한 체형 | 이 체형은 캐주얼보다는 약간 포멀한 스타일이 어울린다. 상 · 하의를 비슷한 색상으로 입으면 키가 작은 단점을 보완할 수 있는데, 팬츠와 구두의 색상도 통일하는 것이 효과적이다. 두터운 소재보다 얇은 소재가 적합하며, 너무 굵은 체크나 스트라이프 무늬는 피하도록 한다. |
| 키가 크고<br>마른 체형 | 이 체형은 어떤 옷이라도 잘 어울리나, 너무 말라보이지 않도록 유의해야 한다. 하의보다 상의를 밝게 입어 역삼각형 실루엣을 연출하는 것이 좋다. V네크라인은 피하고 부드러운 라운드 또는 터틀넥의 옷을 입도록 한다. |
| 키가 크고<br>뚱뚱한 체형 | 키가 크고 뚱뚱한 체형은 옷을 입을 때 몸집이 커보이지 않도록 주의해야 한다. 상 · 하의를 어둡게 입으면 축소되는 효과가 있지만, 너무 상반된 색상으로 입으면 뚱뚱해 보일 수 있다. 짙은 단색의 니트나 재킷, 점퍼 등이 적합하면, 가로줄무늬는 피해야 할 아이템이다. |

## 5) 날씬해 보이는 코디 포인트

### (1) 자신 있는 부분은 대담하게 노출

- 통통한 부분은 감추고 날씬한 부분은 드러내면서 전체적으로 날씬해 보이도록 하는 방법으로, 과감한 연출법으로 시선을 분산시킬 수 있다.

### (2) 슬림 실루엣으로

- 뚱뚱하다고 헐렁하고 큰 사이즈의 옷만 입는 것은 금물이다.
- 슬림하게 붙는 슬리브리스와 스판팬츠, 핫팬츠 등으로 과감하게 드러낸다.
- 짙은 색상의 적당히 피트되는 아이템을 고르는 것이 노하우이다.
- 너무 상반되지 않는 상·하의 색으로 길이를 강조한다.

### (3) 상의는 짧게, 하의는 길게

- 동일한 길이라도 상의는 짧게, 하의는 길게 입으면 전체적으로 길어보인다.
- 상의를 어느 지점에서 끊어주느냐에 따라 다리가 더 길고 슬림해 보일 수 있다.
- 하이웨스트 라인의 의상이나 짧은 재킷을 입어 길어보이게 연출하는 것도 좋다.

### (4) 상·하의 동색 계열로

- 상·하의를 동색으로 또는 소품과 동색으로 코디하여 길어보이게 연출한다.
- 똑같은 색을 한 벌로 입는 것보다는 비슷한 계열의 옷으로, 약간의 강·약을 주는 것이 밋밋하지 않으면서 더욱 날씬해 보인다.

### (5) 디자인이나 소재를 활용

- 상체가 통통하다면 가디건이나 점퍼를 이용, 하체가 통통하면 랩 스커트나 통넓은 팬츠 등을 이용하여 감추고 싶은 부분을 감추는 것이 좋다.
- 너무 답답한 인상을 주지 않도록 투명한 소재를 이용하는 것도 좋은 방법이다.

(6) 스트라이프 무늬로

- 촘촘한 스트라이프 셔츠로 길어보이게 하거나, 팬츠 옆선에 세로선을 준다거나 사선 무늬 스커트로 좀더 날씬해 보이는 효과를 얻을 수 있다.
- 너무 화려한 무늬는 오히려 뚱뚱해 보일 수 있으므로 피하는 것이 좋다.

## 03 올바른 유니폼 착용

### 1) 서비스인의 용모

용모나 옷차림은 개성을 표현하는 것 이상으로 중요하다. 그러나 직장생활에서는 주위나 상대를 고려하며, 누구에게나 호감을 주는 용모나 옷차림이 되도록 신경 써야 한다.

그림 7.18 올바른 유니폼 착용

### 2) 서비스인의 복장

(1) 직업의 특성과 성격에 맞는 복장 선택

좋지 않은 옷차림은 속옷이 보이거나 비치는 옷, 노출이 심한 옷, 짧은 미니스커트나 숏 팬츠, 레깅스 또는 특이한 스타킹, 꽉 끼는 옷, 청결하지 못한 차림이다. 양복 선택 포인트는 다음과 같다.

**표 7.6 양복 선택 포인트**

| 부 분 | 내 용 |
|---|---|
| 깃 | • 셔츠의 깃이 상의의 깃에서 1~1.5cm 정도 여분을 둔다.<br>• 셔츠와 양복의 깃은 옆에서 보았을 때 평행인 것이 미관상 아름답다. |
| 손 | • 상의 부리에서 셔츠의 커프스소매가 1~1.5cm 정도 나와야 한다.<br>• 셔츠의 커프스는 손목에 있는 둥근 뼈를 살짝 가려야 한다. |
| 다 리 | • 바지의 양쪽 끝이 구두 윗면을 위에서 보았을 때 덮었다 할 정도의 길이가 바지를 살아 있는 실루엣으로 보이게 한다. |
| 상의 길이 | • 양 손을 아래로 내렸을 때 옷자락이 가볍게 잡힐 정도가 좋다. |

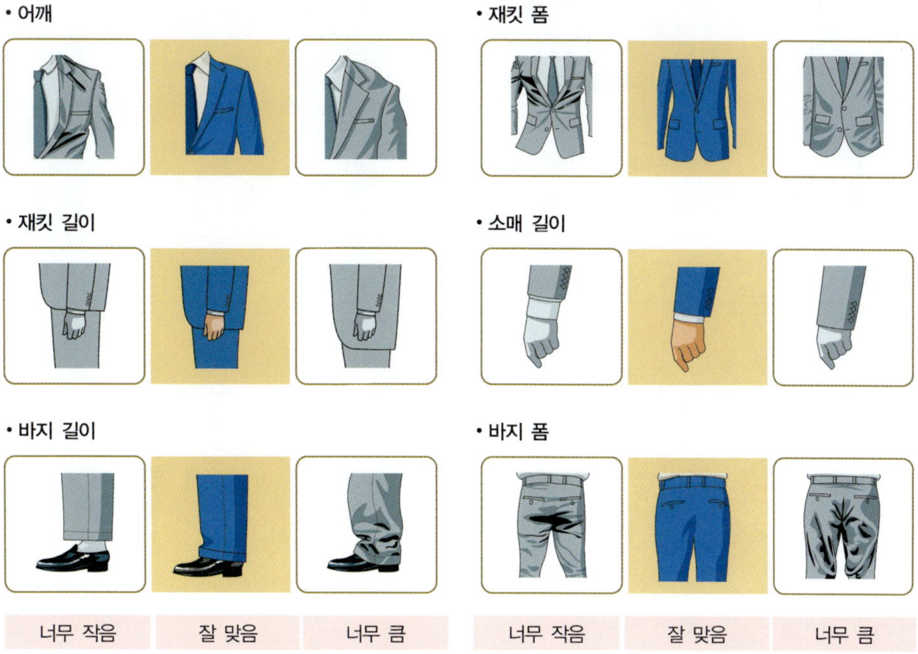


자료 : www.RealMenRealStyle.com

**그림 7.19 양복 선택 포인트**

### (2) 용모복장 체크리스트

**표 7.7 용모복장 체크리스트**

| 항 목 | | 내 용 | |
|---|---|---|---|
| 남성 | 용모 | 깨끗이 이발하여 앞머리는 눈을 가리지 않는가? | ☐ |
| | | 비듬은 없는가, 냄새는 안 나는가? | ☐ |
| | | 수염, 코털이 있는가? | ☐ |
| | | 눈이 충혈되어 있지 않은가? | ☐ |
| | 복장 | 칼라나 소매부분이 더럽지 않은가? | ☐ |
| | | 셔츠 다림질은 잘되어 있는가? | ☐ |
| | | 원색이나 무늬가 화려하여 튀지 않는가? | ☐ |
| | | 주머니가 불룩할 정도로 주머니에 많이 넣지 않는가? | ☐ |
| | | 양말의 색상은 양복과 어울리는가? | ☐ |
| 여성 | 용모 | 구두는 깨끗하게 잘 닦여져 있는가? | ☐ |
| | | 일하기 쉬운 머리형이며, 청결하고 손질되어 있는가? | ☐ |
| | | 기본적인 메이크업은 되어 있는가? | ☐ |
| | | 너무 짙은 화장은 아닌가? | ☐ |
| | 복장 | 다림질은 되어 있는가? | ☐ |
| | | 어깨에 비듬이나 머리카락이 붙어 있지 않은가? | ☐ |
| | | 손톱의 길이는 적당한가?(1mm 이내) | ☐ |
| | | 구두가 깨끗이 닦여져 있고, 뒤축이 벗겨지거나 닳지 않았는가? | ☐ |
| | | 업무에 방해되는 액세서리를 착용하지 않았는가? | ☐ |

## 3) 유니폼 착용방법

올바른 유니폼 착용기준 및 규정을 인식, 올바른 유니폼 착용으로 품위 있고 세련된 이미지를 표출하도록 한다.

### (1) 유니폼 착용수칙

- 임의 변경불가
- 완전한 상태로 착용 및 청결유지

- 다림질하여 착용
- 개인부착물 패용금지

### (2) 유니폼 착용 시 유의사항

- 주류 판매장소 출입금지. 단, 식사를 할 목적으로 출입하는 경우는 예외
- 껌을 씹거나 안경또는 Sunglass 착용금지
- 시력교정 필요 시 콘택트렌즈 사용가능
- 단, Color Lens, Circle Lens 착용금지

### (3) 남성 · 여성 유니폼 착용기준

#### 1 여성

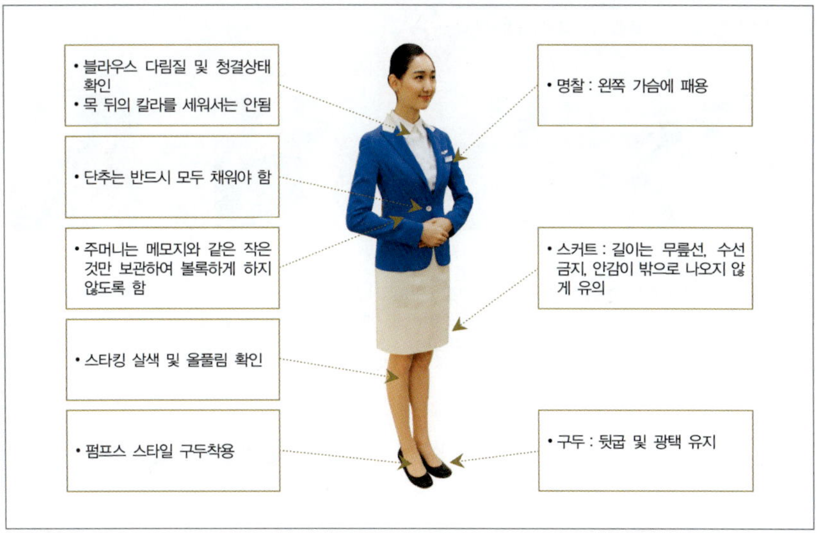


그림 7.20 여성 유니폼 착용기준

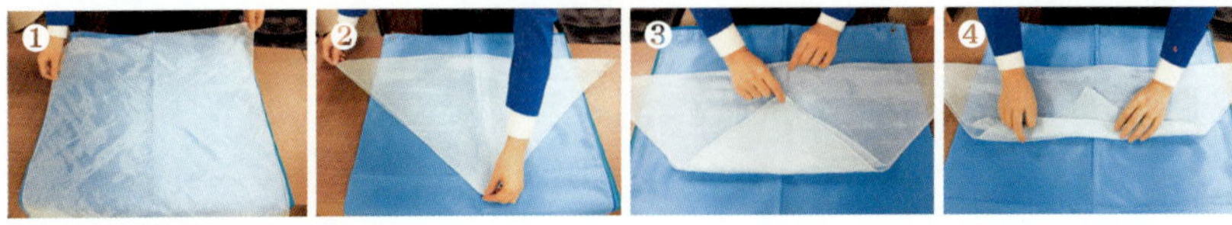

❶ 스카프를 사각으로 펼친다.
❷ 스카프의 모서리를 잡아 대각선 방향 모서리에 맞추어 삼각형을 만든다.
❸ 삼각형 꼬리 부분을 전체의 2/3 되는 지점으로 접는다.
❹ 셔츠나 블라우스의 목둘레에 맞춰 두께를 정하고 안으로 접는다.

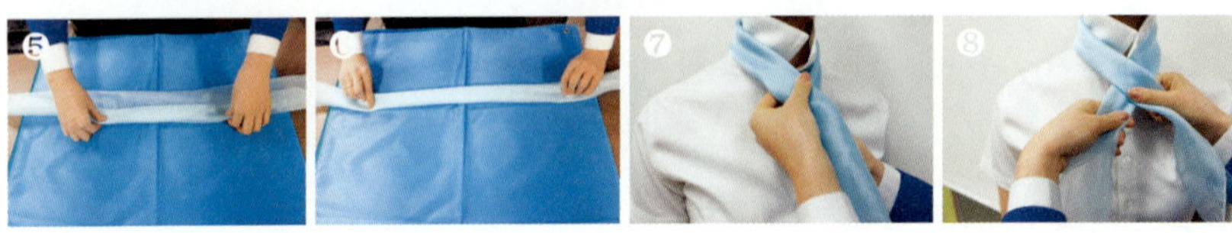

❺ 양손을 이용해서 안으로 돌돌 만다는 느낌으로 차곡차곡 접는다.
❻ 마지막 선까지 맞춰 접는다.
❼ 접은 스카프를 목에 두르고 사진처럼 크로스시켜 준다.
❽ 크로스시킨 양 스카프를 고정시켜 잡는다.

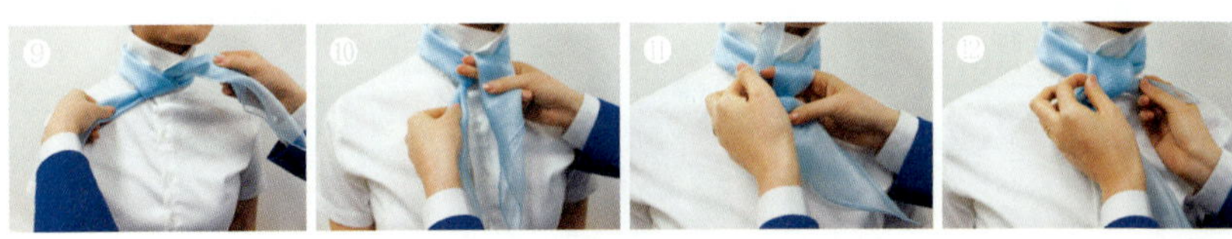

❾ 위쪽에 있는 스카프를 매듭짓는다는 느낌으로 밑으로 넣어 한 번 돌려 위 방향으로 빼준다.
❿ 위 방향으로 올린 스카프를 완성 시 사각매듭이라고 생각하고 손가락으로 고정시킨다.
⓫ 사각매듭이 다른 쪽을 사각매듭 쪽으로 돌린다.
⓬ 아래쪽으로 한 번 더 넣어 올린다.

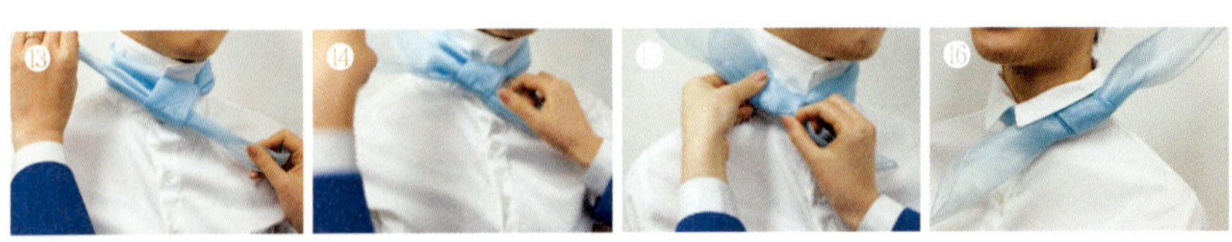

⓭ 위 아래 양 방향으로 당긴다.
⓮ 스카프 모양을 잡아준다.
⓯ 가운데 매듭이 네모 반듯하게 신경 쓴다.
⓰ 완성

**그림 7.21 여성 유니폼 스카프 매는 법**

## 2 남성

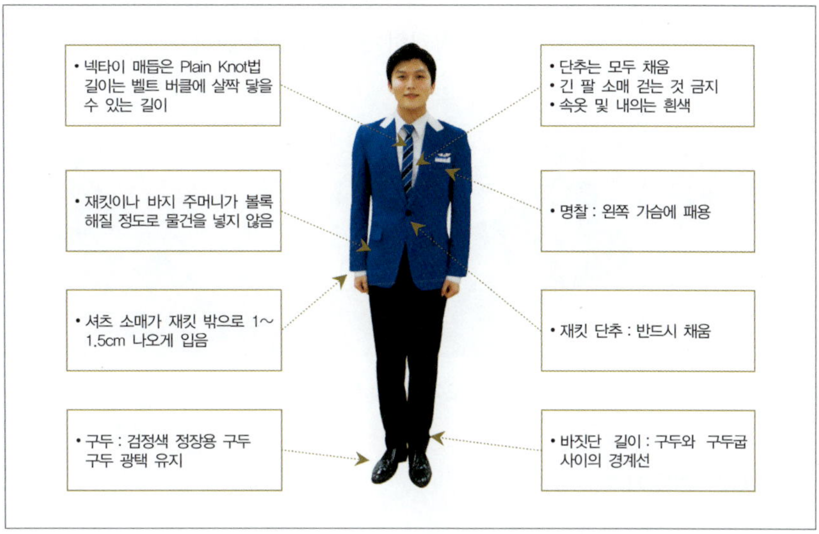


그림 7.22 남성 유니폼 착용기준

## 3 속옷

속옷은 비치지 않도록 누드 또는 살색을 착용하여 반드시 이너웨어Innerwear를 입되, 레이스 및 끈형은 피한다.

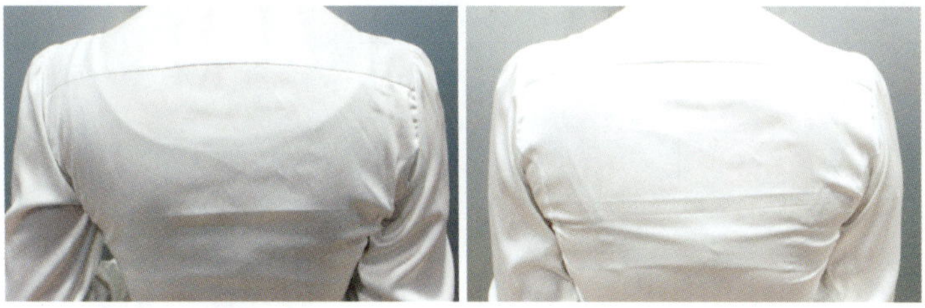

Do　　　　Don't

그림 7.23 유니폼 이너웨어

### 4 블라우스

단추를 모두 채워야 하며 구김이 없도록 잘 다림질하여 착용해야 한다. 또한 색상이 바래거나 변색되지 않아야 하며, 청결하게 관리해야 한다.

그림 7.24 블라우스 관리

## (4) 액세서리 착용기준

**표 7.8 유니폼 액세서리 착용기준**

| 구 분 | 내 용 |
|---|---|
| 구 두 | • 구두 굽 및 청결도 |
| 귀걸이 | • 유색 귀걸이 금지<br>• 특정 상표임을 나타내는 로고 형태, 흔들거리는 디자인 금지 |
| 시 계 | • 단순한 디자인의 정장용 시계 착용<br>• 스테인리스 스틸 / 검정 / 남색 / 갈색 색상 외의 시계 착용 금지 |
| 부착물 위치 | • 명찰 부착 여부<br>• 윙 청결상태 및 재킷에 부착 여부 |

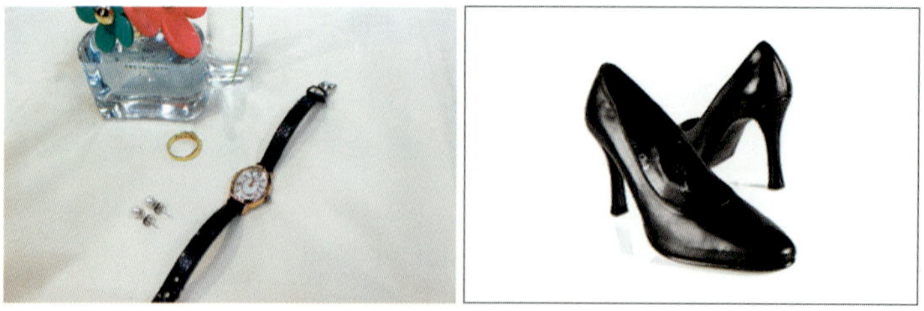

그림 7.25 유니폼 액세서리

IMAGE MAKING CHAPTER 8

# 서비스인의 용모

## 01 향기 이미지

우울할 때 자신에게 맞는 향수를 뿌리면 기분이 좋아지는 것을 경험해 본 적이 있을 것이다. 어떤 운동선수는 경기 전에 향수를 뿌리면 긴장감을 없애고 최상의 컨디션을 만들어 주어 좋은 결과를 얻는다고 한다. 이렇게 향수는 호르몬 분비를 촉진하여 우울한 기분을 좋아지게 하고, 주변 사람들에게 호감을 얻어 대인관계를 좋게 만들며, 의욕을 상승시켜 업무처리 능력까지 향상시켜 준다. 또한 우리는 향을 통해 이미지를 표현하고 감정을 전달하기도 한다.

따라서 향수를 '보이지 않는 액세서리'라고도 부르는데, 향수는 사람을 이미지화해서 기억 속에 저장시킬 수 있는 유일한 후각적 자극이다. 자신만의 향을 찾아 남들이 지니지 않은 독특한 매력을 발산하는 사람이야말로 진짜 멋쟁이다.

### 1) 향수의 기본 특성

향수에 대한 이야기를 할 때 쓰는 어려운 용어들은 무엇을 말하는지도 알 수 없는 것들이 많다. 톱 노트와 베이스 노트 등은 향수의 기본 특성에 따른 분류이다. 즉 향이 퍼지는 발향 단계에 의한 분류, 그리고 원액의 농축 정도와 부향률에 따라 나눈 것이다. 향수는 세 가지 이상의 향을 품는다.

향수는 발향 단계에서 오는 후각적 인상에 의해 '톱 노트Top Note', '미들 노트Middle Note', '베이스 노트Base Note'로 나뉜다. 완성도 높은 향일수록 각 노트의 경계가 모호하며 유기적으로 잘 연결된다.

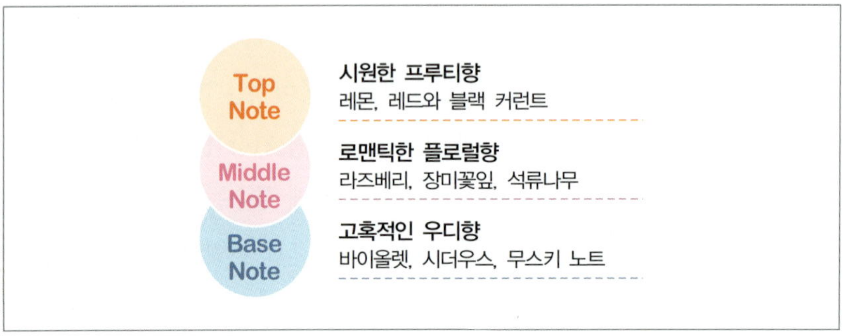


그림 8.1 향수의 세 가지 노트

## 2) 향수의 분류

향수는 여러 향료의 조합으로 만들어지며, 주재료의 종류와 농도에 따라 향의 질이 달라진다. 따라서 향수는 크게 주재료와 농도에 따라 분류할 수 있으나, 원액에 따른 강도의 차이나 향수 회사마다 규칙과 특성이 있으며 과학적으로 엄밀한 틀을 가지고 있는 것은 아니어서 분류 자체에 큰 의미를 두지는 않는다. 주재료에 따라서는 일반적으로 플로럴Floral, 시프레Chypre, 시트러스Citrus, 오리엔탈Oriental, 알데히드Aldehyde, 푸제르Fougere, 스파이시Spicy, 프루티Fruity, 우디Woody, 그린Green 등의 계열로 나뉘며, 이 안에서 또 세분된다. 향 원액의 함유비율, 지속시간, 용도에 따라 퍼퓸Perfume, 오 데 퍼퓸Eau de Perfume, 오 데 투왈렛Eau de Toilette, 오 데 콜로뉴Eau de Cologne, 오 데 코롱Eau de Cologne 등으로 나뉘며, 유독 향이 오래가는 향수와 그렇지 않은 향수의 차이는 여기에서 온다. 이 구분은 대부분의 향수에 표기되어 있다.

### (1) 퍼퓸Perfume

향수를 농도와 지속시간에 따라 분류했을 때 향수를 일컫는 단어 중 하나이다. 알코올 농도 자체가 96%일 정도로 매우 진하고 깊어서 완성도가 가장 높기 때문에, 액체의 보석이라는 칭호를 얻었다. 7시간에서 10시간 이상동안 지속된다. 농도가 짙기 때문에 스프레이 타입으로 너무 많이 뿌리면 두통이나 다른 사람에게 거부감을 줄 수 있다. 그러므로 살짝 손가락에 묻혀 손목, 팔꿈치, 귀 등에 포인트로 사용하는 것이 일반적이며, 많은 사람들에게 수집용으로 사랑받고 있다.

그림 8.2 향 원액 함유율에 따른 향수의 구분

### (2) 오 데 퍼퓸Eau de Perfume

알코올의 농도가 85~90% 정도로 퍼퓸 다음으로 짙은 농도를 지닌다. 지속시간은 7시간 정도로 퍼퓸의 풍부하고 깊은 향과 전신에 쉽게 뿌릴 수 있는 오 데 투왈렛의 실용적인 장점만을 모아 탄생된 훌륭한 향수이다. 대표적인 향수로는 까사렐의 노아, 살바토레 페라가모 퍼퓸 써틸, 엘리자베스 아덴의 5번가, 불가리의 옴니아, 캘빈클라인 이터니티 등이다. 리치한 향을 느낄 수 있다.

그림 8.3 오 데 퍼퓸의 종류

### (3) 오 데 투왈렛Eau de Toilette

투왈렛이라는 단어 때문에 화장실에 뿌리는 방향제라고 착각하는 사람도 있는데, Toilet이란 단어 앞에 물이라는 의미의 Eau가 함께 쓰여 화장수를 뜻하게 되었다. 알코올의 농도는 80~85%로 오 데 퍼퓸과 오 데 코롱의 중간 정도이다. 향수 초보자가 쉽게 사용할 수 있는 정도이며, 가장 대중적으로 쓰이는 향수이다. 예를 들어, 다비도프 쿨 워터, 베르사체 블루 진, 캘빈클라인 CK 원, 파코라반 울트라 바이올렛, 휴고보스, 구찌 엔비 등이다. 지속시간은 5시간 정도이다. 가볍게 뿌려주고 활기찬 기분을 고조시켜 주기에 효과적이다.

그림 8.4 오 데 투왈렛의 종류

### (4) 오 데 코롱Eau de Cologne

콜로뉴란, 독일의 퀼른 지방을 일컫는 프랑스어로서 오 데 코롱Eau de Cologne이란 '퀼른의 물'이라는 뜻이다. 퀼른 지방에서 만들어진 화장수가 오 데 코롱이라는 이름으로 정착되었다. 나폴레옹은 매달 사용한 오 데 콜롱의 양이 60병이나 되었다고 할 정도로 남성들도 흔히 사용할 정도로 부담 없는 향수이다. 3~5%의 연한 부향률 덕분에 피부나 머리에 직접 뿌려 사용할 수도 있다. 뿌렸을 때 얼룩이 생기지 않아 옷, 수건, 침대 등에 바로 뿌려 사용할 수 있는 최고의 장점을 지닌다. 향의 지속시간은 2시간 정도로 짧지만, 기분전환에 도움이 된다. 예를 들어, 겔랑의 오 데 콜로뉴 임페리얼, 불가리의 오 파퓨메가 있다.

그림 8.5 오 데 코롱의 종류

### (5) 샤워 코롱

부향률이 2~7%이며, 알코올의 농도는 오 데 코롱보다 낮은 70~75% 정도이고, 지속시간은 1~2시간 정도이다. 은은하게 몸 전체에서 느껴지는 향의 우아함을 좋아하는 사람에게 인기를 얻게 되었다. 목욕 후 전신에 가볍게 뿌린 후 마사지 해주면 상쾌한 향기가 머리를 맑게 해주고 피로를 회복시켜 주는 기능을 한다. 예를 들어, 에스쁘아 릴랙상뜨 샤워 코롱, 비딸르 샤워 코롱 등이 있다.

그림 8.6 샤워 코롱의 종류

### (6) 스플래시 코롱

스플래시 코롱이라는 단어는 조금 생소할 수 있는데, 샤워 코롱과 비슷하며 1~3% 정도로 부향률이 더욱 낮고 향의 비속성도 조금 짧다. 피부가 약하거나 예민한 성격, 향에 대한 알레르기가 있는 사람에게 알맞은 향수이다. 여름철 땀이 많이 날 경우

짙은 향수를 사용하면 오히려 역효과를 낼 수 있는데, 이때 스플래시 코롱과 같은 향수를 사용하는 것이 좋다. 또한 스트레스 해소, 정서적 안정을 마인드 케어를 위해 쓰일 수 있다. 스프레이 형태의 보디 미스트라는 제품이 대표적인 예이다.

그림 8.7 스플래시 코롱의 종류

(7) 샤워 젤 & 보디로션

흔히 보디샴푸라고 불리는 샤워 젤은 매우 뛰어난 보습력을 가지고 있으며, 주기능은 피부세정과 보호였지만 이후에 향기를 내는 역할까지 더하여, 지금은 퍼퓸의 일종이 되었다. 최근은 오 데 투왈렛, 퍼퓸 샤워 젤, 보디로션을 같은 향기를 내는 향수라인을 사용하는 것이 트렌드이다. 그러나 꼭 같은 라인의 제품만을 고집할 필요는 없다. 전체적으로 무리 없이 조화된다면 무방하다. 향수 사용에 정답이란 없으며, 모든 것은 취향과 센스에 달렸다.

그림 8.8 샤워 젤과 보디로션의 종류

## 3) 계열에 따른 분류

향은 일반적으로 향의 계열에 따라 플로럴, 오리엔탈, 우디, 프레시 등의 계열로 나뉜다. 이는 다시 세분화되어 동일한 계열에서 나뉘기도 하고, 플로럴 오리엔탈, 우디-플로럴 등 타 계열과 합쳐져 새로운 향조를 만들어내기도 한다.

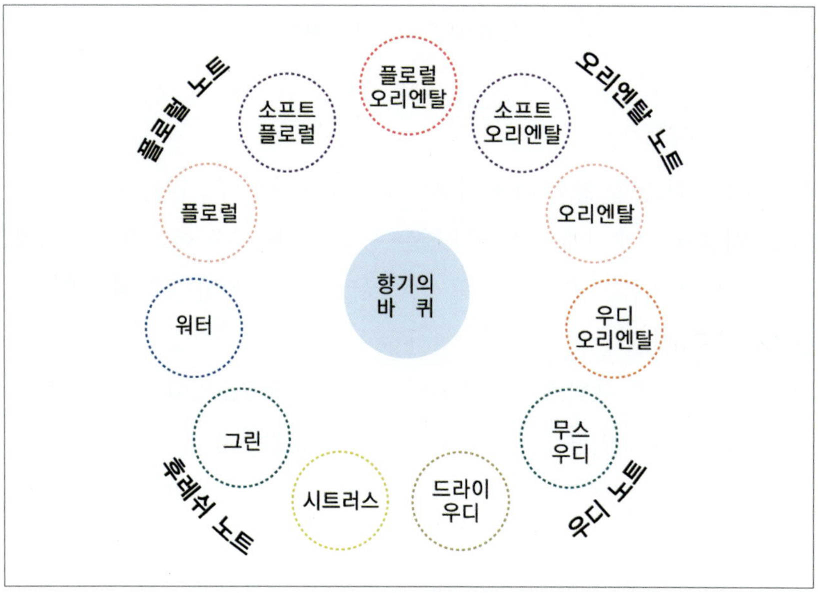


그림 8.9 향기의 바퀴

### (1) 플로럴Floral 타입

꽃향기를 표현한 향수로, 향기의 여왕이라 불리는 자스민의 화려하고 감미로운 향기, 꽃의 여왕인 로즈의 우아한 향기, 행운의 꽃인 뮤게의 향기 등 각각의 이미지를 살린 향수가 여기에 속한다. 이는 서양풍의 캐주얼한 향으로 순수함과 상쾌함을 지닌다. 크리스천 디오르-디오리씨모, 기라로시-휘지, 샤넬-크리스탈, 입생로랑-파리, 카보틴-그레 등이 속한다.

그림 8.10 플로럴 타입 향수

(2) 오리엔탈 계열Oriental

베이스의 은근한 동물 향조 위에 화장분 냄새를 풍기는 부드러운 바닐라향이 주조를 이루는 계열이다. 오리엔탈 계열의 향은 동양의 신비롭고 에로틱한 이미지를 표현한 향조이다. 신비함과 우아함, 동물성 향료를 주조로 발삼향과 어우러져 무겁고 어두운 느낌을 준다.

여성의 우아함을 잘 표현하고, 열정적이며 이성에게 호소력이 강한 향이다. 무스크, 안바, 시벳 등 동물성 향료가 많이 배합된 것이 특징인데, 이 동물성 향료를 제공하는 동물들이 대부분 동양지역에서 서식하고 있는 것에서 그 명칭이 유래했다고 한다. 관능적이고 화려한 느낌의 향수라 할 수 있다. 이 향기는 지속성이 풍부하기 때문에 겨울, 야간용으로 쓰는 것이 좋으며, 처음 사용하는 사람은 무엇보다 사용량에 주의하여 지나치게 많이 뿌리지 않도록 해야 한다. 화려한 차림에 잘 어울리며, 어느

그림 8.11 오리엔탈 계열 향수

정도 당당하고 자신 있게 원숙한 분위기를 연출한다.

크리스찬디오르 - 쁘와종, 랑콤 - 트레졸, 입생로랑 - 오피움, 겔랑 - 삼사라, 샤넬 - 코코샤넬, 에스티로더 - 스펠바운드, 겐조 - 카샤야드겐조, 지노다비도프, 카샤야드겐조 등이 있다.

### (3) 우디 계열Woody

문자 그대로 나무를 연상시키는 은근한 냄새가 특징인 향수이다. 따뜻하고 세련된 분위기로 향나무, 목단, 샌들우드, 삼목, 패출리, 백단, 자단, 종려나무, 참나무, 이끼가 대표적인 향료이다. 남성용 향수의 대표적인 향의 그룹이기도 하다.

파코라반 - 째즈, 겔랑 - 헤리티지, 니나리치 - 래흐뒤땅, 캘빈클라인 - 컨트라딕션, 샤넬 - 에고이스트, 크리스찬디오르 - 화렌화이트, 베티버, 헤리티지, 겐조남성용, 오마샤리프, 지방시 - 젠틀맨, 겔랑 - 오드 베티베르 등이 있다.

**그림 8.12 우디 계열 향수**

### (4) 프레시 계열Fresh

초원을 연상시키는 싱그러운 풀이나 나뭇잎, 또는 나뭇가지를 연상시키는 젊고 신선한 상쾌한 향조로 친근감을 주는 것이 특징이다. 시트러스보다 개성이 강하고, 고급스러움을 느끼게 하는 향조이다.

샤넬 - 샤넬NO.19, 에스티로더 - 프라이빗콜렉션, 겐조 - 파르팽데떼, 엘리자베스아덴 - 그린티, 불가리 - 오파르퓌메 등이 여기 속한다.

그림 8.13 프레시 계열 향수

(5) 시트러스 계열Citrus

유니섹스 이미지, 신선함, 상큼함, 가벼움이 느껴지는 향이다. 신선하고 상큼하며 가벼운 느낌이 들고 휘발성이 강해 빨리 퍼지고, 지속시간이 짧아 코롱이라는 명칭이 붙었다. 감귤류의 향기를 특징으로 오렌지, 베르가모트, 레몬, 귤, 자몽 등을 원료로 한다. 상큼하고 친근감이 있는 향기로 누구나 받아들이기 쉬운 향기이며, 신선하고 가벼워 누구에게나 사랑받는 향수이다. 유니섹스적인 향이다.

캘빈클라인 - 씨.케이 원, 파코라반 - 파코, 오데코롱 에르메스, 뿌흐무슈, 오드콜로뉴 임페리얼 등이 있다.

그림 8.14 시트러스 계열 향수

(6) 아쿠아 계열Aqua

파도치는 바다를 연상하게 하는 상쾌하고 시원한 향이다. 대부분 여름철에 어울리는 향수라고 하지만, 아주 추운 겨울에 머플러 부분에 뿌리면 더욱 강한 향과 매력을 발산할 수 있다.

이세이미야케 - 로디세이, 다비도프 - 쿨워터포우먼, 니코스 - 스컬프춰포맨, 겐조 - 르파겐조 등이 있다.

그림 8.15 프루티 계열 향수

(7) 프루티 계열Fruity

무르익은 과일의 풍성하고 달콤한 느낌이다. 프루티 계열에는 복숭아, 딸기, 사과, 바나나, 메론, 파인애플 등의 과일이 주로 사용되며, 최근에는 향이 강한 열대과일도 사용되고 있다. 상큼하고 매력적인 과일향을 사용한 이 향조는, 달콤하고 귀여운 느낌을 주며 초보자에게도 부담이 없는 계열이다.

겔랑 - 미츠코, 로샤스 - 팜므 등이 있다.

그림 8.16 프루티 계열 향수

### (8) 스파이시 계열Spicy

자극적인 강한 향으로 시나몬, 정향나무, 너트맥, 생강, 후추, 계피, 클로버, 주니버 등이 원료로 쓰인다. 스파이시 계열은 남성향수에 많이 쓰이는 향이며 핫 스파이시와 콜드 스파이시가 있다. 핫 스파이시는 시나몬 등의 재료가 쓰이며 많이 매운 냄새가 특징이고 지속력이 매우 짧다. 반면, 콜드 스파이시에는 코리앤더가 쓰이며 덜 맵고 지속력이 길다. 스파이시는 우디 계열의 향에 깊이를 더해 줄 때 많이 사용된다.

페라리 블랙 맨 오드뚜왈렛, 베르사체 뿌르 옴므, 버버리 브릿 리듬 맨 등이 있다.

그림 8.17 스파이시 계열 향수

## 4) 향수 상식

### (1) 향수의 시작

세상 모든 것은 저마다의 향을 지닌다. 사람, 꽃, 동물, 음식, 장소, 계절, 공기 등 하물며 추억에도 향이 있다. 향은 그 자체가 좋고 나쁨을 떠나서 사람의 몸과 마음을 뒤흔드는 힘과 매력을 가지고 있다. 실제로 마르코폴로, 콜럼버스, 바스코 다 가마 등이 미지탐험을 시작하게 된 계기는 왕의 명을 받아 향료와 향신료의 산지를 찾고 무역로를 개척하기 위함이었다. 이뿐 아니라 클레오파트라, 마담 퐁파두르, 마리 앙투아네트, 양귀비 등 절체절명의 여인들은 향에 집착했다. 이런 일례들만 보아도 향의 매력은 무시하기 힘들다.

향수는 기원전 종교의식에서 사용한 것에서 기원하며, 몸의 역한 냄새와 페스트와 같은 각종 전염병을 예방하기 위해 쓰였다. 향수가 패션 아이템으로서의 명성을 갖게 된 것은 프랑스의 오 트 쿠튀르들이 자신의 고객에게 개별적으로 주문을 받아 선물한 것에서 시작하며, 이를 기점으로 오늘날의 대중적 향수로 발전하게 된 것이다.

그림 8.18 향수 만드는 과정(이집트벽화)

향의 종류를 결정짓게 해주는 것이 바로 향료이다. 향료는 천연향료, 합성향료, 조합향료로 나뉜다.

'천연향료'는 자연 그대로의 향을 증류, 추출, 압착하여 추출한 것으로, 이 안에서 다시 동물성, 식물성 향료로 나뉜다. 사향노루의 사향Musk, 사향고양이의 영묘향Civet, 향유고래의 용연향Ambergris, 비버의 해리향Castoreum, 계수나무Cinnamon, 노간주나무Juniper, 라벤더Lavender, 레몬Lemon, 로즈마리Rosemary, 바닐라Vanilla 등이 이에 속한다.

'합성향료'는 향신료와 같은 방향물질이 알코올에 용해되는 원리를 통해 얻어지는 향료로서 합성향료의 발견은 향수의 대량공급을 가능케 한 전기라 할 수 있다.

'조합향료'는 말 그대로 천연향료와 합성향료의 조합으로 이루어진다. 이는 향수의 재료로도 사용하지만, 화장품, 식품, 의약품 등에도 쓰인다.

### (2) 향수 고르는 법

자신의 후각을 믿어야 한다. 그러나 단 3번의 기회밖에 없다. 어울리는 향수를 사러 가서 향기를 맡아보고 마음에 들면 선택하면 될까? 흔히 향수를 뿌려본 후 맨 처음 맡은 향을 기준으로 향수를 선택하는 경우가 많다. 하지만 앞서 설명했듯이 첫

향은 향수 본래의 향이 아니며 자극성 강한 알코올 향이 섞여 있어 후각을 마비시켜 올바른 판단을 흐리게 한다. 그러므로 병에 직접 코를 대고 향을 맡는 것이 아니라, 한두 방울의 향수를 손목이나 손등에 뿌리거나 테스트 용지에 떨어뜨려 2~3회 흔들어 알코올성분을 없애고 5~10분 정도 지난 후 남아있는 향취를 맡아보아야 한다. 가장 좋은 것은 피부에 직접 향수를 뿌려 본인의 체취와 섞인 향을 맡는 것이다. 그리고 향수를 뿌린 후 20분이 지난 후의 향이 진짜 그 향수의 향이라는 것을 유념하여 향수를 골라야 한다. 그리고 후각은 우리의 감각 중 가장 빨리 지치기 때문에, 한 번에 여러 향을 맡으면 구분할 수 없게 되므로 한 번에 최대 세 가지의 향수만 시향해 보는 것이 좋다.

이쯤 하면 나에게 맞는 향수 고르기란 참 까다로운 일인 것 같이 느껴질 것이다. 옷을 고르는 것만큼이나 시간과 노력, 신중함과 꾸준함이 필요한 작업이다.

### (3) 내 몸의 향기, 오래 가게 하는 비법

좋은 향수를 골랐다고 하더라도 제대로 쓰지 못하면 소용이 없다.

그림 8.19 효과적인 향수 사용법

① 보통 향수는 맥박이 뛰는 부분인 귀 뒤, 손목, 목 뒤, 관자놀이, 팔꿈치 안쪽, 발목, 무릎 뒤 등에 찍어 바르거나 분사한다. 그 중 팔꿈치 안쪽과 무릎 뒤는 향수를 뿌리기에 가장 좋은 부분이다. 이곳은 피부온도가 가장 높으면서도 자주 움직이는 부위여서 다른 부위에 비해 향이 널리 퍼진다. 향은 밑에서 위로 올라오는 확산성이 있어 복사뼈나 무릎, 바짓단에 사용하면 움직일 때마다 몸 주위에 은은한 향이 감돌아 더욱 효과적이다.

② 향수를 사용하기 전에 목욕오일이나 바디로션을 사용하고, 그 위에 향수를 뿌리면 지속성을 높일 수 있다. 머리를 감고 마지막 헹구는 물에 향수 몇 방울을 떨어뜨리면 그 향이 코끝에 감돌아 상쾌한 기분을 느낄 수 있기도 하다.

③ 피부가 민감한 경우에는 직접 피부에 뿌리지 말고 마른 머리에 빗어 올리듯 바르는 것도 좋은 방법이긴 하나, 향수성분의 8할은 알코올이기 때문에 태양광선이 직접 노출되는 부위에는 향수를 뿌리지 않는 것이 좋다. 그렇기 때문에 속옷에 향수를 묻힌 솜 또는 거즈를 넣어두는 방법이 효과적이다. 옷장 또는 서랍 등 옷을 보관하는 장소에 향수를 뿌려두면 옷에 적당히 밸뿐만 아니라, 향 제품 자체에 방부 · 방충 효과가 있어 좀이 스는 것도 방지해 주므로 일석이조의 효과를 얻을 수 있다.

④ 흰옷이나 가죽, 실크 소재의 옷은 얼룩이 지기 쉬우므로, 안쪽 재봉선 등에 뿌리는 것이 무난하며, 얼룩이 생기면 즉시 거즈나 탈지면에 알코올을 묻혀 닦아내면 된다.

⑤ 향이 너무 안 나는 것도 문제지만, 너무 짙게 뿌린 향수는 나에게나 남에게 안 뿌린 것만 못하다. 때문에 쉽게 향이 증발하는 오 데 뚜왈렛을 제외하고는 외출 1~2시간 전에 사용하는 것이 에티켓이다.

⑥ 마지막으로 향수는 되도록 섞어 사용하지 않아야 하며, 먼저 사용한 향을 제거하려면 샤워를 하거나 알코올을 묻힌 솜으로 향수를 바른 부위를 닦아내면 된다. 향수를 겹쳐 뿌리는 올바른 방법이 있다면, 시간이 지남에 따라 점차 향의 농도를 높여주는 식으로 사용하는 것이다.

### (4) 향수 유통기간

공들여 산 향수가 다 쓰기도 전에 변질되어 사용하지 못하게 되지 않도록 보관 시 주의사항에 대해서도 알아두는 것이 좋다.

① 향수는 열, 빛, 먼지에 약하므로 어둡고 서늘한 곳에 보관해야 한다. 보통 15℃가 유지되는 선반이 적합하다.

② 알코올성분이 함유되어 있으므로 뚜껑을 연 후 될 수 있는 대로 빨리 사용해야 하며, 마개를 꼭 닫아두어도 조금씩 증발하기 때문에 향수를 아낀다고 오래 사용하는 것은 좋지 않다. 요즘은 작은 용기에 소량씩 판매하는 미니어처제품이

나 리필제품이 많으므로, 향수를 즐겨 사용하는 경우가 아니라면 소형품을 구매하는 것도 제품의 변질을 예방하는 좋은 방법이다.

③ 향수는 가능하면 휴대하지 않는 것이 좋다. 향수병이 흔들리면 공기와 접촉하는 기회가 많아지므로 변질하기가 때문이다.

④ 향수의 수명은 대체로 3년이지만, 개봉하면 1~2년 안에 모두 사용하는 것이 향수의 풍미를 느끼기에 가장 좋다.

⑤ 조금 남은 향수는 향수병 윗부분에 공기가 생겨 내용물이 산화되어 향이 쉽게 변하므로, 조그만 병에 옮겨 담아 보관하는 것이 좋으며, 알코올을 2~3방울 섞으면 마지막까지 사용할 수 있다.

## 02 핸드 케어

얼굴과 함께 외부에 노출되는 시간이 가장 긴 부분이며, 신체 중 가장 많이 사용하는 부분은 바로 손이다. 손의 피부는 눈 아래의 피부 다음으로 얇기 때문에, 주름도 쉽게 생기고 우리 몸 중에서 가장 빨리 늙는 부분이라고 한다. 지금까지 관리에 소홀했다면 지금부터라도 잘 관리해야 한다.

### 1) 건강하고 예쁜 손

#### (1) 보습과 보온에 신경 쓰기

건강한 손의 첫 번째는 바로 손 피부가 매끈하게 잘 관리된 것이라고 할 수 있다. 특히나 겨울철 추운 날씨에 튼 손을 그대로 방치하게 될 경우, 주름이 심해지고 각질이 많이 생길 수 있다.

이처럼 건강하고 예쁜 손의 첫 번째 방법은 바로 보습과 보온에 신경 쓰는 것이다. 한 번 건조해지기 시작한 손은 조금의 온도변화에서도 쉽게 건조해질 수 있기 때문에 항상 신경을 써서 관리하는 것이 중요하다. 특히 겨울에는 장갑 등을 꼭 착용하여 차가운 공기로부터 손을 보호해 주도록 해야 한다. 보온뿐만 아니라 보습 역시 예쁜 손 만들기의 첫 번째 방법이기 때문에, 항상 보습력이 좋은 핸드크림을 가지고 다니면서 손건강에 신경 써 주는 것이 좋다.

그림 8.20 건강한 손 만들기

핸드크림은 겨울에만 사용하는 것이 아니라, 건조한 실내에서도 수시로 발라서 피부보습에 신경 써주는 것이 좋은데, 핸드크림 외에도 핸드팩 등을 통해서 더욱더 깊은 보습을 관리하는 방법도 있다. 심하게 건조하다면 일주일에 한 번, 혹은 보통 피부를 가졌다면 한 달에 한두 번 정도 잠자리에 들기 전에 나만의 방법을 활용하여 핸드팩을 하고 자면 더더욱 보습에 강한 건강한 손 피부를 만들 수 있다. 예를 들어, 부드러운 바셀린, 혹은 진한 보습력을 가진 핸드크림 등을 듬뿍 바른 다음에 위생장갑이 벗겨지지 않도록 잘 고정한 다음, 그대로 착용하고 숙면을 취한다면 다음날 부드러워진 손을 발견할 수 있다.

## 2) 일상생활 속, 손건강에 신경 쓰기

우선 가장 먼저 떠오르는 위의 핸드크림 사용 외에도 일상생활에서 항상 예쁜 손을 위해서 좋은 습관을 들이는 것이 좋다.

손은 쉽게 상처가 날 수 있는 부위로, 손에 상처가 생겼을 때에는 흉터가 남지 않도록 상처관리에도 신경 써야 한다. 손에 남은 크고 작은 상처를 별로 대수롭지 않게 생각하는 경우도 있는데, 손 피부는 특히나 색소침착이 일어나기 쉬운 부위로 상처관리를 철저히 하지 않으면 여기저기 흉으로 남을 수 있다.

또한 부드럽고 각질 없는 손 피부관리를 위해서 보습만큼이나 신경 써야 하는 것이 바로 손 각질제거이다. 튼 손을 관리할 때는 각질제거를 제대로 해줘야 손 피부가 건강해질 수 있는데, 따뜻한 물에 손을 충분히 불린 다음 타월로 꼼꼼하게 문질러서 닦아주는 것이 좋다.

### 1 생활습관 베스트 10

- 손은 미지근한 물로 씻는다. 뜨거운 물은 손의 유분을 빠져나가게 하면서 손을 더욱 거칠게 만든다.
- 손에도 자외선 차단제를 바른다. 손도 얼굴처럼 365일 자외선 차단제를 발라줘야 한다. 자외선 차단제가 함유된 핸드크림을 사용하거나 핸드크림에 자외선 차단제를 섞어서 사용한다.
- 손을 씻은 후에는 핸드크림은 필수이다. 핸드크림은 항상 휴대해서 손등뿐만 아니라 손가락 사이, 손끝도 꼼꼼히 바른다.
- 청소 등 손을 사용하는 일을 할 때에는 용도에 맞는 장갑을 꼭 착용한다.
- 겨울엔 무조건 장갑을 끼고서 외출한다.
- 마늘이나 고춧가루 등의 자극이 강한 요리재료는 맨손으로 직접 만지지 않도록 한다.
- 손도 일주일에 한 번은 스페셜 케어를 한다.
- 장시간 운전 시에는 특히 자외선 차단제를 꼼꼼히 발라준다.
- 손에 무리를 주는 행동은 삼간다. 주먹으로 벽을 치거나 손가락 관절을 꺾는 습관은 미운 손을 만드는 주범이다.
- 설거지를 할 때는 면장갑을 끼고 고무장갑을 낀다.

#### (1) 홈 케어

- 재료로 흑설탕 1Ts, 꿀 1Ts, 베이비오일 약간을 준비한다.
- 준비된 흑설탕, 꿀, 물을 잘 섞는다.
- 베이비오일을 몇 방울 떨어뜨려 잘 섞는다.
- 깨끗이 씻은 손에 부드럽게 발라주고 마사지한다.
- 비닐장갑을 끼거나 랩으로 감싼다.
- 스팀타월로 손을 감싸주면 효과가 높다.
- 5~10분 후 물로 깨끗이 씻는다. 흑설탕 입자로 살살 문질러주면 각질제거 효과까지 있다.

- 핸드크림을 충분히 바른다.

### (2) 집중적인 핸드마사지

손등에 핸드크림을 바르고 충분히 스며들고 나면, 손가락 끝부터 팔 쪽으로 10회 정도 쓸어 올렸다가 쓸어 내렸다가 하는 식으로 반복하여 문질러 준다. 손이 매끈하고 얇아지는 효과가 있다.

- 왼손은 펴고 오른손은 주먹을 쥔다. 손의 중간마디를 이용하여 손등 가장 윗부분 손가락뼈와 뼈 사이를 눌러주며 위아래로 문질러 준다. 방향을 바꾸어 실시한다. 이 동작을 통해 손 전체의 근육을 이완시킨다.
- 엄지와 검지 사이의 부분을 나선형으로 돌리며 힘껏 눌러준다. 반대쪽도 실시한다. 손이 예뻐질 뿐만 아니라 소화불량과 위염 등에도 좋다.
- 검지 혹은 중지의 중간뼈를 이용해 반대쪽 손가락의 옆면을 위아래로 문지른다. 손가락의 군살을 빼고 굵은 손가락을 가늘게 만드는 데에 효과적인 마사지 방법이다. 모든 손가락을 이와 같이 실시한 후 반대쪽 손도 반복한다.

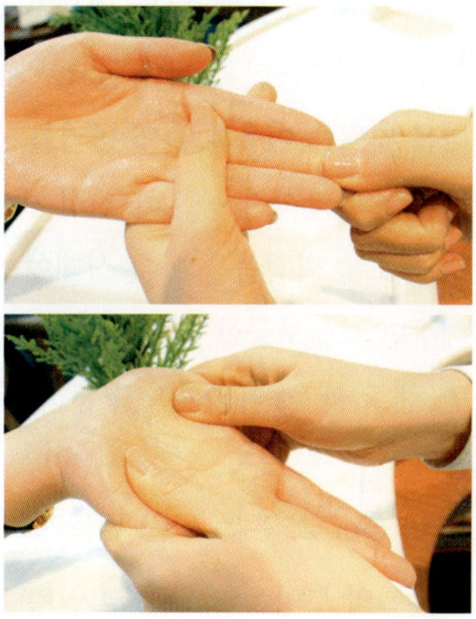

그림 8.21 핸드 마사지

- 검지와 중지로 손톱 아래를 잡고 힘껏 빼주듯 당겨준다. 손가락 정면을 눌러주는 것이 포인트이다. 손가락의 급소를 자극해 혈액순환을 촉진하고 손톱의 건조를 막아 손끝까지 예쁘게 만들어 준다.
- 손바닥을 펴고 손가락 아래의 뼈로 손바닥을 위아래로 힘껏 밀어준다. 그리고 손목에서 엄지, 검지 사이로도 눌러준다. 어깨통증 등에도 효과가 좋다.
- 손바닥을 편 상태 그대로 다른 손을 이용하여 엄지를 제외한 네 손가락을 잡고 뒤로 젖혀준다. 손가락이 가늘고 예뻐진다.

- 두 손을 깍지 낀 상태에서 손가락 사이의 한 손으로 손가락 사이의 파인 부분을 눌러준다. 다른 손은 힘껏 손가락을 뒤로 젖혀준다. 10회 정도 반복해 준다.

## 3) 네일 케어

### (1) Step 1. 부드러운 손 만들기

많은 여성들이 얼굴피부를 촉촉하게 가꾸는 데는 많은 시간과 노력을 기울이면서 손관리에는 소홀히 하는 경우가 많다.

우선 미지근한 물에 손을 2분 내지 3분 정도 담가 손을 부드럽게 만들어 준다. 그 다음 타월을 이용해 손의 물기를 가볍게 제거한 다음, 양손에 핸드크림이나 영양크림 등을 손바닥까지 충분히 펴서 발라준다. 영양분이 피부 속까지 효과적으로 침투할 수 있도록 화장품을 바른 상태에서 비닐 랩이나 비닐장갑을 끼고 약 10분 정도 팩을 해주면 보들보들한 아기피부 같은 손으로 거듭날 수 있다. 만약 이 과정이 번거롭다면 핸드 팩을 이용하여 꾸준히 관리해주어야 한다.

### (2) Step 2. 손톱 모양 만들기

손톱의 모양을 다듬는 '파일링' 단계는 네일아트를 위한 첫 번째 단계이다. 매니큐어가 발려있지 않은 깨끗한 손톱상태에서 스퀘어, 세미 스퀘어, 라운드, 오벌 등의 손톱 모양을 먼저 생각한 뒤 파일링을 시작해야 한다.

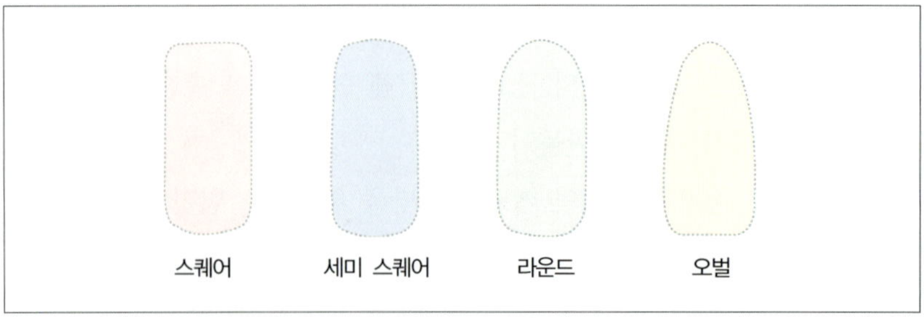


그림 8.22 손톱 모양

직사각형 모양의 스퀘어는 강하면서도 세련된 이미지를 표출하기 좋다. 스타일리시한 네일을 연출하기는 좋지만, 손톱 모서리가 뾰족하여 다칠 위험이 있으므로 콘택트렌즈 사용자나 손을 많이 써야 하는 직업의 여성이라면 되도록 피하는 것이 좋다.

스퀘어 형태에서 모서리 부분만 약간 부드럽게 다듬어 준 세미 스퀘어는 오버 스퀘어, 라운드 스퀘어라고도 불린다. 모서리가 부드럽기 때문에 부담이 없으면서도 다양한 스타일링이 가능하여 가장 많이 사용된다. 손톱을 둥글게 하는 라운드 형태는 통통한 손가락에 잘 어울린다. 만약 손가락이 가늘고 손톱이 좁다면 라운드보다 더욱 타원 형태인 오벌 스타일을 시도하는 것이 좋다.

파일링을 할 때는 네일 클리퍼, 일명 손톱깎이를 이용하여 기본 틀과 길이를 조정해 준 다음, 파일을 이용하여 손톱을 갈아내며 모양을 잡아준다. 마무리로 손에 묻어 있는 손톱가루를 물이나 물수건을 이용하여 깨끗이 닦아내면 된다.

### (3) Step 3. 큐티클 제거하기

큐티클을 그대로 놔둘 경우, 손톱이 더욱 지저분해 보일 수도 있으므로, 보다 완벽한 네일케어를 위해서는 큐티클도 깨끗하게 제거해준다.

그림 8.23 큐티클 제거하는 법

우선 큐티클 리무버를 큐티클에 고루 발라준 다음, 2분 가량 놔두어 큐티클을 불려준다. 만약 큐티클 리무버가 없다면 미지근한 물에 손끝을 5분 정도 담가놓으면 된다. 그 다음 푸셔를 이용해 큐티클을 손등 방향으로 부드럽게 살살 밀어 일으켜 준다. 이때 너무 눕히거나 세워서 밀면 통증을 유발할 수도 있으므로, 적당한 각도를 유지해주는 것이 중요하다.

일어난 큐티클은 니퍼를 이용하여 잘라준다. 한 쪽 구석에서 출발하여 중간까지 잘라준 다음 반대 방향에서 다시 출발하여 중간까지 잘라 마무리해

주는 방법을 사용하면 깔끔하게 큐티클을 제거할 수 있다. 핵심은 잘라내는 것이지 뜯어내는 것이 아니다. 더욱 깨끗한 마무리를 위해 물티슈나 물로 손을 씻어낸 다음, 큐티클 오일과 핸드크림을 발라 수분을 공급해 준다.

그림 8.24 네일케어에 필요한 제품들

❶ 화장솜 ❷ 네일리무버 ❸ 베이스코트 ❹ 네일폴리시 ❺ 탑코트 ❻ 필오프 베이스코트 ❼ 큐티클리무버 ❽ 네일스티커 ❾ 큐티클니퍼 ❿ 면봉 ⓫ 도트와 마블모양 도구 ⓬ 푸셔 ⓭ 큐티클 제거기 ⓮ 네일아트 브러시

(4) Step 4. 손톱에 색 입히기

모든 기초 케어가 마무리되었다면 이제 손톱에 색을 입힐 차례이다. 손톱에 색을 제대로 입히기 위해서는 3단계의 컬러링 단계를 거쳐야 한다.

① 우선 손톱에 에나멜이 착색되는 것을 막는 동시에, 표면을 매끄럽게 만들어 에나멜이 더욱 잘 발리도록 하는 베이스코트를 발라준다.
② 베이스코트가 마른 뒤에는 원하는 컬러의 네일 폴리시, 즉 매니큐어를 바른다.

③ 병 입구에 브러시를 누르는 방법을 이용해 양을 조절해 주는데, 붓의 1/2 정도 만 내용물이 묻어있도록 하는 것이 좋다.
④ 그 다음 손톱을 3등분 하여 중앙을 먼저 발라준다.
⑤ 마르기 전에 재빨리 양 옆 사이드를 마저 발라 브러시 경계선이 생기지 않도록 컬러링을 한다.
⑥ 지워지기 쉬운 손톱 끝부분에 라인을 그리듯 발라준다.
⑦ 그 다음 원하는 컬러가 나올 때까지 반복해서 에나멜을 여러 겹 덧발라준다. 이때 이전 에나멜이 충분히 마르지 않은 경우, 밀림으로 인해 네일아트가 망가질 수도 있으므로 시간적 여유를 두고 충분히 말린 뒤 덧발라줘야 한다.
⑧ 손톱 밖으로 삐져나온 에나멜은 면봉이나 우드 스틱봉 등에 소량의 아세톤을 묻힌 뒤 지워준다.
⑨ 충분히 컬러가 말랐다면 기호에 따라 스티커나 팟츠 등을 이용하여 장식해 준 뒤, 탑코트를 발라 글로시하거나 매트한 질감으로 마무리해주면 된다.

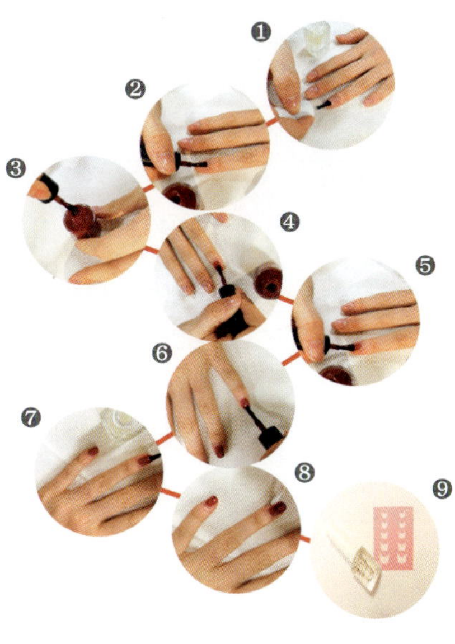


그림 8.25 손톱에 색 입히는 방법

## 03 액세서리 활용법

세련된 스타일을 위해서는 액세서리를 적절히 활용하고 절제할 필요가 있다. 또한 사회인으로서 지나친 액세서리 사용은 업무의 지장을 주거나 오히려 주체인 자신이 초라해 보일 수 있음을 유념해야 한다. 깔끔한 복장에서 포인트로 사용하고, 계절과 환경적인 요인, 그리고 직업에 따라 적합한 착용이 중요하며 최우선되어야 한다.

### 1) 액세서리별 특징

#### (1) 백Bag

① 계절과 옷 스타일에 따라 코디할 수 있도록 구비한다.

② 백과 구두는 되도록 분위기를 맞추는 것이 좋다.

③ 키가 작거나 큰 경우, 신체적 약점을 보완하기 위해 백으로 시선을 끌 수도 있다.

④ 고급스러운 가죽소재는 품위 있는 이미지를 주며, 가장 정중한 자리에는 금속 줄의 백이 적절하다.

**표 8.1 가방의 종류와 명칭**

| 그 림 | 명 칭 | 특 징 |
|---|---|---|
|  | 가먼트백<br>(Garment Bag) | • 가죽, 인조가죽, 천 등으로 만든 가벼운 여행용 가방을 지칭한다.<br>• 여행에 필요한 슈트, 재킷, 넥타이 등 다양한 의복을 넣을 수 있다. |
|  | 메신저백<br>(Messenger Bag) | • 작은 물건들을 넣을 수 있고, 긴 끈이 있어 몸을 가로질러 멜 수 있다.<br>• 원래 남자들을 타깃으로 제작되었지만, 요즘은 남녀노소 누구나 사용한다. |

| 그 림 | 명 칭 | 특 징 |
|---|---|---|
|  | 바게트백<br>(Baguette Bag) | • 바게트 모양을 하고 있어 이처럼 생긴 가방을 바게트 백이라 부른다. 이탈리아 브랜드 펜디에서 처음 선보였으며, 1999년 품절사태가 일기도 했던 화제의 가방이다. |
|  | 백팩<br>(Back Pack) | • 등에 메는 가방의 총칭이다. 과거에는 주로 등산에 많이 이용되었으나, 최근에는 패셔너블한 스타일도 많이 선보이고 있다. |
|  | 뷰티케이스<br>(Beauty Case) | • 메이크업 도구를 넣는 가방으로, 보통 잠금장치가 있으며 여행 시에 많이 사용된다. |
|  | 숄더백<br>(Shoulder Bag) | • 어깨에 걸치도록 디자인된 가방의 총칭이다. |
|  | 버킷백<br>(Bucket Bag) | • 복주머니 모양을 닮아 일명 '물통형 가방'이라고 부른다. 물건을 넣고 꺼내기 쉬우며, 내부가 보이지 않게 입구를 끈으로 매거나 지퍼로 여민다. |
|  | 이브닝백<br>(Evening Bag) | • 정장차림 등 격식을 갖춰 차려입어야 하는 자리에 어울리는 작은 크기의 가방이다.<br>• 대부분 끈이 없고 손에 쥐거나 겨드랑이에 낄 수 있는 디자인이다. |
|  | 언더암백<br>(Underarm Bag) | • 끈 없이 겨드랑이에 끼고 다닐 수 있는 납작하고 평평한 가방이다.<br>• 보석이나 자수, 비즈 등으로 화려하게 장식된 드레시한 디자인이 많다. |

| 그 림 | 명 칭 | 특 징 |
|---|---|---|
|  | 카스터백<br>(Caster Bag) | • 밑에 바퀴가 달려있어 끌고 다닐 수 있는 가방이다. 주로 여행용으로 많이 쓰인다. |
|  | 클러치<br>(Clutch) | • 손에 쥘 수 있도록 디자인된 가방을 지칭하며, 직사각형 타입이 대부분이다. |
|  | 파우치백<br>(Pouch Bag) | • '돈주머니 지갑'이라는 뜻으로, 지퍼나 끈으로 여미는 작은 크기의 가방을 말한다. |
|  | 토트백<br>(Tote Bag) | • 쇼핑백처럼 윗부분이 트이고 두 개의 손잡이가 달려있는 가방의 총칭이다.<br>• 가장 흔히 접하는 가방의 명칭 중 하나이다. |
|  | 포셰트<br>(Pochette) | • 프랑스어로 '작은 포켓'이라는 뜻으로, 귀여운 디자인의 미니 숄더백을 떠올리면 된다. |
|  | 호보백<br>(Hobo Bag) | • 아래로 처진 반달 모양 가방의 총칭이다. |

남성패션에서 서류가방은 구두와 함께 큰 부분을 차지한다. 아직도 높은 비율의 회사원들은 정장을 입기 때문이다. 최근 서울의 주요 사무실 밀집지역에서 남성 2천여 명의 옷차림을 조사한 결과 비즈니스 캐주얼이 58.6%, 정장이 41.4%로 나타났다. 서류가방Brief Case의 이름은 오래 전 변호사가 서류가방에 서류Briefs를 가지고 다닌 것에서 기원한다. 전형적인 서류가방은 앞쪽에 잠금장치가 있고, 위쪽에 손잡이가 달렸다.

그림 8.26 다양한 서류가방

## (2) 구두

남성화는 크게 2종류로 나눈다. 옥스포드 스타일과 슬립 - 온 스타일이며, 구분하는 기준은 '끈'이다. '옥스포드화'는 끈을 묶는 신발이고 '슬립 - 온'은 끈이 없는 신발을 말한다.

### 1 옥스퍼드화

끈을 묶는 방식의 신발, 옥스퍼드화가 더 포멀하여 격식 있는 자리에는 옥스퍼드화를 신는 것이 일반적이다. 옥스퍼드화는 '스트레이트 팁', '플레인 토', '윙 팁'으로 크게 세 종류로 나눈다.

그림 8.27 옥스퍼드화

먼저 스트레이트 팁은 남성구두에서 가장 처음에 구입해야 할 정통스타일이라고 할 수 있다. 연미복처럼 격식을 갖춘 남성 슈트에는 물론, 일반 슈트차림에도 잘 어울린다. 단, 밑창이 두껍고 앞코가 길게 나와 있으면 격식 있는 장소에는 적합하지 않다. 스트레이트 팁을 스타일로 구분하자면, 밑창이 얇고 앞코가 평평하면 클래식한 구두이고, 밑창이 두껍고 앞코가 길게 나와 있으면 캐주얼한 구두이다.

두 번째 플레인 토는 정통적인 스타일의 구두에 속한다. 절개선이 적어서 단정해 보이는 것이 특징이며, 어떤 슈트에도 무난하게 잘 어울린다. 플레인 토의 스타일을 구분하자면, 끈이 있는 부분의 날개가 바깥으로 향해 있을수록(끈과 끈 사이가 벌어져 있을수록) 캐주얼한 것이고, 반대로, 날개가 안쪽으로 되어있는 것일수록(끈과 끈 사이가 좁을수록) 클래식한 것이다.

마지막으로, 윙 팁은 골프화에서 유래되었으며 날개를 펼친 새와 같은 모양의 장식과 작게 뚫린 구멍 장식이 있는 것이 특징이다. 원래는 통풍과 물빠짐이 목적이었는데, 지금은 장식적인 기능이 되었다. 윙 팁은 클래식하면서도 캐주얼한 느낌이 있어 코디하기에 좋다. 윙 팁은 끈 부분의 날개가 벌어져 있고, 구멍이 많이 뚫려 있을수록 캐주얼한 것이고, 끈 부분의 날개가 좁고 심플한 스타일일수록 클래식한 것이다. 보통 윙 팁을 '리갈화'라고 부르는데, 이것은 트렌치코트를 버버리라고 부르는 것과 같다.

### 2 슬립－온 슈즈

슬립－온 스타일의 남성화도 옥스포드화와 마찬가지로 로퍼, 몽크 스트랩, 태슬 3종류로 나눠진다.

그림 8.28 슬립－온 슈즈

'로퍼'는 끈이 없어 편하게 신고 벗을 수 있는 신발로, '게으른 사람'이라는 단어에서 유래했으며 슬립-온 스타일에서도 가장 대중화되어 남·녀 구분 없이 많이 코디에 활용하고 있다. 로퍼는 장식이 적고, 베이직한 스타일이 포멀한 쪽에 속하고, 끈 장식이 있거나 컬러가 화려한 것은 캐주얼한 쪽에 속한다.

'몽크 스트랩'은 발등에 금속장식이 달린 끈(스트랩)이 있는 슬립-온 스타일로서 정석으로 따지면, 슬립-온 중에서 남성 슈트에 매치할 수 있는 유일한 신발이다. 또한 슬림한 라인의 청바지와도 잘 어울려 하나쯤 가지고 있으면 정장과 캐주얼 양쪽에 활용하기가 좋다.

마지막으로, 치마 모양의 술 장식을 '태슬'이라 하는데, 이런 태슬이 달린 로퍼를 '태슬로퍼'라 말한다. 술 장식이 있어 베이직한 로퍼보다 캐주얼하게 신을 수 있다. 밑단이 좁은 일자핏 팬츠, 롤 업한 팬츠 등과 잘 어울린다. 반면, 여성구두는 종류, 소재, 높이에 따라 종류가 달라진다. 좌·우, 앞·뒤가 어디가 트이고 막히느냐에 따라 나누어지기도 한다.

### 3 펌프스Pumps

1500년대부터 궁정에서 신는 남성용구두 퐁프Pompes에서 유래되었다. 구두의 가장 기본적인 스타일로 끈이나 고리 등 여밈 장식이 없는 발등만 노출되는 슈즈로서 흔히 볼 수 있는 여성스럽고 드레시한, 5cm 정도의 굽을 가진 구두가 대부분 펌프스에 포함된다. 면접용 구두에서 가장 많이 활용되며 가장 기본적인 구두이다.

**표 8.2 펌프스의 종류**

| 힐의 높이에 따른 구분 짓는 경우 | 발의 노출 부위에 따라 구분 짓는 경우 |
|---|---|
| • 로(Low) 힐 펌프스<br>• 미드(Mid) 힐 펌프스<br>• 하이(High) 힐 펌프스<br>• 킬(Kill) 힐 펌프스 | • 오픈 토 : 구두의 앞부분이 노출되어 발가락이 보이는 구두<br>• 핍 토 : 오픈 토와 유사하지만, 오픈 토보다 발가락이 덜 보이는 디자인 (핍 토에서 'Peep'의 뜻은 슬쩍 들여다보기란 뜻)<br>• 슬링백 : 발 뒷꿈치가 노출되어 발 뒷꿈치 부분을 하나의 끈으로만 감싸는 디자인<br>• 이드 오픈 슈즈 : 발 양 옆이 노출된 구두 |

자료 : www.sheknows.com

그림 8.29 펌프스 슈즈

④ 플랫폼Platform

언뜻 보면 펌프스와 유사하지만, 앞부분에도 2~3cm의 굽이 있다는 것이 다르다. 전체적으로 굽이 높아지면서도 일반 하이힐보다 발이 편하게 느껴지는 것이 장점이다. 일반적으로 알고 있는 통굽도 이에 속하고, 웨지힐 슈즈도 플랫폼의 한 종류이다.

자료 : www.sheknows.com

그림 8.30 플랫폼 슈즈

⑤ 메리제인 슈즈Mary Jane Shoes

앞 코가 동그랗고 발등을 가로지르는 스트랩이 있는 디자인으로서 전체적으로 낮은 굽의 구두였지만, 요즘에는 변형되어 앞코가 뾰족한 것, 플랫폼이 추가된 것에서 핍 토 메리제인, 오픈 토 메리제인 등 다양하게 응용되었다.

자료 : www.sheknows.com

그림 8.31 메리제인 슈즈

### 6 뮬Mule

슬리퍼 형태의 구두로서, 중세 말 이탈리아 베네치아에서 뒤가 트인 빨간색 실내화가 유행하였던 것이 시초가 되었다. 뮬이라는 명칭은 빨간색 물고기의 이름에서 따왔다. 뮬은 17세기부터 굽이 달리면서 실외화로 변했고, 이제는 여름 샌들로 일반화되었다.

자료 : www.sheknows.com

그림 8.32 뮬

7 슬링 백Sling Back

앞은 구두처럼 막혀있고 뒤는 샌들처럼 끈(슬링)으로 되어 있는 것이 정석이지만, 요즘에는 발가락이 보여도 슬링 백 범주에 넣는다. 발 뒷축이 보이기 때문에 '오픈 백'으로도 불리기도 한다. 맨발과 샌들이 아직 이른 봄, 여름 간절기에 가장 많이 신는다.

자료 : www.sheknows.com

**그림 8.33 슬링 백**

8 부티Bootie

복사뼈를 겨우 가리는 길이의 반장화형 구두이다. 옆에서 보면 발목이 보일 듯 말 듯 하지만, 앞에서 보면 발등이 깊게 파인 것이 많아 부츠와 하이힐의 중간이라고 보면 된다. 부츠보다 날렵해 보이고 신고 벗기에 편한 것이 장점이다.

자료 : www.sheknows.com

**그림 8.34 부티**

### 9 웨지 힐Wedge Heel

옆에서 보면 발바닥 안쪽까지 굽이 이어져 삼각형으로 보이는 신발이다. 구두 밑창에 쐐기형 굽이나 징을 붙인 것 같다해서 붙여진 이름으로 '가보시 힐'이라고도 불린다. 흔히 앞부분에도 2cm 이상의 높이를 더해 높은 굽을 신을 때 발목의 부담을 덜어주는 디자인이다.

자료 : www.sheknows.com

그림 8.35 웨지 힐

### 10 글레디에이터 슈즈Gladiator Shoes

발목까지 가죽 끈으로 여러 번 동여매는 구두이다. 영화 〈글레디에이터〉에 나왔던 로마시대 전사의 모습을 재현해서 붙여진 이름이다.

자료 : www.sheknows.com

그림 8.36 글레디에이터 슈즈

### 11 플랫 슈즈Flat Shoes

굽의 높이가 2cm를 넘지 않는 단화로서 이름처럼 바닥에 납작하게 붙어있는 디자인이다. 앞에 보통 리본장식이 달려 '발레리나 슈즈'라고도 한다. 로퍼처럼 편하게 신지만 발등이 드러나 스커트나 원피스 등 여성스러운 옷차림에 잘 어울린다.

자료 : www.sheknows.com

그림 8.37 플랫 슈즈

### 12 플립플랍Flip Flop

앞에서 봤을 때 'T'자의 스트랩으로 디자인 된 샌들로서 '조리'라고도 부른다. 엄지, 검지발가락 사이에만 줄을 끼워 신는 슬리퍼로, 한여름에 가장 많이 신는다.

자료 : www.sheknows.com

그림 8.38 플립플랍

### 13 부츠Boots

발목 이상으로 길게 올라오는 신발의 통칭이다. 처음엔 방수용으로 나왔으나, 이제는 겨울 최고의 패션 아이템이 되었다. 롱부츠는 보통 가죽이 정강이까지 오는 길이를 말하며 '니 – 하이Knee-high' 부츠라고도 한다. 부츠가 허벅지까지 올라갈 땐 '오버니Over-knee 부츠' 또는 '사이하이Thigh-high 부츠', 발목을 가릴 땐 '앵클Ankle 부츠'라고 부른다. 이밖에도 양털과 양가죽으로 만든 어그부츠 등이 있다.

자료 : www.sheknows.com

그림 8.39 부츠

### 14 여성용 옥스퍼드Oxford

17세기 옥스퍼드 학생들이 처음 신은 데에서 유래되었다. 처음에는 남성용 슈즈였으나, 여성용으로도 디자인되었다.

자료 : www.sheknows.com

그림 8.40 여성용 옥스퍼드

### 15 여성용 로퍼Loafer

굽이 낮고 발등을 덮으며 아이비 룩을 대표하는 슈즈이다. 예전에는 남성의 전유물이었지만, 디자인의 변형과 편안한 착화감 때문에 여성들도 즐겨 신는 구두가 되었다.

자료 : www.sheknows.com

그림 8.41 여성용 로퍼

### 16 스트랩Strap

발등이 보이며 가죽이나 천, 다양한 소재가 달려있는 것이 기본 스타일이다. 발목 부분에 끈으로 감거나 묶을 수 있도록 만든 건 앵클 스트랩이라 부르고, 발등 윗을 지나는 스트랩 모양에 따라 T-스트랩, X-스트랩 등이 있다. 발목이 두꺼운 사람은 피해야 할 스타일이므로 주의해야 한다.

자료 : www.sheknows.com

그림 8.42 스트랩

지금까지 살펴본 구두의 종류와 특징을 살려 유의할 점은 다음과 같다.

- 구두는 코디의 방향에 가장 큰 영향을 준다.
- 검은색, 갈색 외에 밝은 색으로 크림색이나 베이지색을 갖춘다.
- 정장을 입을 때 구두와 스타킹의 색을 통일시켜 주면 다리가 정돈되어 보인다.

자료 : www.instiz.net

**그림 8.43 여성신발의 종류**

### (3) 스타킹

- 스타킹을 고를 때에는 스커트와 구두의 컬러를 고려해야 한다.
- 구두보다 짙은 스타킹색은 피한다.
- 스커트와 같은 스타킹은 날씬해 보일 수 있다.

스타킹은 데니아, 컬러, 원단, 그리고 사이즈와 표준화된 픽토그램의 세탁과 보관법 표시를 주의 깊게 확인해야 구매 시 실수를 최소화 할 수 있다. 스타킹에는 어떤 종류가 있고 명칭은 어떻게 되는지 알아보자.

### 1 데니아

흔히 데니아를 두께로 알고 있는데, 크게 틀린 말은 아니지만 엄격히 말하면 틀렸다. 부호로 표시할 때 Denier라고 명시하며, 계산법은 다음과 같다.

$$D = L / W * l / W$$

*D : 데니아, L = 표준길이, W = 단위중량, l = 섬유무게, W = 섬유길이

따라서 실의 길이 9,000m가 1g인 것이 바로 1데니아이다. 9,000m가 2g이면 2데니아가 된다. 그램(g)과 데니아(d)가 커질수록 실이 점점 굵어지면서 두꺼워지고 도톰해진다. 따라서 불투명해진다. 일반적으로 유통되는 기본 스타킹은 80데니아이다. 80데니아 스타킹은 무릎을 구부렸을 때 원단이 늘어나면서 비치는 정도이고, 원단의 올 풀림도 다른 것보다 덜하다는 장점이 있다.

### 2 종류

**표 8.3 스타킹의 종류**

| 그 림 | 명 칭 | 특 징 |
|---|---|---|
| 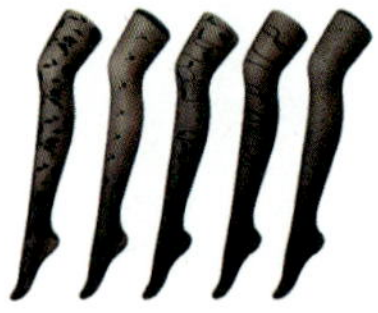 | 팬티호우즈 스타킹 | 일명 팬티 스타킹이며, 정식 명칭은 팬티호우즈이다. |
| 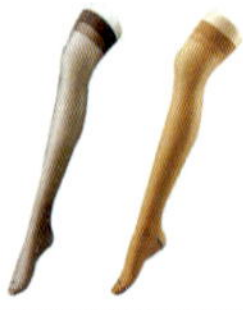 | 싸이하이 스타킹 | 일명 밴드 스타킹인데, 요즘엔 거의 안 신게 되는 제품이다.<br>가끔 팬티 스타킹이 배를 짓눌러서 불편할 때 착용하게 된다. |
|  | 오버니 스타킹 | 해외에서는 오버 더 니라고 표기하고 있으며, 핫팬츠 혹은 미니스커트에 경쾌하고 발랄한 느낌을 더할 수 있다.<br>무릎 바로 위까지 올라오는 스타킹이다. |

| 그 림 | 명 칭 | 특 징 |
|---|---|---|
|  | 니하이 스타킹 | 우리나라에서는 반스타킹 또는 판타롱 스타킹이라고 일컫는다. 니하이 스타킹이 정식 명칭이며 양말 대신 착용하는 사례도 매우 많다. 무릎 바로 아래까지 내려오는 스타일이다. |
|  | 칼프 하이 스타킹 | 이 스타킹은 반스타킹보다 조금 아래로 내려오는 스타일로서 발목까지 오는 앵클 스타킹보단 루즈하게 셔링을 잡아서 내려신는 느낌으로 나오는 스타일이다. |
| 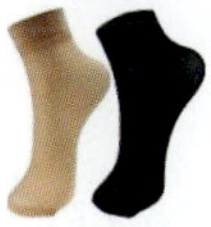 | 앵클 스타킹 | 발목 스타킹, 즉 앵클 스타킹은 빈티지 느낌으로 착용할 때 에지 있는 느낌이 살아나며 양말 대신 착용하곤 한다.<br>힐 또는 운동화 모두에 괜찮은 아이템이며, 밴드부분에 여성스러운 레이스가 부착되어 나오는 제품도 있다. |

### 3 스타킹 신는 법

- 스타킹을 발목까지 말아서 착용한다.
- 다리 중반까지 조금씩 올려 착용한다.
- 허벅지 부분까지 차분히 올려 착용한다.
- 전체적으로 손바닥으로 다리를 훑어서 마무리한다.

### 4 스타킹 보관법

반듯하게 접어서 보관하면 규격에 맞는 상자에 보관하기도 편하고, 옷장이나 서랍 속 공간 활용도 효율적이다. 돌돌 말아서 보관하면 시간도 훨씬 오래 걸리고 모양 맞추기도 힘들다. 보관할 때 스타킹끼리 엉키기도 쉽다.

**그림 8.44 스타킹 보관법**

### (4) 귀금속

**시계**

- 정장용과 캐주얼용을 구별해서 사용해야 한다.
- 전통적인 디자인은 쉽게 싫증나지 않으며 세련된 이미지를 준다.

**귀걸이**

- 얼굴형과 연령을 고려해 착용한다.
- 직장인은 활동성과 깔끔한 이미지를 위해 핀 타입을 권장한다.

**브로치**

- 재킷에 포인트를 주어 세련됨을 강조한다.
- 키가 작을수록 깃의 윗부분에 달고, 귀걸이나 목걸이와 조화를 이뤄야 한다.
- 색상이 배합된 옷에는 오히려 산만해 보일 수 있다.

### (5) 스카프

현대에는 같은 의상의 단조로움을 피하기 위해 액세서리 대용 스카프가 유용하게 쓰이고 있다. 자신에게 어울리는 컬러로 포인트를 주어 좀더 세련된 자신을 연출할 수 있다.

직사각형의 스카프는 재킷 안에 받쳐 입으면 매우 멋있어 보인다. 또한 작은 스카프는 때때로 주머니에 꽂는 행커치프 대용으로 활용할 수도 있고, 큰 스카프는 벨트로 골반에 걸쳐서 묶어줌으로써 여유 있고 부드러운 분위기를 연출할 수도 있다.

재킷 안에 늘어뜨리는 방법도 널리 사용된다. 목에 걸쳐 재킷 안에 블라우스처럼 늘어뜨려 앞쪽에 보이게 한다. 재킷이 단색일 경우 화려한 무늬가 어울린다. 스카프를 한 번만 묶어 길게 늘어뜨리는 것은 활동적인 이미지를 준다. 넥타이처럼 맬 때에는 매듭을 헐렁하게 만들어야 멋있다. 정사각형의 큰 스카프를 대각선으로 한 번 접어 삼각형으로 만든 다음, 어깨에 숄처럼 걸쳐 앞쪽에서 한 번 매듭을 짓거나 스카프 링으로 고정시키는 방법은 우아한 느낌을 준다.

이 밖에 프티 스카프를 걸스카우트처럼 목에 한 번 둘러 묶거나, 긴 스카프를 리본처럼 묶어 소녀처럼 연출하는 방법도 있다.

### (6) 넥타이

자료 : www.ties.com

**그림 8.45 다양한 넥타이 매는 법**

면접용 넥타이 매는법은 너무 튀지 않도록 하프윈저, 플레인 노트를 하는 것이 좋다. 하지만 직종에 따라서 자신의 개성을 표출해야 한다면, 트리니티 혹은 엘드릿지

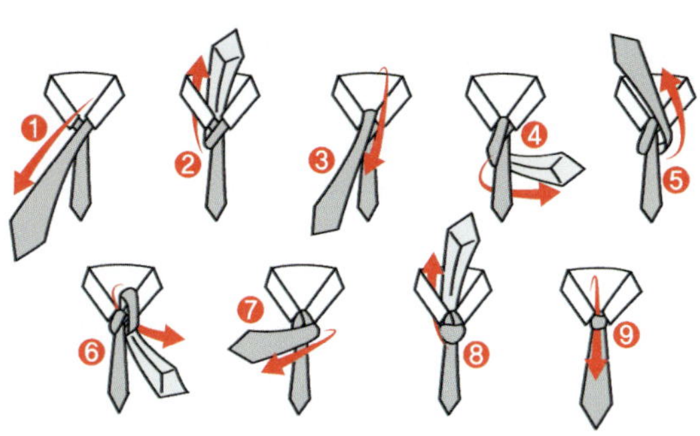

**그림 8.46 기본 넥타이 매는 법(윈저 노트)**

노트도 괜찮다. 대신에 매듭을 선택하기 전에 정장이나 자신의 핏, 목둘레를 파악하고 그에 걸맞는 넥타이 매는 법을 선택해야 한다. 몸이 크고 목이 두꺼운데 슬림한 매듭을 선택하면 조금 언밸런스해 보일 수도 있다. 그리고 넥타이의 길이는 벨트 버클을 살짝 가릴 듯 말 듯 해야 한다. 버클보다 길게 내려오거나 그보다 짧으면 좋은 인상을 주지 못한다.

### (7) 행커치프

재킷 액세서리 중 하나인 행커치프(영국식 : 포켓스퀘어)의 유래는, 연인이 모욕을 당했을 때 그 상대에게 결투를 신청하는 의미로, 연인이 흥분하거나 놀라 기절했을 때 재빨리 얼굴을 가려주는 용도로 사용했다. 이 행커치프는 소재에 따라서 스타일을 다르게 한다.

#### 1 리넨Linen

리넨 소재의 행커치프는 빳빳한 질감으로 시원하면서 단정한 느낌이다. 여름과 봄에 잘 어울리는 소재로써 같은 소재의 리넨재킷과 잘 매치된다. 그리고 빳빳하고 구김이 잘 가기 때문에 스퀘어 엔디드 폴드Square-ended Fold가 잘 어울린다.

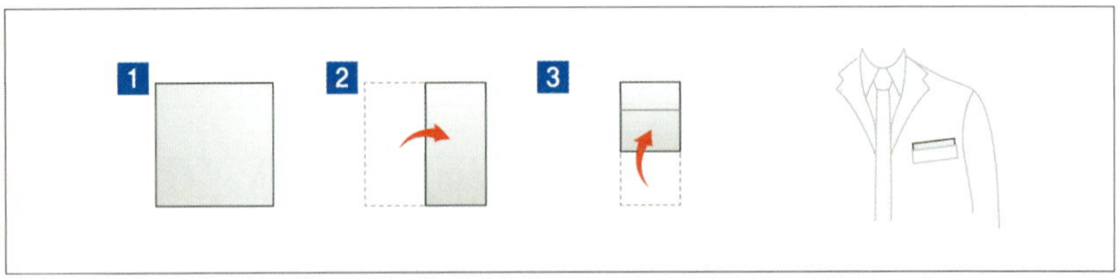


그림 8.47 행커치프 접는 법(엔디드 폴드)

#### 2 울Wool

울 소재의 행커치프는 유연하면서도 적당하게 형태가 접히기 때문에, 다양한 방법으로 사계절 내내 연출하기가 적합하다. 모직 소재의 재킷과 매치가 잘되며, 형태감과 모양새가 잘 사는 멀티포인티드 폴드Mutl-pointed Fold 스타일이 적합하다.

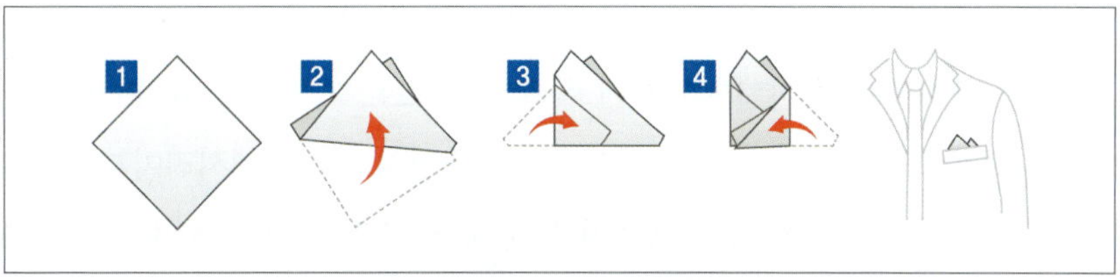


그림 8.48 행커치프 접는 법(멀티포인티드 폴드)

③ 면Cotton

면으로 만든 행커치프는 다른 소재보다 편안하고 캐주얼한 느낌을 준다. 노타이 패션에 잘 어울리는 소재로써 단정하고 깔끔하게 연출하는 트라이앵글 폴드Triangle Fold 스타일이 잘 어울린다.

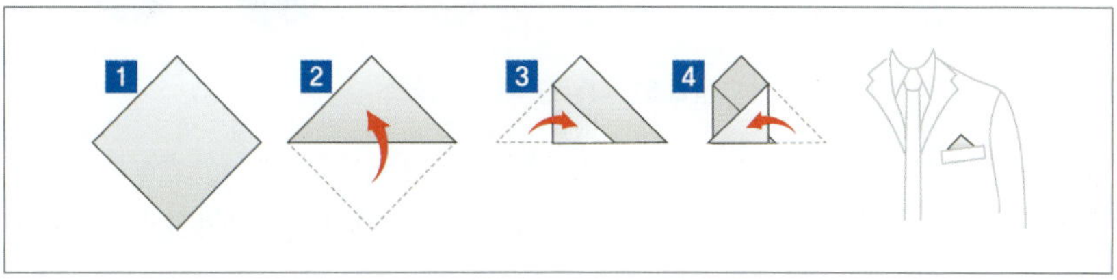


그림 8.49 행커치프 접는 법(트라이앵글 폴드)

④ 실크Silk

실크 행커치프는 소재가 부드럽고 고급스러운 소재라서, 격식 있는 자리에 잘 어울리는 소재이다. 소재가 부드럽고 빳빳하지 않기 때문에 둥근 모양의 퍼프드 폴드Fuffed Fold 스타일이 잘 어울린다.

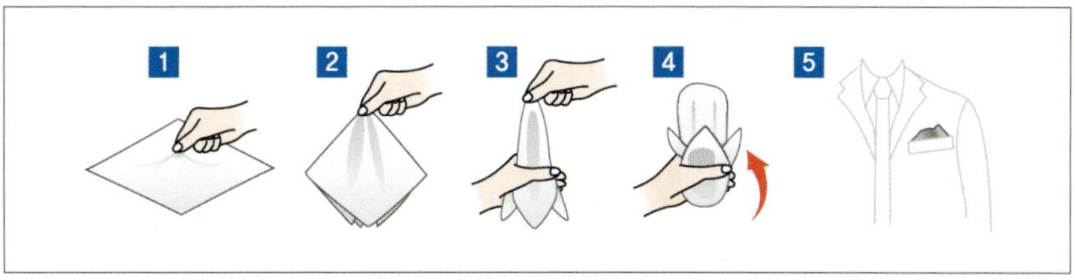


그림 8.50 행커치프 접는 법(퍼프드 폴드)

5 믹스Mix

울과 실크, 울과 캐시미어, 면과 리넨 등의 조합으로, 각각의 소재가 가진 장점이 돋보이게 믹스한 행커치프는 코디하기가 좋다. 행커치프도 액세서리이기 때문에 타이와 맞추거나, 노타이엔 셔츠와 패턴이나 소재를 맞추는 것도 좋은 방법이다.

### (8) 커프스 링크스(단추)

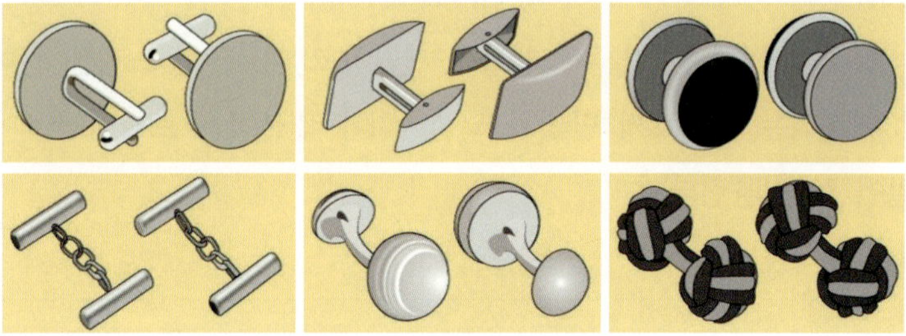

그림 8.51 다양한 커프 링크스

17세기 말부터 노끈, 조개껍데기, 쇠사슬 등을 사용하다가, 19세기 말부터 귀금속이나 보석을 부착하여 장식으로 사용하게 되었다. 남성용 액세서리의 하나로, 실용적인 면보다는 장식적 효과를 위해 타이핀과 세트로 커프스 단추를 착용하는 경우가 많다.

Cuff는 '소매'란 뜻이고, Link는 '고리, 연결시키는 것'이란 뜻이다. 간단하게 손목단추라고 보면 되지만 일반 단추는 아니다. 원래는 프렌치 커프스에만 사용하는데, 요즘에는 일반 셔츠에 사용하기도 한다.

원래 셔츠에서 소매에 단추가 있는 부분이 한쪽은 구멍이 뚫려 있고, 한쪽은 단추가 있어서 단추를 구멍에 끼우는 것인데, 커프스 단추 부분에 구멍이 뚫려있어서 커프스 링크스를 끼울 수 있는 것도 있다.

사용법은 안쪽 면이 서로 맞닿게 해서 구멍에 커프스 링크스를 끼우면 되는데, 손등 부분이 윗부분이다. 일반적으로 커프스 링크스는 가운데 링이 있어서 회전이 가능한데, 끼울 때는 1자로 펴서 끼우고, 그 다음 접어서 고정이 되게 한다.

IMAGE MAKING

Part 3

# 커뮤니케이션 이미지

Communication Image

# IMAGE MAKING

IMAGE MAKING CHAPTER 9

# 목소리 이미지

## 01 자유로운 음성훈련

### 1) 좋은 목소리

#### (1) 목소리 형성

하바드대학의 연구결과에 따르면, 듣는 사람 80% 이상이 말하는 사람의 목소리만으로 그 사람의 성격적 특성과 신체적 특성 등을 판단한다고 한다. 결론적으로, 목소리는 자신의 이미지를 결정짓는 매우 중요한 요소이며, 이러한 이미지는 자신이 표현하고자 하는 의미의 전달에도 중요한 영향을 미치게 된다.

그렇다면 목소리는 어떻게 만들어질까? 말이 발화되기 위해서는 뇌에서 말에 대한 정보를 전달하게 된다. 뇌의 측두엽에서 말을 구성하면 하전두엽이 명령하게 되는데, 이때 횡격막이 수축되어 폐를 확장시키고 폐에서 나온 공기는 기도를 따라 이동하며 성대를 진동하여 소리가 만들어지게 된다.

세부적으로 살펴보면 다음과 같다.

① 대뇌피질의 운동 부위에서 일련의 임펄스가 생긴 뒤, 말초신경을 거쳐 말 형성에 관여한다.

② 임펄스는 움직임이 조절되면서 상응하는 신체 부위에 도달하여 그 부위의 조정 활동을 촉진한다.

③ 인두 일부가 열리고 들숨의 호흡근육들이 수축되고, 흉강압력이 내려가며 공기가 비교적 자유로이 폐로 들어간다.

④ 폐에 공기가 충분히 찰 때, 복부와 흉강의 근육들이 목구멍과 입, 코의 소리경로를 거쳐 거꾸로 밀어낸다.

⑤ 성대 주름이 인두를 부분적으로 막으면서 공기가 나가는 것을 막는다.

⑥ 공기가 지나갈 때 탄력적인 성대주름이 떨기 시작한다.

⑦ 떨림 때문에 소리경로를 돌진하는 공기의 흐름이 나누어진다.

⑧ 돌진하는 공기가 입과 코의 공명강에서 뒤흔들리며, 소리경로에서 소리를 형성한다.

⑨ 공명기의 형태와 크기, 열린 정도가 소리의 배음 질을 결정하는 반면에, 소리 높이는 성대 주름이 떨리는 속도에 좌우된다.

⑩ 두 유형의 공명이 있으니, 하나는 말로 바뀌지 않은 목소리에 형태와 색채를 부여하고, 다른 경우에 소리가 말소리에 적합하게 바뀐다.

⑪ 첫 번째 울림 유형은 인간에게 본래 고유한 것이며, 두 번째 유형은 말과 밀접하다. 첫 번째 유형에서 두 번째 유형으로 전환하는데 필수적인 노력과, 또 이런 노력을 야기하는 움직임을 우리는 조음이라고 부른다.

그림 9.1 타고난 목소리와 발성연습

좋은 목소리란, 억양이 풍부하고 음질이 깨끗하며 부드러운 목소리를 말한다. 또한 완벽한 목소리란, 정확한 발음, 적당한 성량, 재치 있는 말솜씨, 그리고 또렷한 입모양 등을 갖추는 것을 말한다. 자신감 없이 작은 목소리, 말끝을 흐리는 목소리, 귀에 거슬릴 정도로 너무 큰 목소리, 너무 빠르거나 느린 말투 등은 긍정적인 평가를 받기가 힘들다. 하지만 자신의 목소리가 다른 사람에게 어떻게 들리고 있는지를 정확하게 알기란 매우 어렵다. 따라서 자신의 목소리가 다른 사람에게 어떻게 들리는지를 확인하기 위해서는 주변 사람들에게 모니터링을 요청하는 것도 하나의 방법이다. 만약, 주변에 모니터링을 할 사람이 없다면, 자신의 목소리를 직접 녹음해서 들어봄으로써 자신의 단점을 찾아 보완해 나가는 것도 도움이 된다.

### (2) 가장 좋은 목소리, 원래 자기목소리

목소리는 사람의 몸에서 발생되는 것으로, 목소리와 말하기 스타일에는 개인의 인격, 지성, 감성이 반영되어 있다. 따라서 모든 사람은 자신만의 목소리와 말하기 스타일을 가지고 있다. 이처럼 사람마다 얼굴과 체형이 다르듯이, 목소리도 다르다.

듣는 사람을 기분 좋게 하는 목소리는 가장 편안하게 부담 없이 들을 수 있는 본래의 자기목소리이다. 주말 오후, 편안한 마음으로 친구에게 부담 없이 말할 때의 목소리야말로 본래의 자신의 목소리라고 할 수 있다.

여성의 경우, 남성이 된 기분으로 남성처럼 아무 이야기나 해보자. 아마 평소보다 음역대가 낮아질 것이다. 그것이 바로 자신의 본 목소리이다. 그 소리를 발견하게 되면 정말 편안할 때 내는 목소리와 비슷하다는 것을 알 수 있다.

가끔 녹음한 자신의 목소리를 들으면, 거북하거나 귀에 좋게 들리지 않을지도 모른다. 그러나 그것이 틀림없는 자신의 목소리이다. 자신이 원래 가지고 있는 훨씬 더 자신다운 목소리임을 명심해야 한다. 그리고 그 목소리에 자신을 가져야 한다. 그것은 보석의 원석과도 같다. 이제 원석을 갈고 닦아나가야 한다. 그것이 빛나는 목소리를 갖게 되는 지름길이다.

### (3) 목소리 해방

콜롬비아대학원 크리스틴 링클레이터 교수는 저서『Feeling the Natural Voice』에서 목소리 형성과 관련하여 방법론적인 훈련을 제시하고 있다.

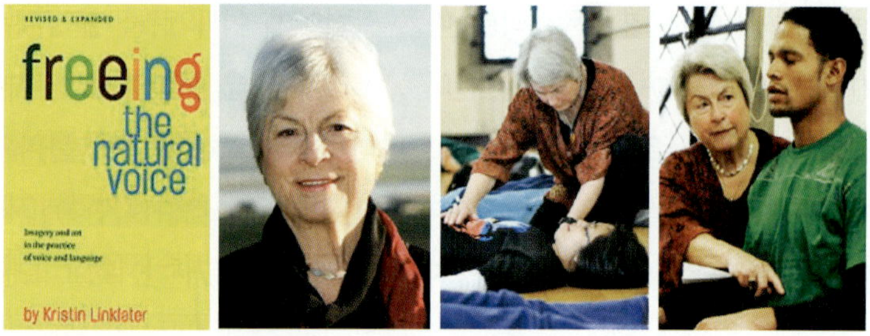


자료 : http://www.linklatervoice.com/linklater-voice

**그림 9.2 Feeling the Natural Voice(목소리 해방)**

이 방법론은 실습을 통해 인간의 중요한 도구인 목소리에서 긴장을 풀어주고 목소리의 발달과 강화를 도모한다.

크리스틴 교수는 강의시간에 "항상 최소의 노력으로 최대의 효과를 내는 음성을 지녀야 한다."고 했다. 즉 진실된 음성을 내는 데에는 많은 힘이 필요한 것이 아닌 음성과 관련된 근육이 상상력과 감정에 반응하도록 만들어 최대한 진실된 소리로 전달하는 것이 중요하다는 것이다.

어느 여배우가 공연 때마다 소리를 지르다보니, 나중에 소리가 안 나와 크리스틴 교수의 도움을 받게 되었는데, 목에 힘을 주어 소리를 잘못 쓰고 있었던 것을 알고 회복시켜 준 일화가 소개되었다. 이는 목소리 기교를 키우기보다 내추럴한 자신의 목소리를 되찾는 과정이다.

'링클레이터 방법론'은 생각이 감정 임펄스와 직접 접촉하여 목소리를 내도록 하는 것이 핵심이다. 정신, 즉 생각이 목소리에 장애가 되는 것이 아니라, 울리는 목소리가 신체에서 발생하는 전 과정인 만큼 신체근육들을 긴장에서 벗어나게 함으로써 뇌의 임펄스를 잘 받아들이는 상태가 되도록 만드는 것이다.

우리 몸의 긴장은 자연스러운 자신의 목소리를 가장 확실히 폐쇄키시고 일그러뜨린다. 이 모든 것이 정신물리학적 특성의 장애이며, 그것들이 제거될 때 목소리는 인간 감정의 모든 영역과 풍부한 생각을 다 전달할 수 있을 것이다.

링클레이터가 제시한 실습은 합동학습이 더 성공적이다. 성과를 위해서는 1년 동안 하루 1시간 이상 들여야 한다. 온종일 목소리를 어떻게 쓰는지 주목하면서, 일상에서 계속 실습해야 한다. 눈앞의 빠른 성공을 기대하지 말고 인내를 가져야 한다. 방법을 완전히 납득하고 실습을 수행해도 트레이닝 결과가 나타나기까지는 시간이 걸린다.

자료 : 영화 〈사운드 오브 뮤직〉 중

**그림 9.3 자기 목소리 찾기**

## 2) 자연스러운 음성을 찾기 위한 8단계

크리스틴 링클레이터 교수의 내추럴한 목소리를 찾기 위한 방법론에 의하면, 다음과 같이 8단계로 설명할 수 있다.

### (1) 첫 번째 단계 : 신체적 · 정신적 이완

발성을 자유롭게 하는 것은 그 발성을 하는 사람을 자유롭게 하는 것이고, 마음과 몸은 연결되어 있기 때문에 몸의 내부근육들은 자유로워야 한다. 그러므로 우선 불필요한 몸의 긴장과 정서적으로 오는 장애물을 없애는 것이 중요하다.

소리를 내기 이전의 준비과정은 다음과 같다.

① 처음에는 바닥에 누워 몸을 이완시키는 훈련을 한다.

② 마음의 눈으로 신체 곳곳을 돌아다니며 긴장한 부분을 이완시키고 호흡을 편안

하게 하는 것이다.

③ 이를 통해 불필요하게 긴장했던 부분들이 제거되므로, 호흡은 더 편안하게 되어 다시 태어난 느낌이 든다.

자료 : http://www.linklatervoice.com/linklater-voice

**그림 9.4 신체적 · 정신적 이완**

**실습**

- 본인이 말을 할 때 긴장한 부분과 소리가 나가는 느낌을 그림으로 표현해 보자.

- 신체(머리, 어깨, 팔, 등, 다리) 마사지 해주기

### (2) 두 번째 단계 : 척추자각과 호흡

척추가 비뚤어지게 되면, 몸을 지탱하는 기능이 떨어지고 원래 다른 용도로 쓰이는 근육들이 척추의 기능을 대신하여 몸을 지탱하게 된다. 만약 아래쪽 척추가 약하다면 배에 있는 근육이 상체를 지탱하는 힘을 보완할 것이다. 배 근육이 몸을 지탱하는데 사용된다면, 이 복근은 자유롭게 호흡하려는 욕구에 자유자재로 반응할 수가 없게 된다.

① 척추자각을 통해 뭉쳐있는 긴장감을 푼다.
② 몸을 바르게 세우고 깊은 호흡을 한다.

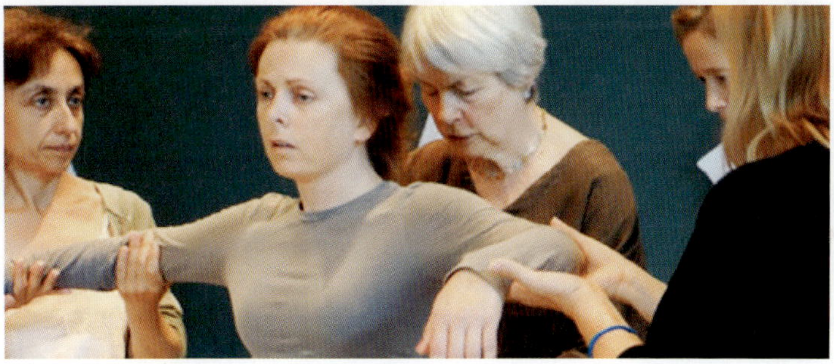

자료 : http://www.linklatervoice.com/linklater-voice

**그림 9.5 척추자각과 호흡**

### (3) 세 번째 단계 : 호흡에 첫소리 내보기

첫소리를 낸다는 것은 몸의 진동을 가지게 된다는 것이다. 소리를 내기 전에 마음의 충동이 있고 호흡이 생긴다.

① 안도의 한숨 '허~~~~~' 소리를 내본다.
② 안도의 한숨이 소리의 진동을 타고 나오는 것을 탐구한다.
③ 호흡과 소리의 연결에 가장 중심이 되고, 출발점인 횡격막에 대해 인지하는 것이 중요하다. 숨이 들어오면 횡격막은 편편해지면서 아래로 움직인다.

④ 소리를 낼 때 목이나 목구멍에 긴장이 생긴다면, 이때는 누워서 해본다. 배 근육이 이완된 상태에서 울림을 더 가지게 될 수 있다.

⑤ 상체를 꼬리뼈에 매달려 있게 척추를 떨어뜨린 다음, 천천히 올라오면서 '허허' 하게 될 때, 몸통이 이완된 상태에서 호흡과 소리의 연결 울림을 느낄 수 있다. 이 단계에서는 호흡근육과 후두근육들이 둘 다 이완되는 것에 집중한다.

⑥ '허, 허, 험------머' 소리울림 소리를 해본다.

⑦ 첫소리 내보기에서 '허, 허'가 시작이고 입술에 진동을 모은 '엄-------'은 중간, 입술 밖으로 진동이 빠지는 '머'가 끝이다.

### (4) 네 번째 단계 : 소리통로 이완

소리의 원인인 호흡근육을 자유롭게 하는 것과, 소리가 지나가는 통로를 구성하는 목구멍, 혀, 턱의 근육을 자유롭게 하는 것이 중요하다.

① 턱과 혀와 목구멍을 자유롭게 하려는 작업으로, 우선 하품을 하면 자연스러운 스트레칭이 이루어진다.

② 하품은 들이 쉬는 산소를 증가시키기 때문에 순환을 자극하고 더 직접적으로 근육에 자발적이기 때문이다.

자료 : http://www.linklatervoice.com/linklater-voice

**그림 9.6 소리를 위한 소리통로 이완**

### (5) 다섯 번째 단계 : 몸에서 발성을 풀어내기

신체 중심에서부터 발산되는 소리를 내면서 이에 대한 이미지를 그려보는 것이다. 소리의 신체적인 근원은 횡격막 중심에 있고, 충동 중심은 명치에 있다. 이런 근원적인 에너지를 지니고 실제로 누군가를 부르는 발성훈련이다.

① '헤-이' 또는 '하-이'로 멀리 있는 친구를 불러보는 것이다.
② 친구를 보고 그 사람을 부르고 싶은 욕구로 채워진다. 몸을 이완하고 호흡을 한 뒤, 상대방을 부른다.
③ 같은 방법으로 상대방을 부르는데, 이번엔 부드럽게 어깨를 위아래로 흔들어 소리도 흔들리게 한다.
④ 무릎을 위아래로 풀면서 또는 팔을 풀고 어깨, 복근, 머리, 턱을 차례로 풀면서 부드럽고 길게 소리를 낸다. 이때 몸을 풀면서 움직이는 것에 그대로 영향을 받아 소리가 나갈 수 있도록 소리를 머금으려고 조정하지 말아야 한다.
⑤ 다리 스윙 : 한쪽 허벅지를 수직으로 올린 다음, 땅바닥으로 발을 떨어뜨리면서 '헤-이' 소리를 낸다.
⑥ 팔 스윙 : 팔을 앞뒤로 흔들면서 '헤-이'를 한다.

### (6) 여섯 번째 단계 : 중간 목소리 훈련을 위한 신체적 준비

생각과 감정에너지는 호흡, 진동, 그리고 공명반응과 순수하게 연결될 수 있어야 한다. 그러기 위해서는 얼굴과 공명통들을 마사지 해주면서 소리와 함께 연결하며 풀어주는 것이 중요하다.

#### 1 얼굴 풀기

눈, 코, 입 전체를 오른쪽으로, 왼쪽으로, 위로 아래로 옮겨가며 스트레칭을 한다. 마지막에는 얼굴 전체를 최대한 오므렸다가 확 넓게 편다. 그리고 눈과 입을 크게 한다.

### 2 코 공명통

코에서의 공명은 전체 공명시스템에서 중요한 부분이다. 소리가 전달되는 힘을 주며 얼굴 안면에서 일어나는 공명의 중요한 요소이다. 안면과 코에서의 진동들이 합쳐진 것을 모아 얼굴을 지나가고 맨 처음 감정을 소리로 전달하게 된다. 스쿼트 자세에서 호흡을 중심까지 들이 쉬고 '히-' 하고 소리가 입 밖까지 연결되게 한다. 이때 뒷목은 긴장하지 않는다. 그 다음 '미미미미미' – '메이 메이' – '마마마' 순으로 의식적으로 진동을 내본다.

### 3 음역

'헤에이' 소리를 음역을 가지면서 상체를 떨어뜨렸다가 올라온다. 무릎을 약간 굽힌 채 몸의 중심에서 호흡을 들이마시고 낮은 음의 '헤'에서 시작해서 척추를 아래로 가속도로 떨어트릴 때 계속해서 '헤'의 연장선인 '에'의 음역이 높아져서 최종적으로 머리가 아래로 떨어졌을 때는 '이'의 높은 음이 된다. 다시 호흡을 하고 제일 높은 음역에서 '헤'를 시작으로 머리까지 다 올라왔을 때는 배에 소리가 도달하도록 낮은 소리 '이'가 끝난다. 즉 척추를 내림에 따라 음역을 높이고 척추를 세움에 따라 음역을 낮춘다.

#### (7) 일곱 번째 단계 : 소리가 언어가 되도록 정확히 발음하기

발음을 위해 쓰이는 것은 혀 앞날, 혀 중간부분, 혀 뒷부분, 그리고 입천장의 표면과 입술이다.

① 소리가 끊이지 않도록 리듬을 타야 한다. 리듬은 음악성을 지닌 모음에서 찾을 수 있다.

② 입술(윗입술은 올리고 내리고, 아랫입술은 내리고 놓고를 따로 반복한다) 진동을 느끼기 위한 '음-머-음-머, 음-미-음-미', '미미미미-메이메이메이-마마마'를 반복한다.

③ 혀 앞부분을 의식하고 '리리리-레이레이레이-라라라', '나나나-네이네이네이-나

나나'를 반복한다.

④ 혀 뒤쪽을 의식하고 '응-아아-응-아아-', '기기기-게이게이게아-가가가'를 반복한다.

⑤ 입술부터 혀 앞부분, 혀 뒷부분을 의식하고, '버-더-거-버-더-거'를 반복한다.

⑥ 비음으로 '머-너-엉-너-머-너-엉-너'를 반복한다.

⑦ 파열음을 속삭임으로만 '퍼-터-커-퍼-터-커-터'를 반복한다.

### (8) 여덟 번째 단계 : 종합훈련

지금까지의 훈련을 종합적으로 실시한다.

- 전체적인 이완과 신체적 자각
- 갈비뼈와 늑간근육 스트레칭
- 폐 진공청소 하기
- 네 번의 큰 한숨, 여섯 번의 중간 크기의 한숨, 몸 중심에서 생기는 기대감에 가득한 팬팅
- 자연적 호흡 자각
- 소리와 접촉-안도의 한숨 '하'
- 상체를 척추 하나하나 무겁게 아래로 내린 다음, 빠른 속도로 '험' 소리를 하면서 내려갔다가 바로 위로 올라온다.
- 머리와 목을 돌리면서 허밍하기
- 척추를 따라 내려오면서 허밍하기, 무릎을 튕기기, 어깨 털기를 하면서 반복한다.
- 턱을 흔들어 느슨하게 풀어준다.
- 혀뿌리, 중간, 끝 풀기
- 상체를 아래로 떨어뜨려 꼬리뼈에서부터 거꾸로 매달린 자세로, 음계를 따라 혀 연습훈련을 한다.
- 상체를 가볍게 위아래로 흔들어 준다.
- 혀를 풀면서 척추 하나하나 펴면서 일어난다.
- 잠깐 쉰다.

- 숨을 천천히 중간 빠른 속도로 들이쉬고 내쉬면서 '하' 소리를 낸다. '하하하하 하하하'
- 연구개, 중간속도로 '하하' 소리를 내면서 숨을 들이마시고 내쉴 때 '카'를 한다.
- 이때 횡격막의 움직임은 6개의 중간속도로 소리 '하'와 함께 이루어진다.
- 숨을 천천히 중간 빠른 속도로 들이쉬고 내쉬면서 '하' 소리를 낸다. '하하하하 하하하'를 하면서 몸 안에 생긴 에너지를 이용해서 상상의 계곡 저편에 있는 사람을 '하아-이이' 하고 불러본다.
- 목을 길게 하고 고개를 뒤로 젖힌 상태에서 목구멍을 연다. 숨으로만 '하아아-'를 해준다. 정면을 바라보고 '허어어-', 고개를 아래로 떨어뜨리고 '히이이-'를 해준다.
- 이번에는 호흡에 소리를 실어서 '하아아-'(가슴 울림소리), '허어어-'(입 울림소리), '히이이-'(이 울림소리)를 한다.
- 몸의 팔을 앞 · 뒤로 양 옆으로 움직이면서 '헤에-에-에-에이' 하고 소리를 실어본다.
- 폐 진공청소 하기
- 호흡과 소리의 울림을 가지면서 하기
- 공통 울림소리, 코 옆을 위아래로 움직이면서 '중간 - 높은' 음의 울림소리 내기
- 코를 중심으로 광대뼈 입으로 소리 울림 가져보기. '미미미미미-메메메메메-마마마마마'
- 가장 낮은 소리에서부터 두성까지 '헤---에---이'로 울림소리 내기
- 머리꼭대기 울림소리를 빠르게 숨을 쉬다가 '키이이-이'로 내보기
- 소리가 더 높이 올라가면서 바로 머리 위로 빠져나가게 한다.
- 깊은 소리 가슴 울림소리 '헤에이'
- 음역을 이동하면서 혀와 턱을 느슨하게 풀기
- 다시 몸 전체를 흔들어 느슨하게 하면서 소리 내기
- 얼굴근육을 '웨이, 왜요, 외유웨이'를 하면서 입을 모았다 늘렸다 하기
- 시, 독백, 방백을 하거나 노래를 부른다.

## 02 기본 발성훈련

### 1) 복식호흡법 연습

목소리를 개선하고 지나친 긴장을 완화하기 위한 호흡법은 가슴으로 호흡하며 소리를 내는 '흉식호흡법'이 아닌 배 아래에서부터 호흡하며 소리를 내는 '복식호흡법'이다.

복식호흡을 처음에는 코로 숨을 들이마시면서 의식적으로 배가 나오도록 하고 숨을 내쉴 때는 배가 들어가도록 하면서 입으로 내뱉는다. 특히 호흡을 할 때는 최대한 많은 숨을 들이마시고 내뱉을 수 있게 노력하는 것이 중요하다. 이런 복식호흡이 어느 정도 숙달된다면 '아~' 하고 소리를 내면서 배에 힘을 줬다 뺐다를 매일 30분 정도씩 반복하면서, 이후에는 입을 크게 벌리면서 신문 등을 소리 내어 읽는 연습을 한다면, 좋은 음성이미지와 더불어 건강을 유지하는 데에 큰 도움이 된다.

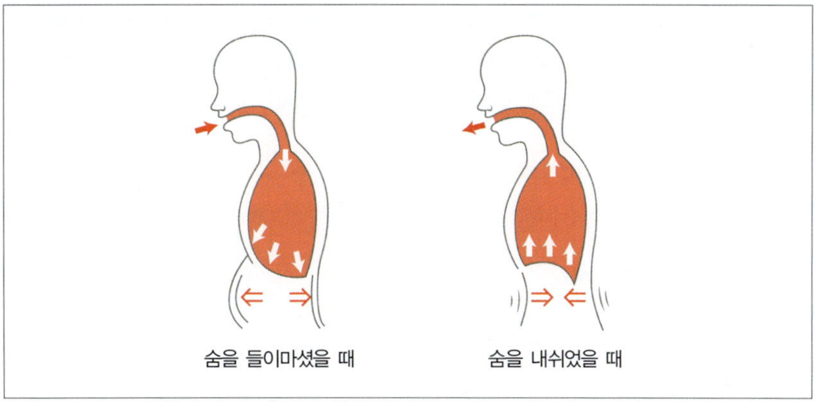


그림 9.7 복식호흡법

### 2) 신체정렬 및 발성기관의 이완

#### (1) 스트레칭 및 좋은 자세 유지

발성에 필요한 신체의 각 부분들을 효율적으로 사용하려면 올바른자세를 갖는 습관이 선행되어야 한다. 좋은 자세는 바른 정신과 밀접한 관계를 가지고 있으며 효율적으로 호흡을 사용할 수 있도록 돕는다.

미국 생리심리학자 제이콥슨Jacobson의 신체이완 방법을 소개하면 다음과 같다.

아침과 오후에 시간을 정해놓고 20분에서 30분의 이완 훈련을 지속적으로 하는 것이 좋다. 반복하다보면 5분 정도의 짧은 이완 훈련으로도 충분해질 수 있다.

실습

### 신체이완 방법

**근육이완 훈련의 실제**

- 편안한 자세를 취하고 몸에 꼭 끼는 의복은 느슨하게 해준다.
- 신발을 신고 있다면 벗는다.
- 두 다리는 약간 벌리고, 두 팔은 편안하게 무릎 위에 내려놓는다.
- 천천히 입을 벌리고 위턱과 아래턱을 교차하며 좌·우로 움직여 본다.
- 입을 다물고 윗니와 아랫니를 약간 떼어놓은 편안한 상태에서 숨을 들이쉬고 천천히 내쉰다.
- 몸의 오른쪽에 힘을 주면서 왼쪽 몸은 힘을 빼고 축 늘어뜨린다.
- 반대로, 몸의 왼쪽에 힘을 주면서 오른쪽 몸의 힘을 빼고 축 늘어뜨린다.
- 숨을 깊이 들이쉰다.
- 다시 참았다가 천천히 내쉬면서 조용하게 "힘이 빠져 편안하다."고 속삭인다.

**신체부분 별 이완훈련의 실제**

【다리】

- 호흡을 중지하고 양 발가락을 앞쪽으로 최대한 굽힌 다음, 마음속으로 다섯을 세면서 발가락의 오목한 부분의 긴장을 느껴본다.
- 호흡이 고르게 되었을 때 다시 호흡을 멈추고 2~3회 반복한다.
- 다시 호흡을 중지하고 양 발가락을 뒤로 최대한 젖힌 다음, 마음속으로 다섯을 셀 때까지 유지하면서 긴장을 느껴본다.
- 숨을 길게 내쉬면서 발가락을 원상태로 놓는다.
- 2~3회 반복한다.
- 숨을 깊고 길게 들여 마신다음, 멈춘 상태에서 양다리를 곧게 펴고 바닥에서 10~20cm 정도 들어올리며 발목과 발가락을 동시에 앞쪽을 최대한 젖혀 약 10초 동안 긴장상태를 유지한다.

- 2~3회 반복한다.
- 호흡이 고르게 되었을 때 다시 숨을 깊고 길게 들여 마신다음, 멈춘 상태에서 양다리를 곧게 펴고 바닥에서 10~15cm 정도 들어올려 5초 간 유지한다.
- 이때 둔부와 다리 전체 근육이 떨리는 것과 같은 긴장감을 느끼게 된다.
- 숨을 길게 들여 마시고 내쉬면서, 양 다리는 원상태로 천천히 그리고 편안하게 내려놓는다.
- 10초 정도 쉬면서 다리가 묵직하고 따뜻하면서 서서히 이완되는 것을 느낀다.
- 호흡이 고르게 되었을 때 양다리 사이가 뜨지 않도록 곧게 뻗은 다음, 무릎을 위로 올려 종아리와 허벅지 사이가 90~100도 정도가 되도록 구부린다.
- 숨을 깊고 길게 들이마신 다음, 멈춘 상태에서 발바닥은 바닥에 닿도록 하고 엉덩이는 지면에서 5~7cm 정도 올리면서 힘을 준다.(10초 간 실시) 이때 목에 힘이 들어가지 않도록 하며 양 팔은 힘을 뺀다.
- 숨을 길게 내쉬면서 양다리는 원상태로 천천히, 그리고 편안하게(양다리 사이가 30~40cm 떨어지게) 내려놓는다.
- 엉덩이와 다리가 묵직하게 가라앉는 느낌과 함께 호흡이 정상이 될 때까지 휴식을 취한다.

【몸통과 어깨】
- 몸통과 어깨의 긴장이 이완하는 동안, 두 다리와 팔은 완전히 이완된 상태를 유지하여야 한다.
- 숨을 깊고 길게 들이마시면서 배가 등에 닿을 정도로 최대한 끌어당긴 다음, 숨을 멈추고 마음속으로 1부터 10까지 센다. 이때 양어깨는 지면에서 떨어지지 않도록 힘을 빼고, 특히 목에 힘이 들어가지 않도록 한다.
- 숨을 길게 내쉬면서 배의 힘을 뺀다.
- 2~3회 반복 실시한다.
- 가슴과 복부의 긴장과 이완의 차이를 느껴본다.
- 숨을 깊고 길게 들이 마시면서 양어깨가 서로 닿을 수 있게 가슴과 배를 들어 올리면서 바닥에 힘을 준다. 이때 양어깨가 5초 동안 바닥에 힘을 가하면서 긴장감을 느끼게 된다.
- 숨을 서서히 내쉬면서 어깨 부위를 편안하게 내려놓아 이완시킨다.
- 호흡이 고르게 되었을 때, 이번에는 반대 방향으로 운동을 한다.
- 숨을 깊고 길게 들이 마시면서 양어깨를 들어 5초 동안 앞쪽으로 최대한 서로 닿게 한다. 이때 등의 척추는 바닥에 닿고 마치 뜨거운 피가 흐르는 것과 같은 느낌이 든다.
- 숨을 서서히 내쉬면서 어깨부위를 편안하게 내려놓아 이완시킨다.
- 2~3회 반복 실시한다.
- 지금까지의 이완운동을 통해 팔, 다리, 그리고 몸통 부분이 묵직하게 가라앉는 느낌과 함께 호흡이 정상이 될 때까지 휴식을 취한다.

【얼굴】
- 몸 전체에 힘을 빼고 이마를 찡그려 본다.

• 찡그린 이마근육의 긴장을 잠시 느껴본다.
• 이제 이마에서 힘을 빼고 긴장이 빠져나가는 것을 느낀다.
• 숨을 깊이 들이쉬고 잠시 참았다가 천천히 내쉬면서 조용하게 "힘이 빠져 편안하다."고 속삭인다.
• 입을 최대한 크게 벌리고 턱과 뺨의 긴장을 느껴본다.
• 턱과 뺨에 잠시 힘을 주었다가 가볍게 입을 다문다.
• 숨을 깊이 들이쉬고 잠시 참았다가 천천히 내쉬면서 조용하게 "힘이 빠져 편안하다."고 속삭인다.

【어깨】
• 양어깨가 귀에 닿도록 세게 치켜 올린다.
• 어깨에 힘을 줬다가 이제 힘을 빼면서 긴장이 풀리는 것을 느껴본다.
• 숨을 깊이 들이쉬고, 잠시 참았다가 천천히 내쉬면서 조용하게 "힘이 빠져 편안하다."고 속삭인다.
• 오른쪽 어깨를 치켜 올려 오른쪽 귀에 닿게 한다.
• 오른쪽 목 주위와 어깨의 긴장을 느껴본다.
• 숨을 깊이 들이쉬고 잠시 참았다가 천천히 내쉬면서 조용하게 "힘이 빠져 편안하다."고 속삭인다.
• 이제는 왼쪽 어깨를 지쳐 올려 왼쪽 귀에 닿게 한다.
• 왼쪽 목 주위와 어깨의 긴장을 느껴본다.
• 왼쪽 어깨에 힘을 줬다가 이제 힘을 빼면서 긴장이 풀리는 것을 느껴본다.
• 숨을 깊이 들이쉬고 참시 참았다가 천천히 내쉬면서 조용하게 "힘이 빠져 편안하다."고 속삭인다.

【배】
• 배를 안쪽으로 당겨본다.
• 배가 등에 닿듯이 안쪽으로 깊이 당긴다.
• 잠시 힘을 줬다가 이제 힘을 빼면서 조용히 숨을 내쉰다.
• 숨을 깊이 들이쉬고, 잠시 참았다가 천천히 내쉬면서 조용하게 "힘이 빠져 편안하다."고 속삭인다.
• 배를 가능한 한 볼록하게 만든다.
• 그 상태로 잠시 힘을 줬다가 이제 힘을 빼면서 조용히 숨을 내쉰다.
• 숨을 깊이 들이쉬고 잠시 참았다가 천천히 내쉬면서 종용하게 "힘이 빠져 편안하다."고 속삭인다.

자료 : 미국 생리심리학자 제이콥슨(Jacobson)

#### (2) 안면근육 이완

숨 쉴 때의 표정은 호흡을 변화시키고 긴장을 덜어준다. 자연스러운 표정에서 다양한 음성의 메시지가 전달되며, 얼굴에 긴장과 경직이 없어야 편안하고 자연스러운 발성이 이루어진다.

### 3) 기본 발성 연습

#### (1) 자음과 모음연습 1

기 게 가 고 구　니 네 나 노 누
디 데 다 도 두　리 레 라 로 루
미 메 마 모 무　비 베 바 보 부
시 세 사 소 수　이 에 아 오 우

해 훠 훼 휘 회
푀 퓌 퓌 패 페
최 재 지 줘 줘
애 외 위 이 에
묘 먀 뮤 며 미 므 무 마 모 뫄
뵤 뱌 뷰 벼 비 브 부 바 보 봐
쇼 소 사 수 스 시 셔 슈 샤 쇼
와 오 아 우 으 이 여 유 야 요

왈 왈 왈 왈 왈
콸 콸 콸 콸 콸
철 철 철 철 철
활 활 활 활 활

(2) 자음과 모음연습 2

에 레 렐 레　랄 라 라 로
올 롤 룰 루　랄 랄 랄 랄

건 정 청 전 천
계 최 회 돼 과
현 현 황 혜 회
경 명 광 황 탕

브 드 그 드　부 두 구 두
푸 투 쿠 트　피 티 키 티

랄 랄 라　라 랄 라　라 라 랄　릴 라 랄
왈 왈 왈　좔 좔 좔　촬 촬 촬　콸 콸 콸

갸 냐 댜 랴 먀 뱌 샤
와 좌 촤 콰 톼 퐈 화
개 내 대 래 매 배 새
외 죄 최 쾨 퇴 푀 회

## 03 대화의 속도와 방향

### 1) 대화의 속도

대화 시에 속도 또한 전달력에 있어서 큰 영향을 주는 만큼 조절이 필요하다. 말이 빨라서 무슨 말인지 못 알아듣는 경우도 있고, 또는 너무 느려서 답답하고 집중력을 떨어뜨리는 경우도 있다. 말하기의 속도는 적절하게 해야 하는 것이다. 실제로 뉴스와 평상시 말의 속도를 비교해 볼 수 있는데, 뉴스가 분당 180단어, 대화는 분당 100~120단어 정도라고 한다.

표 9.1 적당한 대화 속도

| 이야기의 내용 | 말하기 속도 | 속 도 |
|---|---|---|
| • 어려운 내용<br>• 복잡한 사건의 설명<br>• 추리를 요하는 내용 | 평균 속도보다 느리게 | 1분에 90~100단어 |
| • 쉬운 내용<br>• 사건의 단순한 나열<br>• 원인의 결과 | 평균 속도보다 빠르게 | 1분에 100~120단어 |

적절한 말하기의 속도는 평상시 말의 속도인데, 속도조절을 위해 다음과 같이 연습해 본다.

(1) 잘 들리게 말하기, 띄어 말하기

글을 쓸 때는 단어 중심으로 띄어 쓰지만, 스피치를 할 때는 그 의미나 흐름에 맞추어 몇 단어들을 어구로 묶어 한 단위씩 말하는 게 보통이다. 즉 한 어구 안에서의 낱말을 붙여서 표현하는 것이 의미를 정확히 잘 전달할 수 있다.

아래와 같은 문장을 읽어보면,

**(예시)** "오.늘.준.비.한.주.제.는.바.로.가.족.의.역.할.입.니.다"

와 같이 책 읽듯이 읽는 사람들이 많다. 혹은 조금 더 발전하여 "오.늘.준.비.한.주.제.는.v바.로.vv가.족.역.할.입.니.다"로 읽을 수 있을 것이다. 키워드인 '가족의 역할' 앞에 긴 포즈를 두어 내가 하고자 하는 이야기가 무엇인지를 강조한 것이다.

하지만 보다 나은 전달력을 위해서 또 한 번의 마법을 부릴 수 있다. 키워드인 '가족의 역할'을 '오늘 준비한 주제는 바로~~~입니다'를 읽을 때보다 적당히 티가 날 만큼 천천히 읽는 것이다. "가~족~의, 역~할~입~니~다"

아울러 "아버지가방에 들어가신다"와 "아버지가 방에 들어가신다"와 같이 똑같은 글이라고 하더라도 띄어 읽기를 잘 하지 못하면 전혀 엉뚱한 의미가 되듯이, 적절한 띄어 읽기 연습도 매우 중요하다.

이때 속도는 너무 빠르거나 너무 느리지 않도록 주의한다. 말하는 속도가 지나치게 빠르면 듣는 이가 이해하기 어렵고, 너무 느리면 답답하고 주의가 흐트러져서 누구의 귀에도 그 의미가 잘 전달되지 않는다. 특히 듣기 좋은 말의 평균속도는 1분에 100단어 정도이다. 띄어 말하기 연습과 동시에 적절한 빠르기로 말하는 것도 반드시 연습하도록 해야 한다.

실습

**스톱워치를 두고 아래의 내용을 읽어보고 시간 기록하기**

안녕하십니까?
지금껏 문화를 사치로만 여겨온 50대 중년세대가 최근 문화 소비자로 급부상하고 있습니다. 그들을 사로잡기 위한 시장의 마케팅도 활발해지고 있습니다.
올해 50세인 주부 신동아 씨, 얼마 전 막을 내린 영화 <라디오 스타>의 재개봉 소식을 듣고 친구들과 영화관을 찾았습니다.
인터넷이나 정보에 익숙지 않아, 시기를 놓친 중년들을 위해 '한 번 간판을 내린 영화는 다시 올리지 않는다'는 극장가의 불문율을 깨고 얼마 전 재개봉을 결정했습니다.
관계사는 이전에 비해 객석점유율이 2.3% 더 높게 나타났다는 결과를 집계했는데요, 특히 50대 이상 분들의 뜨거운 호응을 얻고 있습니다.
두 노인의 순수한 사랑과 이별을 다룬 연극, 지난 2003년부터 지금까지 매년 겨울에 선을 보이는 이 연극은, 특히 50대 이상의 관객들에게 큰 공감을 얻고 있습니다.
지금까지 이○○ 기자였습니다. 감사합니다.

| 1회 | 2회 | 3회 | 4회 | 5회 |
|---|---|---|---|---|
| 분 초 | 분 초 | 분 초 | 분 초 | 분 초 |

### (2) 쉬어 말하기Pause

적정한 멈춤이다. 멈추지 않는다는 것은 말이 빠르다는 것이고, 빠르다는 것은 긴장하고 있음을 보여주는 것이다. 뿐만 아니라 멈춤은 내용을 강조하는데도 효과적으로 사용될 수 있다. 예를 들면, "어떤 방법이 있을까요?"라고 잠깐 멈추게 되면, 사람들은 그 답을 순간적으로 기다리게 될 것이다. 그때 "이런이런 방법이 가능하다"라고 한다면, 청중에게 좀더 효과적으로, 그리고 강하게 전달될 수 있다.

강조하고자 하는 단어나 문장 바로 앞부분에서 호흡을 하면서 잠시 쉬고Pause 난 후 이야기를 하면, 더욱 청중을 집중하게 만드는 말하기가 될 수 있는 방법이므로 연습을 해보도록 한다.

#### 1 실습 1

- 내게 너무나 힘들어 누구도 가지 않는 길과 누구나 편하게 갈 수 있는 길의 선택이 주어진다면 (Pause) 나는 새로운 기대와 끝임 없는 기회가 주어지는 새로운 길을 향해 가겠다.
- 이카루스를 아십니까? (Pause) 그는 밀랍으로 된 날개를 달고 날고자 했습니다.

#### 2 내용과 말의 속도

| 빠른 속도의 말을 사용해야 하는 경우 | 느린 속도의 말을 사용해야 하는 경우 |
|---|---|
| • 발언 내용이 쉬운 내용일 때<br>• 사건을 단순 나열하고자 할 때<br>• 인간관계로 구성된 내용을 말할 때<br>• 누구나 알고 있는 사실을 언급할 때<br>• 별로 중요하지 않는 내용인 경우<br>• 듣는 사람이 잘 아는 내용일 때 | • 발언 내용이 어려운 내용일 때<br>• 숫자, 인명, 지명 등을 언급할 때<br>• 결과에서 원인 순으로 말할 때<br>• 강조하고 싶은 내용일 경우<br>• 감정을 억제해야 할 때<br>• 의혹을 일으킬 만한 내용일 경우 |

#### 3 실습 2

"인생에 오르막이 있으면 내리막이 있고, 내리막이 있으면 또 오르막이 있습니다."
(천천히) (–매우 천천히–) (——빠르게——) (——매우 빠르게——) (———천천히———)

## 2) 대화의 방향

연못에 돌을 던지면, 수면은 위아래로 흔들리면서 파문을 만들어낸다. 이 파문은 마루와 골이 규칙적인 형태로 동심원을 그리며 나아간다. 빛이나 소리 역시 마찬가지이다. 일정한 마루와 골을 갖는 파동 형태로 공간 속을 골고루 퍼져나간다. 넓은 운동장에 운집한 사람들이 힘찬 구령소리에 맞춰 일사불란하게 행동할 수 있는 이유도, 소리가 동심원처럼 퍼져나가기 때문이다.

우리는 말을 할 때 상대방을 보고 이야기한다. 그런데 그렇지 않은 경우도 있다. 부하직원이 보고할 때 상사가 얼굴을 보지 않고 대답할 때도 있다.

한 실험을 했다. 다섯 사람의 뒤에서 한 방향을 두고 "여보세요"라고 말했을 때, 정확하게 한 사람만 뒤돌아본 것이다. 소리에도 방향이 있다. 만약 한 점포에 고객이 들어왔을 때 고객을 바라보지 않고 "안녕하세요"라고 할 때, 고객은 직원의 무성의함을 정확하게 느낄 수 있다.

### (1) 거리에 따른 소리내기

소리의 양과 크기를 조절하기 위해 거리를 정해놓고 짧은 대사를 한다. 다음과 일정한 거리 앞에 누가 있다고 생각하고 대사를 한다.

#### 1 실습

입 가까이(아주 작게) – 30센티미터 – 한 팔 거리 –
강의실 맨 앞과 뒤 – 아주 멀리(아주 크게)

### (2) 다급한 상황에 따른 대사

문을 열고 나와 소리치면, 더욱 실감 나게 말할 수 있을 것이다. 문 뒤에서 자기

나름대로 상상하고 있다가, 말하면서 뛰어 나오거나 기어 나오거나 여러 가지 방법으로 등장을 한다.

### 1 실습

"사람 살려!", "불이야!", "도둑이야!", "아이고, 배야!", "안 돼! 제발 가지마!", "움직이지마!" 등

IMAGE MAKING CHAPTER 10

# 대화 이미지

## 01 아름다운 말씨

### 1) 말투

사람의 개성이 다 다르듯이, 말투에도 자신만의 개성이 있다. 성공한 사람들을 조사해 보니, 어감인 말투가 다르다는 분석이 있다. 고객과 거래처의 마음의 열게 만들고 분위기를 다정다감하게 하는 말투를 쓴다. 물을 유리컵에 담으면 마시는 물이 되고, 세숫대야에 담으면 씻는 물이 된다. 어떤 그릇에 담느냐에 따라 그 용도가 결정되는 것이다. 말에서는 말투가 그릇의 역할을 한다. 같은 말을 해도 어투가 퉁명스럽거나 공격적으로 느껴지면, 본연의 뜻은 그것이 아니라고 해도 듣는 사람은 마음이 상하거나 괜한 오해를 하게 될 수도 있다.

부드러운 말투, 상냥한 말투, 다정다감한 말투, 상대가 감동하도록 만드는 말투를 연습해야 한다. 부드럽고 상대방을 설득시키는 말에는 '진정성 + 열정 + 감정'의 3요소가 반드시 있어야 한다. 다소 어눌하더라도 진정성 있는 말투는 상대방을 감동시킨다.

### '엔젤리너스 천사데이'

커피전문점 엔젤리너스가 실시한 이벤트 중 '따뜻한 말 한마디' 행사가 있었다. 이 이벤트는 10월 4일을 천사데이로 정하고 고객과 직원 모두가 천사같이 따뜻한 말로 소통하기 위해 마련되었다.

행사기간 동안 매장에 방문하여 "안녕하세요? 제가 좋아하는 아메리카노 한 잔 주세요." 등의 따뜻한 멘트로 주문하는 고객에게는 최대 50% 할인이 적용되며, "아메리카노 한 잔 주세요."라고 비교적 공손한 말투를 사용하면 20%를 할인해 주었다.

그러나 "아메리카노 한 잔" 또는 "아메리카노 내놔"와 같이 반말투나 불친절한 주문의 경우, 할인 없이 정가를 그대로 받거나 할증을 하는 등 고객의 멘트에 따라 할인율이 다르게 적용되었다.

하지만 엔젤리너스의 모범답안과는 달리 네티즌들은 각자 천사데이에 맞는 '천사' 말투와 각종 천사사진을 SNS상에 업로드하면서 색다른 주문 아이디어를 내어 웃음을 자아내었다.

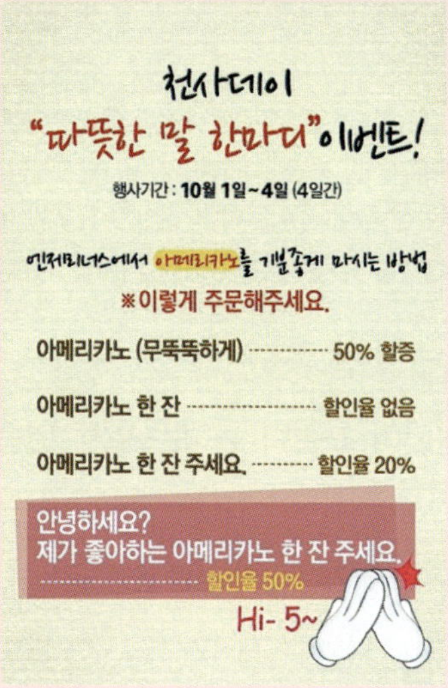

### (1) 실습(상담자와 내담자로서의 역할로 말투 연습)

**상담 칼럼 장면**

- 사전준비 : 학생들은 일간신문이나 잡지에서 상담 칼럼의 예를 찾는다.
- 활동 : 학생들은 짝을 이루어 활동한다. 한 명이 "×××에게"와 같은 충고를 구하는 편지를 크게 읽는다. 다른 한 사람은 이 문제에 대한 대답을 읽고, 자신의 문제에 대한 편지를 읽는다. 첫 번째 사람은 이 두 번째 문제에 대한 대답을 읽는다.

---

- 예 : 첫 번째 학생이 "현명한 사람"이라 불리는 상담 칼럼니스트에게, 수줍음에 대한 문제를 호소하는 편지를 읽는다. 두 번째 학생은 "현명한 사람"의 역할을 맡아 이 문제에 대한 답을 읽는다. 그리고는 역할을 바꾼다.
- 시간 : 2~4분
- 소도구 : 높은 의자

### (2) 실습(상황에 따른 음의 고 · 저로 말투 연습)

**라디오방송**

- 활동 : 학생들은 낮고 깊은 목소리를 사용하여 짧은 라디오방송을 한다. 내용은 다양하게 구성한다. 예를 들면, 뉴스, 스포츠, 공고, 일기예보, 상업광고 등이다. 저음은 듣기에 좋고, 또 학생들은 자신의 전 음역을 이용하여 연습할 필요가 있으므로, 이것은 아주 유용한 활동이다. 학생은 라디오방송국의 효과를 내기 위해 커다란 라디오가 보이게 한 채 칸막이 뒤에 앉는다.

### (3) 실습(단어 표현력 높이는 말투 연습)

**한 단어로 세 가지 상황 장면 만들기**

- 사전준비 : 일상에서 대화를 주의 깊게 듣고, 특별한 상황에 따라 어떻게 사람들이 같은 단어를 다르게 표현하는지 관찰하고 그 사례를 모은다.
- 활동 : "제발"이나 "미안해"와 같은 한 단어를 주고, 3~4명으로 된 그룹이 3~4개의 짧은 장면을 만들도록 한다. 각 장면은 다른 상황을 묘사해야 한다. 각 장면에서 다른 학생이 다른 방법으로

말한다. 예를 들면, 각 학생이 "내가 생각하기에"를 하나의 연속적인 장면에서 말한다.

- 예 : "반갑다"란 단어를 주고, 세 명의 학생이 다음의 상황을 연기하게 한다. 오랫동안 떨어져 있던 친한 친구에게 "반갑다"라고 말하기, 좋아하지 않는 친척이지만 부모님의 입장을 생각해서 할 수 없이 "반갑다"라는 인사하기, 방문 중인 외교관에게 "반갑다"라고 말하기 등이다.
- 유의점 : 먼저 학생들에게 매일 반복되는 단어를 상기시키고, 그것들을 상황에 따라 어떻게 말하는지 회상하게 한다. 그룹으로 활동할 때, "미안해"나 "절대로"를 가능한 한 많은 방법으로 말할 수 있다. 화가 나서, 슬프게, 고통스럽게, 따분하게, 정중하게, 크게, 조용하게, 의심스럽게, 낭만적으로, 당당하게, 거칠게, 지치게 등 가능한 한 과장되게 표현해야 한다. 특정한 상황은 특정한 표현에 의해 영향받는다는 점을 강조해야 한다. 학생이 상황과 역할을 정했다면 어떻게 단어를 표현해야 하는지 쉽게 알아낼 수 있을 것이다.

- 단어 / 구의 예

| | | | |
|---|---|---|---|
| 글쎄 | 절대로 | 내가 생각하기에 | 좋아 |
| 미안해 | 안돼 | 아마도 | 제발 |
| 반갑다 | 그래서 | ~가 아니다. | 고마워 |
| 왜 | 정말 | 말해줘 | 안녕 |

## 2) 말투 교정방법

### (1) 완전한 문장 사용하기

말투에서는 단정함과 깔끔함이 묻어나오는 "~습니다", "~입니다" 등 완전한 문장을 사용하는 것이 좋다. "~어요", "~죠" 등의 축약된 언어습관은 버리는 것이 좋다.

### (2) 상대방의 말 먼저 듣기

말을 잘하기 전에 상대방의 말을 잘 듣는 것이 더 중요하다. 상대방이 말을 하고 있는데, 가로채거나 말이 끝나기 전에 말을 하지 말고, 상대방이 이야기할 때는 상대방의 표정, 눈빛, 말투 등을 관찰하고 상대방을 관찰하는 것이 좋다. 그리고 상대방의 이야기에 고개를 끄덕이고 맞장구를 치며 호응을 해야 한다.

### (3) 첫인상 잘 남기기

아무리 상대의 연배나 지위가 낮더라도 반말을 하지 않는다. 초면에 반말을 하거나 반말을 섞어서 사용하는 습관이 있다면 좋은 첫인상을 남길 수 없고, 상대방도 표현은 하지 않지만 좋은 감정을 느끼지 않는다. 이러한 습관은 언젠가 큰 실수로 이어지므로, 평소 가까운 사람에게 물어보고 고치도록 한다.

### (4) 사투리와 발음, 말투 교정

사투리는 불리한 작용을 할 때가 많다. 생소한 단어나 억양 때문에 오해를 할 수도 있고, 의사전달이 명확하게 되지 않을 때도 있으니 사투리나 불명확한 발음, 더듬는 말투는 교정책을 큰소리로 낭독하는 등 연습을 하여야 한다.

**T I P** '서혜정' 성우의 10분 교정방법

남 · 녀 탐구생활 "남자, 여자 몰라요, 여자, 남자 몰라요", "멀더, 어디에요?"의 목소리 주인공 성우 서혜정 씨는 성경통독을 녹음하다 예수님을 성경을 통해 믿게 되었다고 한다. 그녀가 권하는 아름다운 목소리를 위한 방법은 "소리를 내서 성경을 읽으라."는 것이다. 잠자기 전에 10분 동안 성경 속의 그 인물이 되어 읽으라고 한다. 꾸준히 이 방법을 실천해 보자.

- 잠자기 전 10분 동안 소리 내어 성경 읽기
- 스마트폰을 이용해서 녹음하여 들어보기
- 6개월 이상 꾸준히 지속하기

자료 : CGNTV 맞춤특강 〈나침반〉, http://bit.ly/15ibBi6

### (5) 적절한 크기의 목소리

지나치게 큰 목소리는 자신감, 진취성과 거리가 멀고 오히려 경박감, 시끄러움 등 부정적인 느낌을 줄 수 있다. 지나치게 큰 목소리, 작은 목소리보다는, 듣기 좋은 적당한 목소리가 좋다. 가까운 사람에게 자신의 목소리 크기를 물어보고 조절할 수 있도록 해야 한다.

#### (6) 지나치게 빠른 말투나 느린 말투

속도가 빠른 말투는 의사소통의 큰 방해요소이다. 이를 교정하려면 책을 또박또박 천천히 낭독해 보는 것이 아주 효과적이다.

#### (7) 무의식적으로 빈번하게 사용하는 잘못된 언어습관 개선

① "사실은", "음" 등의 반복적인 말

② "좋겠다(부러움이 담긴 말이지만, 어떤 경우에는 비꼬는 듯이 들린다)"라는 말

## 02 우리말 바로쓰기

### 1) 문장구조

#### (1) 홑문장과 겹문장

우리나라 국어 문장의 종류는 몇 개나 될까? 크게 '홑문장'과 '겹문장' 두 개로 나눌 수 있다.

1 예1

• 홑문장 : 문장 속에 주어와 서술어가 하나만 들어 있는 문장

"미영이가 공부를 한다."

(주어) (서술어)

2 예2

• 겹문장 : 문장 속에 주어와 서술어가 하나 이상 들어 있는 문장

"미영이가 놀면, 동생도 놀고 싶다."

(주어) (서술어) (주어) (서술어)

문장은 그 숫자나 길이에 상관없이 기본 문형을 바탕으로 이루어진다. 주어와 서술어로 구성되어 단순명제를 나타내는 문장형식을 '홑문장'이라고 하고, 주어와 서술어의 관계가 둘 이상 이루어져 명제가 둘 이상 표현된 문장을 '겹문장'이라 한다.

겹문장이란, 두 개 이상의 단문을 일정한 규칙에 의해 통합해 놓은 것이므로, 국어의 모든 문장은 홑문장이 바탕이 된다.

#### (2) 문장의 자릿수

문장의 자릿수란, 서술어가 문장을 구성하기 위해 꼭 필요한 성분의 수를 말한다.

- '간다'는 1자리 서술어(주어)이다.(내가 간다)
- '먹는다'는 2자리 서술어(주어 / 목적어)이다.(아가가 이유식을 먹는다)
- '주다'라는 단어는 3자리 서술어(주어 / 목적어 / 부사어)이다.(언니가 케이크를 동생에게 주었다)

서술어가 문장을 완성하기 위해 필요한 요소를 갖추는 것은 매우 중요하다.

### 2) 잘못 쓰는 우리말 바로 고치기

우리가 흔히 실수하는 잘못 쓰는 우리말은 어떤 것들이 있을까?

1 예 1

- 표준어 : 손톱깎이
- 잘못 쓰는 예 : 손톱깍기, 손톱깍이, 손톱깎개 등

'~을 깎다'가 표준어이다. 더러는 '~을 깍다'라고 쓰는데, 잘못된 표현이다.

2 예2

- 표준어 : 백호우(Back Hoe)
- 잘못 쓰는 예 : 포크레인, 포클레인(Poclain)

포크레인 또는 포클레인Poclain으로 알고 있는 굴삭기, 굴착기는 올바른 국제명칭이 Back Hoe이다. 발음은 '백호' 또는 '백호우'라고 한다. 건설현장에서는 '빽호'라고 많이 부른다. 포클레인Poclain은 백호우Back Hoe를 만드는 프랑스회사의 이름이다.(Poclain이라는 회사에서 만드는 Back Hoe의 이름이 Poclain이다) 정식 명칭보다 상표 이름으로 더 알려진 경우이다.

3 예3

- 표준어 : 셀로판 테이프(Cellophane Tape)
- 잘못 쓰는 예 : 스카치 테이프(Scotch Tape)

상품명이 잘못 쓰이는 대표적인 예이다. 본래 스카치 테이프Scotch Tape는 3M 회사에서 만든 테이프의 고유상표이다.

4 예4

- 표준어 : 오랜만
- 잘못 쓰는 예 : 오랫만

표준어와 비표준어가 상당히 혼동이 되는 단어이다. 많은 사람들이 잘못 쓰고 있다. '오랫만'은 잘못된 표기방법이고, '오랜만'은 '오래간만'의 줄임말로써 표준어이다. '오랜만에', '오랜시간' 등 대부분이 '오랜-'으로 쓰이지만, '오랫동안'은 '오래 + 동안'에 사이시옷 맞춤법이 들어가 '오랫동안'이 되므로 예외이다.

5 예5

- 표준어 : 종잣돈
- 잘못 쓰는 예 : 종자돈

'종잣돈'은 '종자+돈'에 사이시옷 맞춤법으로 '종잣돈'이 된다.

6 예6

- 표준어 : 솥
- 잘못 쓰는 예 : 솟, 솓

발음 때문에 잘못 쓰이는 단어이다.

7 예7

- 표준어 : 싣다
- 잘못 쓰는 예 : 실다, 싯다

물건을 '싣다' 할 때의 '싣다'이다. 발음 때문에 잘못 쓰이는 단어이다.

8 예8

- 표준어 : 딴죽
- 잘못 쓰는 예 : 딴지

"딴지 걸지마" 누군가의 참견이나 일의 진행을 방해하는 사람에게 하는 말이다. 하지만 '딴지'라는 뜻은 전혀 다른 뜻이기 때문에 '딴죽'이라고 해야 맞다.

### 9 예 9

- 표준어 : 계발, 개발
- 잘못 쓰는 예 : 자기 개발, 신제품 계발

계발(啓發)과 개발(開發)은 '발달, 발전'의 의미로 쓰이는 단어인데, 비슷한 의미와 비슷한 발음, 비슷한 모양 때문에 쓰임새가 많이 헷갈린다.

- 계발(啓發)은 주로 능력이나 지식을 발달시키는 것을 지칭하는 단어로서 없는 무형의 것을 발달시키는 것이다. 즉 무언가를 깨우치는 것을 말한다.

  **(예문)** '상상력 계발', '창의력 계발', '소질 계발', '자기 계발'
- 개발(開發)은 토지나 물건처럼 형태가 있는 유형의 것이나 기술, 경제 등을 발전시키는 것을 지칭하는 단어이다. 존재하는 것을 발달시키는 것이다. 형태가 있는 물체뿐만 아니라 기술, 경제도 기존에 존재하던 것들이기 때문에 '계발'이 아닌 '개발'을 쓰는 것이다.

  **(예문)** '기술 개발', '토지 개발', '신제품 개발', '자기능력 개발'

### 10 예 10

- 표준어 : 네, 예

대답할 때 쓰이는 감탄사 '네' 와 '예'이다. 가끔 어떤 게 맞는 말인가 궁금해 하는데, '네'와 '예'는 같은 뜻으로 쓰이는 표준어이다.

### 11 예 11

- 표준어 : 준말
- 잘못 쓰는 예 : 줄인 말, 줄임말

- '준말'의 경우, 사전에 등록되어 있는 단어지만 줄인 말, 줄임말은 사전에 등록되어 있지 않다. 그렇다고 잘못된 말은 아니다. '준말'의 뜻은 '단어의 일부분이 줄어든 것'이다.
- '줄인 말'은 줄인 뒤에 띄어쓰기를 해서 '줄인 말'로 써야 한다. 뜻은 정해져 있지 않지만 '말을 줄였다' 정도로 쓰이고 있다. '줄임말'의 경우에는 동사인 '줄이다'의 명사형 '줄임'과 명사인 '말'이 합쳐진 것이다. 뜻은 단어 그대로 '말의 길이가 본래보다 작아지다'이다.

12 예 12

- 표준어 : 고맙습니다
- 잘못 쓰는 예 : 감사합니다

'감사합니다'가 잘못된 표현은 아니지만, 일제강점기의 잔재라고 볼 수 있다. '감사(感謝)'는 일본식 한자로 '고마움에 대한 인사를 전하다'의 뜻이 있다. '고맙습니다'는 순수 우리말로써 '남이 베풀어 준 호의나 도움 따위에 대하여 마음이 흐뭇하고 즐겁다.'라는 뜻이 있다. 둘 중에 어느 것이 더 공손한 표현인지는 듣는 사람이 느끼는 차이일 뿐 단어 자체에는 우열이 없다.

13 예 13

- 표준어 : 까칠하다, 까다롭다
- 잘못 쓰는 예 : 까탈스럽다, 까탈스러운

성격을 표현할 때 쓰이는 표현으로 '까칠하다'와 '까탈스럽다'이다. '까칠하다'는 '거칠다', '모난 성격'이라는 뜻으로 사용된다. '까탈스럽다', '까탈스러운'의 경우 '까다롭다'의 잘못된 표현이다.

※ 표준어 규정 제3장 제4절 단수 표준어(어휘변화) 제25항 : 의미가 똑같은 형태가 몇 가지 있을 경우, 그

중 어느 하나가 압도적으로 널리 쓰이면 그 단어만을 표준어로 삼는다.(ㄱ을 표준어로 삼고, ㄴ을 버림)

14 예 14

- 표준어 : 어수룩하다
- 잘못 쓰는 예 : 어리숙하다

'어리숙하다'는 '어수룩하다'의 잘못된 표현이다.

## 03 면접 시 대화법

### 1) 면접관을 사로잡는 답변

#### (1) 자기소개 방법

면접을 위해 자기소개를 준비할 때 가장 고민하는 것은 '무슨 말을 할까?'이다. 그러나 면접관의 입장에서 생각해보면 '무슨 말을 듣고 싶을까?'라는 고민이 선행되어야 한다. 즉 천편일률적인 대답을 아침부터 저녁까지 듣는다고 생각하면 지루하기 짝이 없다. 예상 질문에 대한 답변을 써놓은 대로 외운다면, 외운 티가 나기 마련이고 진정성이 떨어진다.

자기소개는 진정성이 가장 먼저이며 간결하고 군더더기 없이 정확한 발음으로 말해야 한다.

- '저는'이라는 주어의 반복은 피한다.
- 장황한 가족관계나 지인 설명은 피한다.
- 장점과 특기는 솔직하게 말하되, 그 자리에서 보여줄 수 있는 특기인 경우 바로 시킬 수도 있으므로 준비하도록 한다.

- 대화 시 눈맞춤은 필수이다. 허공을 본다든지, 생각을 하며 한쪽으로 눈동자를 굴린다든지 하는 행동은 자신감이 없어 보이거나 다른 생각이 있는 지원자로 보일 수 있다.
- 많은 사람들이 하는 똑같은 답변은 피한다. 예를 들어, "왜 승무원이 되고 싶은가?"라는 질문에 "저는 어려서부터 꿈이었고, 이것만을 바라보며 살았다."라든지 "옆집 언니가 승무원이었는데, 너무 예뻤고 동경의 대상이었다."라는 흔한 답변은 차별화된 인상을 주기 어렵다. 이 질문은 "승무원이 돼서 우리 회사에 어떤 기여를 할 수 있는가?"라는 질문으로 바꾸어 생각하고 답변해야 한다. 즉 "저는 승무원이 되어 특히 비행 중 몸이나 마음이 아픈 승객을 돌보고 싶었습니다. 그래서 응급구조 자격과 간호학을 복수전공으로 택하여 졸업예정이며, 승무원으로서 근무하고 싶어 지원했습니다."라는 답변이 훨씬 마음에 와 닿는다.

### (2) 면접의 답변요령

면접에서 좋은 인상을 남기는 답변에 대한 핵심요령은 다음과 같다.

① 결론부터 답변
② 올바른 경어
③ 질문의 요지를 파악
④ 미소와 눈맞춤을 하며 답변
⑤ 난처한 질문에 대한 유머와 재치
⑥ 마지막까지 얼버무리지 않는 최선의 답변
⑦ 조리 있는 반론(숫자로 제시)

#### 1 질문예시

- 면접관 : 왜 ○○○ 씨를 채용해야 할까요?
- 지원자 : 네, 제가 귀사에 입사해야 하는 이유는 고객에게 짜릿한 추억을 선물할 수 있기 때문입니다. 대학시절 '난치병어린이 소원 이루어주기' 봉사활동을 4년여 동안 해오면서 아이들이 바라는 것은 컴퓨터, 게임기 등 선물이 아니라, 함께 웃고 울고 떠드는 '사람의 마음'이라는 것을 깨달았습니다. 이런 마음은 고객도 동일하다고 생각합니다. 기본적인 물질적 서비스뿐만 아니라 인적서비스에서의 진정성을 가지고 고객만족을 이루는 귀사의 고객만족 서포터즈 1인이 되고자 합니다.

질문에 대하여 "예", "아니오"를 정확하게 답변하되, 내용을 이야기할 때는 웃으며 부드럽게 답변해야 한다. 면접에 대한 답변은 항상 두괄식이라고 보면 된다. 이후에 부연설명을 하는 식이다.

짧은 답변이지만, 이 안에 '마법의 공식'이 있다. 즉 '사례 – 요점 – 이익'을 순서대로 나열하고 있다.

① 결론 : 고객에게 추억을 선물하기 위해
② 사례 : 대학시절 난치병 어린이 소원 이루어주기 봉사활동
③ 요점 : 물질보다 마음이 중요
④ 이익 : 귀사에서 진정한 마음을 전하여 고객만족을 높임

또한, 면접관이 긴장하지 말고 편하게 이야기하라고 했다고 해서 "아, 네" 이러면서 긴장의 끈을 아예 놓치는 우를 범하지 말아야 한다. '경직하지 말라'는 것이지 예의를 다하지 않아도 된다는 이야기는 아닌 것이다. 즉 경어체를 끝까지 유지해야 한다. 경어체라고 하면 '다 · 나 · 까'로 끝나는 일명 군대식 대화체를 생각하기 쉬운데, 자연스러운 경어체는 '다 · 다 · 요', '다 · 요 · 다'체이다.

### (3) 질문별 체크포인트

면접은 마치 이상형인 이성과 소개팅을 하는 것과 같다. 첫 만남에서 본인이 트림을 이렇게 한다든지, 방귀를 뀌는 모습 등을 보여주지 않고 최대한 잘 어울리는 색과 깨끗한 옷을 입으며 밝게 웃으려고 하는 것처럼, 기업에서의 면접도 마찬가지이다. 지원자에게 있는 장점을 최대한 아름답게 보여주고 단점을 커버하는 것이다.

기업이 듣고 싶은 말을 거짓으로 억지로 꾸미는 것이 아니라, 진정성을 가지고 자신에게 있는 역량을 프레젠테이션 하는 것이다.

#### 1 자기소개

자기소개 시에는 시간 제한, 함축적 의미, 비유, 타인의 평가 등에 대한 답변으로

다양한 형태로 준비한다.

### 질문유형

- 30초 이내로 자기소개를 해 보세요.
- 1분 동안 자기소개를 해 보세요.
- 3분 동안 자기소개를 해 보세요.
- 한 문장으로 자신을 표현해 보세요.
- 사자성어로 자신을 말한다면, 어떻게 소개할 수 있을까요?
- 본인을 꽃에 비유해 본다면? 색상으로 표현한다면? 동물에 비유해 보세요.
- 친구들은 본인을 어떻게 이야기 하나요?
- 별명은 무엇인가요?
- 본인 이름으로 3행시를 지어보세요.

위와 같은 질문에는 지원자가 솔직하게 자신의 성향을 드러낼 수밖에 없다. 예를 들어, A기업에서 채용하고자 하는 인재는 영업부서의 밝고 활동지향적인 지원자라면, 사자성어로는 氣山心海(기산심해 : 기운은 산처럼, 마음은 바다처럼), 꽃으로는 나팔꽃(꽃말 : 넘치는 기쁨), 색상으로는 열정적인 빨간색, 동물로는 호기심 많고 의로운 '뽀로로(펭귄)'라고 답변하는 것이 적당할 것이다. 반대로, 꼼꼼하게 회계업무를 담당할 인재를 채용한다면, 淸香滿堂(청향만당 : 맑은 향기가 집안에 가득함), 꽃으로는 은방울꽃(꽃말 : 섬세함), 색상으로는 하늘색(안정적이면서 밝음), 동물로는 숲속의 해결사이자 뽀로로에 나오는 '루피(비버)'라고 답변하는 것이 적당하다.

동물이나 꽃은 답변하는 순간 면접관의 머릿속에 답변이 이미지화 되어 떠오르므로, 애니메이션이나 영화의 동물 캐릭터, 혹은 특정동물의 특징과 연관시키기(거북이 : 후퇴를 하지 않음, 타조 : 시속 10km로 1시간 이상을 달림)를 활용하고, 꽃은 꽃말이나 모양, 신화 속 꽃을 비유해서 이야기한다면 긍정적으로 인식될 수 있다.

#### 2 입사 지원동기

기업의 면접에서 가장 중요한 질문이다. 따라서 지원자가 가장 신중하게 많은 시간과 노력을 들여서 준비해야 한다.

지원동기와 관련해서 그동안 지원자가 준비한 사항과 기업과 관련 산업에 대한 관심, 그리고 해당 직종에 대한 자질과 기준에 대해 또박또박 이야기 할 수 있어야 한다. 재지원하는 기업이라면 왜 재지원하는지, 지난번과 달라진 점은 무엇인지 준비해 간다. 아래 질문은 모두 입사 지원동기를 묻는 질문이다.

질문유형

- 왜 우리 회사에 지원했나요?
- 이 일의 장점과 단점은 무엇인가요?
- 이 일을 하고 싶은 이유는 무엇인가요?
- 이 업무를 하기 위해 어떤 준비를 했나요?
- 면접을 위해 준비한 것이 있나요? 준비해 온 것을 해 보세요.
- 영어나 중국어, 기타 외국어로 소개해 보세요.
- 최근 우리 회사의 소식에 대해 아는 것에 대해 말해 보세요.
- 본인이 면접관이라면 본인을 왜 채용해야 하는지 말해 보세요.
- 지난번에 지원했는데, 왜 다시 지원했나요? 지난번에 왜 떨어졌다고 생각해요?
- 합격할 때까지 지원할 예정인가요?

### 3 지원자의 장 · 단점

지원의 장 · 단점에 대해 묻는 것은 회사에서 어떤 역량을 발휘할 수 있는지, 그에 대한 걸림돌은 무엇인지에 대해 묻는 것이다.

질문유형

- 자신의 매력은 무엇이라고 생각하는가요?(내면의 매력에 대하여 답변)
- 자신의 장점은 무엇인가요?(사례를 들어 답변)
- 한 단어로 자신의 장점을 표현해 보세요.(이유를 설명)
- 단점에 대해 말해 보세요.

장점은 적당할 때 장점이 되지만, 그보다 넘치면 단점이 될 수 있다. 만약 열정이 지원자의 장점이라면 열정이 너무 지나치면 단점이 되는 것이다. 솔직하게 지원자의 단점을 이야기하되, 장점이 지나쳐서 단점이 된다는 점을 이야기하는 것이 좋다. 또한 그러한 단점을 극복하기 위해 어떤 노력을 했는지, 그래서 어떤 결과가 있었는지에 대해 한 번에 이야기한다.

### 4 취미와 특기

지원자의 취미나 특기를 묻는 것은 스트레스를 어떻게 풀고 있으며 내향성인가, 외향성인가, 그리고 일과후나 주말을 어떻게 보내는가라는 질문은 평소 생활을 계획적이고 의미 있게 보내는지를 알아보기 위해 묻는 질문이다. 즉 독서나 음악 감상처럼 혼자 하는 활동을 즐기는 사람은 내향성, 축구·등산과 같이 여럿이 같이 하는 취미를 즐기는 사람은 외향성이라고 볼 수 있다. 음악을 좋아한다면 합창이나 공연 등에 대해 언급하는 것이 좋고, 독서를 좋아한다면 최근에 읽은 책을 중심으로 관련 사업이나 직종에 대한 시사점이나 느끼게 된 점을 적극적으로 어필하는 것이 좋다.

취미나 특기를 통해서 본인의 감정조절에 영향을 미치는 것 외에도, 타인에게 어떠한 기여를 했는가를 언급하는 점도 바람직하다. 즉 지원회사에 입사해서도 지원자의 취미나 특기로 인해 기여할 수 있는 점이 있다는 점을 강조하는 것이다. 예를 들어, 취미로 페이스페인팅을 하고 있다면, 어린이들을 위한 자원봉사활동으로 활용하였던 점 등을 이야기하며, 앞으로 귀사에 입사해서도 이런 봉사활동을 꾸준히 하여 ○○기업의 이미지를 높이고 싶다로 마무리해야 한다.

#### 질문유형

- 지난 주말에 무엇을 했나요?
- 어제 어떤 일을 했나요?
- 지난 연휴에는 어떤 일을 했나요?
- 친구들을 만나면 주로 어떻게 시간을 보내지요?
- 최근에 본 영화는 무엇인가요?
- 좋아하는 음식은 무엇인가요?
- 취미는 무엇인가요?
- 특기가 노래네요. 본인의 애창곡을 불러 볼 수 있나요?
- 마술을 했네요. 어떤 계기로 하게 되었지요?

### 5 지원자의 성격

지원자의 성격은 지원분야의 적성과 적합함을 어필해야 한다. 예를 들어, 승무원에 지원하고자 한다면 서비스분야가 지원자의 성격에 적합하고 그에 대한 사례(에피소드)를 동아리활동, 아르바이트, 복수전공 등에서 찾아서 답변한다.

#### 질문유형

- 본인의 성격에 대해 주위에서의 평을 말해 주세요.
- 만약 말도 안되는 일을 상사가 지시했다면, 어떻게 응하겠습니까?
- 동아리활동에서 가장 어려웠던 점은 무엇이었나요? 원인은 무엇이라고 생각하나요?

### 6 인간관계(가족, 친구, 존경하는 인물 등)

질문에 대한 답변과 함께 이유에 대해 설명한다. 좋은 인간관계를 위해 중요한 점은 무엇인가를 물어보는 것은 회사에 입사하여 부서와 원활한 업무협조와 유지가 가능한지 알아보기 위함이므로, 극단적인 답변은 피하는 것이 좋다. 친구에 대해 이야기하는 것은 지원자의 모습을 투영해 볼 수 있는 거울이라고 생각하고 답변해야 한다. 자신에 대한 주위의 평가에 대해 묻는 것은 지원자의 장점을 답변하는 것이다. 인간관계에서 갈등이 생겼던 사례와 해소방법에 대해 생각해 보고 답변을 준비해야 한다.

#### 질문유형

- 인생에서 가장 영향을 받은 인물은 누구인가요?
- 가장 친한 친구는 몇 명인가요?
- 친구를 사귈 때 가장 중요하게 생각하는 것은 무엇인가요?
- 그 친구와 싸운 적이 있나요?
- 친한 친구에게 실망했던 적이 있었나요?
- 남자친구(여자친구)가 있나요? 결혼은 언제 할 생각인가요?
- 친구들이나 가족들이 지원자에 대해 무엇이라고 평하나요?

- 첫 월급을 타면 부모님께 어떤 선물을 하고 싶어요?
- 가족을 소개해 보세요.
- 최근 아버지(어머니)와 나눈 대화는 무엇인가요?
- 오늘 면접을 간다고 할 때, 부모님께서는 어떻게 말씀하셨나요?
- 가족들과 다투었을 때 어떻게 화해하나요?

### 7 가치관과 비전

업무에 대해 1년 후, 5년 후, 10년 후의 계획과 목표에 대해 그려본다. 가훈을 지원한 기업의 인재상과 엮어서 답변한다. 가치관은 지원자의 자아상, 우정과 이성, 결혼과 행복, 경제마인드와 인생의 목표와 성공에 대한 질문에 준비한다.

#### 질문유형

- 최근에 읽은 책에 대해 이야기해 보세요.
- 최근에 흥미를 느낀 뉴스는 무엇인가요?
- 5년 후 어떤 생활을 하고 있을 것이라고 생각하나요?
- 집에 가훈이 있나요?
- 좌우명이 있나요?
- 언제 결혼할 생각인가요?
- 가장 아끼는 보물은 무엇인가요?
- 인생에 멘토가 있나요?
- 입사 후 꼭 이루고 싶은 점은 무엇인가요?
- 학생과 사회인의 차이는 무엇이라고 생각하나요?

### 8 아르바이트와 경력

아르바이트와 기타 경력은 입사 후의 회사생활을 잘할 수 있는가를 알아보기 위해 질문한다. 따라서 아르바이트를 통한 직업관, 상사와 동료와의 관계, 성과와 실패했던 경험, 그리고 업무와의 연관성에 대해 생각해 본다.

아르바이트를 하면서 힘들었던 점과 어떻게 극복해 냈는지, 만약 여러 아르바이트를 자주 옮겨 다녔다면 그 이유에 대해 설명할 수 있어야 한다. 아르바이트일지라도 주인정신을 가지고 고객만족 경험에 대한 사례를 생각해야 한다. 근무하면서 느꼈던 점, 그런 경험이 지원회사에 어떤 영향을 미칠지에 대한 답변을 준비한다.

#### 질문유형

- 어떤 일을 했었나요?
- 근무하면서 힘든 점은 무엇이었나요?
- 고객감동의 사례가 있었나요?
- 만약 본인이 주인이라면, 어떤 점을 개선하고 싶었나요?
- 동료와 갈등관계는 어떤 점이 있었나요?
- 왜 자주 아르바이트를 옮겨 다녔나요?
- 좋은 직장은 어떤 곳이라고 생각하나요?
- 소통이란 무엇이라고 생각하나요?
- 회사업무와 개인적인 일과 겹쳤을 때 무엇을 선택할 것인가요?

### 9 봉사활동

인성을 파악하기 위한 질문이다. 기간과 활동내역, 느낀 점 등을 진솔하게 사례를 통해 이야기하는 것이 좋다.

#### 질문유형

- 학창시절 어떤 분야에서 봉사활동을 하였나요?
- 느낀 점은 무엇인가요?
- 어려운 점은 무엇이고, 어떻게 극복했나요?
- 함께 한 사람은 누구였나요?
- 지금 하고 있지 않은 이유는 무엇인가요?
- 우리 회사의 봉사활동은 어떤 점을 더 해야 한다고 생각하나요?
- 본인이 우리 회사에서 봉사활동을 선택한다면, 어떤 일을 하고 싶나요?
- 기업의 사회적 책임에 대해 말해 보세요.

### 10 학창시절

학창시절은 가장 최근의 것, 즉 대학생활에 대해 언급하는 것이 바람직하다. 전공을 선택한 이유, 배운 내용, 지원 분야나 업무와의 관련성 등을 준비한다. 배운 내용을 이야기할 때는, 과목만 이야기하지 말고 수강하면서 어떤 점을 얻게 되었는지, 그것이 지원 분야와 어떤 관계(이익)가 있는지에 대해 답변해야 한다. 학창시절에 대한 질문은 사람과 관련된 친구, 교수, 교직원 등이 있고, 전공지식과 관련한 내용, 어학연수나 워킹홀리데이, 생활, 추억으로 구분할 수 있다.

#### 질문유형

- 존경하는 교수님이 있나요?
- 대학교 소개를 해보세요.
- 학교 자랑을 해보세요.
- 가장 어려웠던 과목은(가장 쉬웠던 과목) 무엇이었나요?
- 학점은 어떻게 되나요?(학점이 높네요? 학점이 왜 이리 낮아요?)
- 통학을 했나요? 아니면 가족들과 떨어져 지냈나요? 이후에 어려웠던 점은 무엇인가요?
- 가장 기억에 남은 에피소드는?
- 동아리 활동은 무엇을 했지요? 가장 힘든 점은 무엇이었나요?
- 전공과 다른 분야를 선택한 이유는?
- 전공이 본 지원 분야와 어떤 연관성이 있을까요?
- 어학연수 다녀왔는데, 영어점수가 낮네요?
- 토익성적이 우수한데, 본인만의 노하우가 있나요?
- 어렸을 적에 외국에서 생활했네요? 그 지역과 우리나라의 가장 다른 점은 무엇이죠?
- 학창시절을 통해 가장 후회되는 점은 무엇인가요?

### 11 기타 인상 깊은 경험

지원자의 경험을 통해 기업에서 알고 싶은 점은 기업문화와의 일치성을 파악하기 위한 것이다. 경험을 통해 어떤 것을 느끼고 어떤 점을 배웠는지, 그것을 통해 지원자가 갖게 된 가치관과 문화의 코드가 지원회사, 업무분야의 문화와 일치하는가를 보는 것이다.

### 질문유형

- 학창시절 여행했던 곳에서 가장 기억에 남는 곳에 대해 말해주세요.
- 외국에서 느낀 점은 무엇인가요?
- 어린 시절 가장 기억에 남는 점은 무엇인가요?
- 지난 번 지원에서 기억에 남는 것은 무엇이었나요?

## 12 지원회사에 대한 인상

면접장이나 같이 지원한 지원자들에 대한 느낌에 대해 물어보기도 한다. 이러한 것은 판단력과 재치, 인성을 파악하기 위한 질문이다. 면접관과 지원회사의 분위기, 지원자에 대한 칭찬 혹은 의견, 지원회사나 분야의 구설수에 대한 의견 등을 묻는다.

면접을 모두 마친 후 마지막으로 하고 싶은 말이 있으면 해보라는 개방형 질문에 대해서는 적극적으로 질문하도록 한다. 즉 묵묵부답으로 조용히 지나가는 것이 아니라, 지원분야의 인재상에 대해 질문한다든지, 지원회사에 대한 긍정적인 인상에 대해 답변하고 꼭 입사하고 싶다는 점을 어필한다.

피해야 할 질문은 지원자가 향후 받게 될 혜택에 관련된 질문이다. 예를 들어, 퇴근시간은 늘 일정한가요? 주 5일 근무인가요? 연봉은 어떻게 되죠? 가족에게 복지혜택은 어떤 점이 있나요? 여름휴가는 며칠인가요?는 삼가야 할 질문이다. 반대로, 지원 분야에서 향후 기대하는 점은 어떤 점이 있는지 여쭈어도 될는지요?라는 질문은 면접관의 감동을 부르는 질문이다.

### 질문유형

- 우리 회사에 오니 첫 느낌이 어떤가요?
- 회사까지 얼마나 걸렸어요? 뭐 타고 왔나요?
- 여기까지 오면서 어떤 생각을 하고 왔어요?
- 얼마 전 뉴스에 나온 우리 회사의 ○○이슈에 대해 본인은 어떻게 생각하나요?
- 면접관에 대한 느낌을 말해 보세요.
- 옆 지원자를 뽑을까요? 본인을 뽑을까요?

- 방금 다른 지원자가 한 답변에 대해 본인은 어떻게 생각하는지 말해 보세요.
- 어떤 질문을 할까요?
- 마지막으로 하고 싶은 말이 있으면 해 보세요.

### 13 입사 후 포부

가치관과 비전이 일맥상통하는 질문이다. 향후 기업에 어떤 점을 기여하고 싶은지 추상적으로 나열하지 말고 구체적으로 언급해야 한다. 예를 들어, '성실하고 열정적인 신입사원'보다는 '매일아침 30분 일찍 출근하는 얼리버드 신입사원', '밝고 긍정적인 신입사원'보다는 '3S, 즉 Smile, Speed, Sincerity를 실천하는 신입사원'이 좋다.

입사 후 포부를 짧은 가상일기로 표현해 보는 것도 좋다. 예를 들어, "입사 후 포부를 약 1년 후 저의 다이어리로 표현해 보겠습니다."라고 하여 출근부터 퇴근까지의 열정적인 모습을 묘사해 본다.

숫자, 영어 알파벳을 활용한다. 예를 들어 "귀사에 입사하여 실천할 점은 크게 3가지입니다." "제가 귀사에서 3P를 실천하는 인재가 되고자 합니다. 첫째, 열정입니다. 둘째, 열정입니다. 셋째, 열정입니다. 아무리 강조해도 지나치지 않은 열정으로 젊은 피를 수혈하겠습니다."라고 자신 있게 답변한다.

#### 질문유형

- 어떤 신입사원이 되고 싶나요?
- 이 일을 언제까지 하고 싶은가요?
- 입사 후에 가장 하고 싶은 일은 무엇인가요?
- 어떤 어려운 점이 예상되는가요?
- 우리 회사에 어떤 부분은 기여할 수 있다고 생각하나요?
- 입사 1년 후 본인의 모습을 묘사해 보세요.

### 14 관련 산업에 대한 지식

관련 산업과 지원회사에 대한 질문은 얼마나 관심이 있고 열정이 있는가를 알기 위해 하는 것이다. 예를 들어, 우리 회사의 제품(혹은 서비스)을 이용해 본 적이 있는가?와 같은 경험, 소개, 기업의 이미지, 최근 소식과 홈페이지 개선점, 인재상과의 일치성, 기업의 비전과 미션, 사업분야, 장·단점, 비교 장·단점 등이 있다.

있는가, 없는가?와 같은 폐쇄형 질문을 받았을 때는 단답형으로 "예", "아니오"로 대답만 하지 말고, 그래서 어떤 점이 좋았다든지, 불편했다든지 다른 회사와 비교해 이런 점이 탁월하다든지 꼬리질문을 예상하여 먼저 답변하도록 한다.

#### 질문유형

- 최근 우리 회사의 제품(서비스)을 이용해 본 적이 있나요?(있다면 어떤 점이 장점인가요?)
- 우리 회사의 제품과 서비스가 타 경쟁회사와 비교했을 때, 어떤 점을 개선해야 한다고 생각하나요?
- 우리 회사의 비전이 무엇인가요?
- 우리 회사가 올해 추진하고 있는 슬로건은 무엇인지 알고 있나요?
- 지원하기 위해 홈페이지를 보고 왔을 텐데, 어떤 점을 개선해야 할지 말해 보세요.
- CF에 대한 느낌을 이야기해 보세요. 가장 기억에 남는 CF는?
- 우리 회사에서 추구하고 있는 인재상과 본인의 역량과의 일치성에 대해 말해 보세요.
- 우리 회사를 옆 지원자에게 소개해 보세요.
- 우리 회사의 사업 분야에 대해 말해 보세요.(항공사의 경우는 기종, 노선)
- 최근 우리 회사의 고객층은 ○○○로 급변하고 있는데, 이에 대해 본인은 어떻게 생각하나요?
- 얼마 전 우리 회사에 대해 안 좋은 기사가 났는데, 문제가 무엇이라고 생각하나요?

### 15 사회 이슈에 대한 관심

지원자는 사회, 경제, 문화, 정치, 산업 전반, 사건, 사고 등에 걸쳐 폭넓은 상식을 갖고 있기를 원한다. 향후 기업에 입사하여 고객층에 대한 이해와 변화에 대해 감지할 수 있는 감각이 있는가를 확인하는 질문이다.

#### 질문유형

- 4대강 사업의 장·단점에 대해 말해 보세요.
- 양극화에 대한 본인의 의견은?

- 청년실업 문제, 열정페이에 대해 말해 보세요.
- 정년 연장에 대해 어떻게 생각하나요?
- 대학등록금은 동결해야 할까요? 물가상승률을 감안해서 인상해야 할까요?
- 본인이 받은 교육기관에 만족하고 있나요?
- 최근 북한의 ○○사건에 대해 어떻게 생각하나요?
- 제주도 제2공항 건설에 대한 찬반의견은?
- 금리와 유가가 우리 회사와 어떤 연관성이 있을까요?
- 성형수술을 하고 싶은 곳이 있는가요? 본인은 성형수술에 대해 어떻게 생각하나요?

### 16 압박질문

압박질문은 스트레스를 받는 상황에서 지원자가 어떻게 반응하는가? 즉 감정조절이 잘되는지? 진실을 이야기하고 있는지를 테스트하기 위해서이다.

예를 들어, 다른 지원자에 비해 너무 키가 커서 스트레스를 받고 있는 지원자에게, "키가 너무 크네요?"라고 질문한다면 재치 있게 "그래서 윗공기를 정화시키고 있습니다."라든지 "위쪽에 있는 물건은 제가 다 정리하도록 하겠습니다."라고 넘기는 것이 좋다. 반대로, 작은 키의 지원자는 "앉아 있는 고객의 눈높이 서비스는 제가 책임지겠습니다."라고 기여할 수 있는 부분에 대해 위트 있게 설명한다.

살이 쪄서 고민인 지원자에게 "왜 이렇게 살이 쪘어요? 몇 kg이에요?"라고 묻는다면 "네, 다른 사람의 마음을 품을 수 있도록 마음을 넓게 가지려고 했더니 몸도 넓어졌습니다. 앞으로 몸은 좀 줄이도록 할 예정입니다."라고 한다. 마찬가지로 마른 지원자에게 "왜 이렇게 말랐어요? 이래서 일하겠어요? 쓰러지는 거 아닌가요?"라고 묻는다면, 바로 반박하여 "아닙니다!"라고 쏘아붙이기보다는 "네, 제가 좀 날씬합니다만, 이쑤시개보다는 좀 통통한 편입니다. 그렇지만 귀사식당의 식사가 맛있다는 소문이 있는데, 맛있게 먹고 더욱 건강한 모습을 보이도록 하겠습니다."라든지 "네, 제가 보기에는 좀 말랐지만, 공인 합계 5단을 갖고 있습니다. 어려서부터 태권도를 하여 태권도 3단, 합기도 2단을 보유하고 있으며, 고등학교 시절에는 ○○대회의 학교 대표로 출전하여 금메달을 획득하기도 하였습니다. 귀사에서도 힘 있는 신입사원으로 금메달처럼 반짝반짝 빛나도록 하겠습니다."라고 하여, 원래 질문했던 것에서 지원자의 장점, 역량 쪽으로 오히려 질문을 유도할 수 있도록 한다.

낮은 학점과 학벌은 대신 봉사활동이나 사회경험, 공모전 참가 등으로 어필한다. 낮은 어학점수도 마찬가지로, 전공에 대한 집중(학점), 봉사활동, 경험 등으로 대체하여 설명하고 현재 개선하기 위해서 어떠한 노력을 기울이고 있는지를 설명한다.

집과의 먼 거리에 대해서는 다양한 교통수단을 소개하고, 경우에 따라서는 "직장 근처의 오피스텔도 알아볼 생각입니다."라든지 "함께 입사하는 동기들과 함께 지내고 싶습니다."라고 이야기하는 것이 좋다.

### 질문유형

- 신체조건에 대한 압박질문(작은 키, 큰 키, 뚱뚱한 편, 마른 편, 눈이 작음 등)
- 낮은 학점
- 낮은 어학점수
- 직장과 집의 먼 거리
- 학벌에 대한 질문

# IMAGE MAKING CHAPTER 11 서비스 실전대화

## 01 서비스 대화법

### 1) 서비스 대화

먼저 현재 자신의 언어 소통능력 수준에 대해 간단히 점검해 본다.

#### (1) 나의 언어 소통능력 수준은?

- 대중 앞에서 말하는 것이 힘들다.
- 말을 하는 중에 가끔 요점을 잊어버릴 때가 있다.
- 듣는 사람이 나의 의중을 되묻는 경우가 종종 있다.
- 친구와 말할 때와 직장 내에서 사용하는 말투가 비슷하다.
- 내 의견을 정확하게 표현하지 못해 속상했던 적이 많다.
- 내가 말을 하기보다는 지나치게 남의 말을 들어주는 경우가 많다.
- 직장생활 중에 내뱉은 말을 후회할 때가 많다.
- 때와 상황에 맞는 임기응변 능력이 절실하게 필요하다.
- 대화 내용을 취합하여 정리하기가 어렵다.
- 빠른 문제해결과 대화의 마무리가 매번 어렵다.

#### (2) 나의 언어 소통능력 수준결과

'그렇다'가

- 7~10개 : 심각한 언어장벽에 처해 있다.

- 3~6개 : 꾸준한 언어사용 개선 노력이 필요하다.
- 0~2개 : 직장 내에서 원활한 대화 소통력을 가지고 있다.

사람의 귀가 두 개이고 입이 하나인 이유는, 1번 말할 때 2번 듣고, 3번 이상 맞장구를 치라는 대화의 1-2-3법칙과 무관하지 않다. 경청은 신나게 말하는 화자의 정보와 지식을 알 수 있게 한다. 또한 이때 비언어적 말투와 몸짓은 매우 중요하다. 일반적으로 오해의 60%는 잘못된 경청 태도에서 기인한다.

불가능한 경우라 할지라도 최선을 다하겠다는 태도를 보여야, 고객은 적극적으로 응대했다고 생각한다. 공감적 경청예절이란 다음과 같다.

**TIP 공감적 경청예절 Family**

- Friendly(친근하게) : 상황에 맞는 표정으로 대한다.
- Attention(주의집중) : 동작을 잠시 멈추고 상체를 고객 쪽으로 향하여 정중함을 표현한다.
- Me, Too(저도, 역시) : 고개를 끄덕이거나 고객의 의견에 동감어를 사용한다.
  (예) "네, 그러셨군요. 네네, 맞습니다~"
- Interest(관심을 가지고) : 질문과 복창을 통해 고객의 얘기에 관심이 있음을 표현한다.
- Look(얼굴을 보며) : 고객을 향하여 바른 시선으로 바라본다.
- You're centered(상대방 중심) : 고객의 입장에서 생각하고 이해한다.

## 2) 언어적 표현

서비스 시 사용하는 대화는 긍정적으로 상대방을 배려하는 화법이 필요하다.

### (1) 긍정어

- 말은 에너지이다. 따라서 항상 긍정적인 언어로서 대화하도록 한다.
- 효과적이고 구체적인 칭찬방법은 '제3자 앞에서 공개적으로 칭찬하기, 장점을 찾

아 칭찬하기, 결과뿐만 아니라 과정도 칭찬하기, 예상 외의 상황에서 칭찬하기' 등이 있다.

- 또한 긍정화법은 Yes, But~~~ 형식으로 말한다. 먼저, 상대의 의견에 대해 긍정해 주고 난 후에 자신의 의견을 말하는 방법으로, 상대를 설득하는 데에 주로 사용한다.

### (2) 세심어

- 마음을 여는 대화로 플러스화법이 있다.
- 플러스화법이란, 상대방을 배려하고 관심을 갖는 표현들로 기본적인 말에 덧붙이는 말을 의미한다.
- 딱딱해질 수 있는 대화에 부드럽고 정중한 표현을 더해줌으로써 서로가 편안하게 의견을 전달하는 쿠션화법도 세심한 플러스화법 중 하나이다.

**표 11.1 쿠션화법**

| 일반대화 | 쿠션화법을 적용한 대화 |
|---|---|
| 커피 좀 부탁해도 될까요? | 미안하지만,<br>커피 좀 부탁해도 될까요? |
| 몇 살이세요? | 실례지만,<br>연세가 어떻게 되십니까? |
| 작성해 주세요. | 번거로우시겠지만,<br>작성해 주시겠습니까? |
| 복사 좀 부탁해요. | 미안하지만,<br>복사 좀 부탁드립니다. |
| 휴대번호 좀 알려주세요. | 괜찮으시다면,<br>휴대전화 번호를 가르쳐 주시겠습니까? |

### (3) 어휘 사용

요즘 일상에서 잘못된 어법과 존대법 사용으로 인해 불만이 제기되는 부분이 있다. 가장 문제가 되는 부분은 "신청하고 싶으신 게"라는 표현이다. '싶다'라는 단어는 '보조형용사'이므로 존칭어로 변화시켜서는 안 된다. 따라서 "신청하고 싶은 게"라고 해야 한다. 꼭 경어를 쓴다면 "신청하시고 싶은 게"라고 해야 한다. 이처럼 사물에까지 경어를 붙이지 않도록 해야 한다.

1 예 1

- 정산을 하면서 "2만 원 이십니다."(X)
- 그리고 뒤이어 거스름돈을 주면서 "2천 원 이십니다."(X)

지나친 존대법으로 '○○분'이라는 표현방식은 잘못된 표현이며, 사람을 높여서 이를 때 쓰는 '분'이라는 단어는 앞말과 띄어 써야 하는 '의존명사'이다.

2 예 2

- 연예인분, 개그맨분, 아이돌분(X)
- "어떤 분이 선생님을 찾아오셨습니다."(O)
- "여기 계신분이 먼저 오셨습니다."(O)

그러므로 '연예인분'과 같이 명사에다 의존명사를 붙이게 되면 매우 어색해진다. 그리고 흔히 쓰는 '여러분'은 '이인칭대명사'이다. 이때의 '분'은 의존명사 '분'과는 그 쓰임새가 다르다.

3 예 3

- 존칭 : '높임말', '존댓말'이라고도 한다.
- 직접 높임말(상대를 직접 높이는 말) → '아버님, 어머님, 선생님, 목사님' 등
- 간접 높임말(높임의 대상과 연관된 것을 높이는 말) → '진지, 연세, 아드님, 따님' 등
- 객체 높임말 → '뵙다, 여쭙다, 드리다' 등
- 주체 높임말 → 동사에 '-시-'를 붙여 문장의 주체를 높일 때 사용
- 붙는 '-시-'는 본디 주어가 사람인 경우에만 적용하는 것이 원칙(사람이 가진 성질, 특성, 기질은 예외)이다.

서비스 시 잘못된 존칭을 사용하는 경우도 흔하다. 아래 백화점에서의 사례를 보며, 틀린 점을 확인해 본다.

### 4 예4

- "고객님, 이 구두는 고객님께 조금 **크십니다.**"
- "이번 주가 **사은행사기간이시기** 때문에 여러 벌 함께 구입하시는 편이 훨씬 **좋으시답니다.**"
- "이쪽 여성분께서 **부모님분께** 드릴 코트를 **고르신다네요.**"
- "스카프 색상이 너무 **예쁘게 나오셔서** 조만간 다 팔릴지도 몰라요."
- "지금 이 사이즈는 **없으시고요**, 대신 이 디자인으로는 **있으십니다.**"
- "컬러가 고급스럽게 **나오셨고요**, 버클도 세련되게 **나오셨답니다.**"
- "소재는 천연가죽이고요, 사이즈는 M, X, XL 세 가지로 **나오세요.**"
- "이 크림은 주무실 때 충분히 바르셔도 끈끈함이 **남으시지 않아** 인기가 많습니다."
- "계산해 드리겠습니다. 모두 **9만 8천 원이세요.** 결제는 어떻게 **하실까요?**"

최근 서비스접점에서는 용어 사용으로 인해 빈번한 고객 불만이 접수되고 있다. 바람직한 용어 사용을 살펴보며, 어떤 점들을 실수하고 있는지 살펴보도록 한다.

**표 11.2 바람직한 용어 사용**

| 바람직하지 못한 용어 | 바람직한 용어 |
|---|---|
| 나, 내가 | 저, 제가 |
| 누구죠? 누구시죠? | 누구신지요? |
| 좀 기다리세요. | 잠시만 기다려 주시겠습니까? |
| 안됩니다. 안돼요. | 곤란합니다. |
| 다시 전화하세요. | 다시 전화해 주시겠습니까? |
| 네, 알았어요. | 네, 알겠습니다. |
| 먼저 갈게요. | 먼저 나가 보겠습니다. |
| 몰라요. 모르겠는데요. | 잘 모르겠지만, 확인해 보겠습니다. |
| 고마워요. | 고맙습니다. |
| 자리에 없는데요. | 자리에 안 계십니다. |
| 미안합니다. | 죄송합니다. |
| 물어보겠습니다. | 여쭈어 보겠습니다. |

| 바람직하지 못한 용어 | 바람직한 용어 |
|---|---|
| 같이 온 사람 | 함께 오신 분 |
| 안됩니다. | 죄송합니다만, 그 부분은 좀 어려울 것 같습니다.<br>그러나 ○○부분은 도와드릴 수 있습니다. |
| 없습니다. | 조금만 기다려 주신다면, 제가 최선을 다해 찾아보겠습니다. |
| 잘 모르겠습니다. | 괜찮으시다면, 제가 다시 한 번 알아보고 말씀드리겠습니다. |

### (4) 상황별 고객과의 대화

#### 1 고객을 맞이할 때

- "안녕하십니까?"
- "무엇을 도와드릴까요?"
- "이쪽으로 오시겠습니까?"
- "○○○님, 저희 부서에는 처음 방문하셨나요?"

#### 2 고객을 칭찬할 때

- "○○○학생이군요. 오늘 셔츠가 참 잘 어울리네요."

#### 3 업무를 요청받았을 때

- "네, ○○과 관련된 업무처리 말씀이시죠?"

#### 4 상대방에게 질문이나 부탁할 때

- "죄송합니다만~"
- "불편하시겠지만~"
- "번거로우시겠지만~"
- "다시 한 번 말씀해 주시겠습니까?"

#### 5 재촉을 받을 때

- "네, 죄송합니다. 최대한 빨리 처리해 드리겠습니다."

- "죄송합니다만, O분만 더 기다려 주시겠습니까?"

6 업무처리 후

- "더 필요하신 점은 없으십니까?"
- "더 궁금하신 부분은 없으십니까?"
- "바라시던 결과를 얻으셨는지요?"
- "받으신 정보에 대해서는 만족스러우세요?"

7 배웅 시

- "또 뵙겠습니다. 안녕히 가십시오."
- "비 오는데 오시느라 수고 많으셨습니다."
- "안녕히 가십시오."
- "눈이 와서 길이 미끄러운데 조심해서 가십시오."

### (5) 서비스 음성과 어감

서비스 시 대화에 있어서 상황별 적절하고 호감이 가는 음성 톤을 연출해야 한다.

- 기본적으로 활기차고 경쾌한 음성으로 응대한다.
- 음성이 무기력하거나 성의 없게 느껴지지 않도록 주의한다.
- 정확하게 정보를 전달할 수 있도록 목소리 크기를 조절한다.

**TIP 호감 가는 음성 연출을 위한 Tip!**

- 표준 응대문안을 소리 내어 읽고 이를 녹음해 봄으로써 자신의 목소리 크기, 억양, 발음, 말의 속도 등을 체크해 본다.
- 복식호흡을 활용하여 목소리의 크기를 조절한다.
- 한 문장마다 숨을 들이쉬고 복근으로 공기의 양을 조절하여 성량을 조절한다. 특히 목으로만 발성할 경우, 목에 부담이 갈 수 있고 음성 크기의 조절도 쉽지 않으므로 주의한다.

그리고 고객의 상황을 고려하여 적절한 속도로 대화해야 한다.

- 말이 속도가 너무 빠르면 명확하게 이해하기 어렵고, 반대로 너무 느리면 답답한 느낌을 주므로 적당히 조절한다.
- 규정 설명 시 고객의 성향(나이, 항공관련 지식 등)을 고려하여 명확하게 전달될 수 있도록 속도 및 발음에 주의한다.

상황에 맞게 친근하면서도 공손한 어감으로 대화하는 것 또한 중요하다.

- 사무적이고 의례적인 느낌의 어감으로 고객을 응대하지 않는다.

  (예) (모니터만 응시한 채) "비상구 좌석은 없습니다."

  → (안타까운 표정연출과 함께) "죄송합니다만, 비상구 좌석은 이미 배정이 완료되었습니다. 현재 비상구 바로 다음 열의 복도좌석이 가능한데 어떠십니까?"
- 강압적으로 느껴지는 어감으로 고객을 응대하지 않는다.

  (예) "그건 고객님께서 잘못 알고 계신 겁니다."

  → "제가 다시 한 번 안내해 드리겠습니다."
- 고객과의 대화 시 "~죠, ~요"로 끝나는 반 경어체(해요체) 말투는 지양하고, "~까, ~다"로 끝나는 경어체(합쇼체)를 사용한다.

  (예) "안녕하세요?" → "안녕하십니까?"

  "어디까지 가세요?" → "어디까지 가십니까?"
- '해, 요'체 위주의 어린 말투는 서비스에 대한 신뢰도를 저하시키므로, 특히 주의한다.

## 02 전화예절

### 1) 전화응대의 중요성

전화는 그 조직을 대표하는 얼굴이며 고객과의 첫 접점이다. 고객은 전화음성을 통해서 서비스인의 미소와 마음까지 볼 수 있다. 또한 한 통의 전화로 조직의 미래와 고객의 만족도가 달라진다.

> 첫 수화는 다음과 같다.
> "안녕하십니까, ○○회사 인사부 홍길동입니다."

#### (1) 전화응대 포인트

① 전화기 옆에는 항상 메모지와 필기도구를 준비한다.

② 고객의 이야기에, 끝날 때마다 확인하는 말을 한다.

③ 통화 중 고객이 찾아올 경우, 전화상의 상대방에게 양해를 구하고 고객에 대한 임시조치를 한다.

④ 첫인사는 약간 높은 톤으로 밝은 목소리를 낸다.

⑤ 자신의 부서명, 그리고 이름을 댄다.

⑥ 고객을 기다리게 할 때 반드시 양해를 구한다.

⑦ 적어도 벨이 세 번 울리기 전에 받는다.

⑧ 수화기는 왼손에 들고, 오른손은 메모준비를 한다.

⑨ 고객이 먼저 끊는 것을 확인한 뒤, 수화기를 내려놓는다.

⑩ 전화를 끝낼 때는 반드시 "감사합니다" 등의 끝인사를 한다.

#### (2) 통화계획 사전점검

① 상대방의 전화 번호, 소속, 성명을 확인한다.(잘못 알고 있어, 상대에게 폐를 끼치는 일이 없도록…)

② 상대방의 시간, 장소, 상황을 고려하여 전화 내용을 준비한다.

③ 수화기를 들기 전에 용건을 메모하여 할 말을 잊거나 빠뜨리는 일이 없도록 해야 한다.

④ 외부에서 전화를 걸 경우, 주변환경이 조용한 곳을 선택하여 전화를 걸도록 한다.

⑤ 항상 메모할 준비를 하고 난 후 전화하도록 하여, 중요한 업무처리를 빠뜨리는 일이 없도록 한다.

### (3) 어프로치

① 상대가 응답하면 반드시 자신의 소속을 밝힌다.
② 외부고객의 경우 : "안녕하십니까? OO회사 OO부 OOO입니다."
③ 내부직원일 경우 : "안녕하십니까? OO팀 OOO입니다."
④ 웃음을 머금은 목소리로, 평소 목소리보다 조금 천천히 정확하게 말하도록 한다.
⑤ 상대방이 첫 수신 시 "접니다." 또는 바로 용건으로 들어가지 않도록 한다.
⑥ 상대방의 상황을 먼저 고려해 통화하고, 전화를 거는 용건을 정확하게 전달한다.
(예) "혹시 지금 전화통화가 괜찮으십니까?"(O)
"이야기가 길어질 것 같은데, 지금 통화가 괜찮으신지요?"(O)

### (4) 니즈파악 및 솔루션 제공

① 상대방의 입장에서 통화상황을 파악한다.
② 통화 가능여부를 확인한다.
③ 통화허락에 대한 감사인사를 한다.
④ 일방적인 통화가 되지 않도록 한다.
⑤ 고객의 금전적인 이익과 관련된 민감한 사항을 설명할 경우, 몇 가지 정보를 비교하여 제공하고, 다른 기관의 정보도 함께 제공하는 등 최선의 노력을 기울여 고객의 오해가 없도록 충분하게 설명한다.
⑥ 고객의 문제해결을 위한 대안을 제시하도록 한다.
⑦ 업무숙지 미흡으로 상담도중 다른 직원으로 인계하는 경우가 없도록 한다.

### (5) 끝인사

① 통화에 대한 감사인사를 한다.
(예) "바쁘신데, 시간 내 주셔서 감사합니다."

② 상대방이 끊는 것을 확인하고, 수화기를 살짝 내려놓는다.

## 2) 전화응대 체크리스트

**표 11.3 전화응대 체크리스트**

| 항 목 | | 평 가 내 용 | O | X |
|---|---|---|---|---|
| 맞이 태도 | 수신의 신속성 | 전화는 발신음 3회 이하(연결음악 12초 이내)에 신속히 받는다. | | |
| | 최초인사 | 최초인사 시 인사말+소속+성명을 밝힌다. | | |
| | 발음의 명확성 | 발음을 명확하게 한다. | | |
| | 응대음성 | 밝고 부드러운 음성으로 편안하게 인사를 한다. | | |
| 응대 태도 | 경청 | 고객의 말을 중간에 끊는 행위가 발생하지 않도록 한다. | | |
| | 호응어 사용 | "아, 네~~그렇죠, 그러셨어요?" 등의 매우 친근한 호응어를 사용한다. | | |
| | 말의 속도 | 말의 속도가 적당하여 고객이 이해하기가 쉽다. | | |
| | 생동감 있는 어조 | 밝고 부드러우며, 생동감 있는 음성으로 편안하게 응대한다. | | |
| | 목소리 크기 | 목소리가 너무 크거나 작지 않고 고객이 듣기 편하게 이야기한다. | | |
| | 용이한 용어선택 | 어려운 용어를 고객의 동의 없이 사용 하지 않는다. | | |
| | 분명한 끝맺음 | 말끝을 흐리지 않고 분명히 끝맺음을 한다. | | |
| | '다, 까'체 사용 | '다, 까'체와 '요, 죠'체의 비율을 7:3 정도로 활용한다. | | |
| | 격에 맞지 않는 용어 사용 | 지시어, 부정어의 사용을 하지 않는다. | | |
| 업무 스킬 | 업무스킬 | 고객의 문의사항에 대해 신속 정확하고 적극적으로 설명한다. | | |
| | 질문스킬 | 질문을 통해 고객의 니즈를 파악하며 간결하고 이해하기 쉽게 설명한다. | | |
| 종료 태도 | 결과확인 | 처리 결과에 대한 만족여부를 확인한다.<br>"더 궁금하신 사항은 없으십니까?"(추후 연락방법 안내, 전화 및 내방 권유) | | |
| | 종료인사 | 두 가지 이상의 인사말을 사용한다.<br>예 : "감사합니다. 좋은 하루 되세요." | | |
| | 종료시점 | 고객이 전화를 끊은 후 직원이 끊는다. | | |

## 03 서비스접점별 실전스피치

### 1) 항공기 객실서비스 서비스대화

#### (1) 지상서비스

1 탑승인사

- “안녕하십니까? 어서 오십시오.”
- “탑승권을 확인해 드리겠습니다.”
- “보안을 위해 한 분씩 탑승권을 재확인하고 있습니다.”
- “협조해 주셔서 감사합니다.”
- “건너편 통로로 가시면 됩니다. / 이쪽 통로로 가시면 됩니다.”

그림 11.1 탑승인사

2 좌석안내

- “고객님 좌석은 창가쪽 / 통로쪽 가운데입니다.”
- “다른 승객을 위해 잠시 옆쪽으로 서 주시겠습니까?”(승객탑승 중 통로가 막혔을 때)
- “실례합니다. 좌석 확인을 위해 탑승권을 보여주시겠습니까?”(좌석에 다른 승객이 앉아 있을 때)

- "죄송합니다. 자리를 잘못 앉으신 것 같습니다. 고객 좌석은 바로 뒷좌석입니다."(좌석에 잘못 앉았을 때)
- "죄송합니다만, 좌석배정에 문제가 있었던 것 같습니다."(항공사 좌석배정 실수 시)
- "제가 확인하는 동안, 잠시만 여기에서 기다려 주시겠습니까?"
- "기다려 주셔서 감사합니다. 자리배정을 다시 해 드렸습니다."
- "저쪽 좌석으로 옮기시겠습니까?"
- "제가 좌석을 안내해 드리겠습니다."
- "여유좌석이 있는지 확인해 보겠습니다."(여유좌석으로 이동요청 시)
- "죄송합니다. 오늘 여유좌석이 없습니다."(여유좌석이 없을 때)

**그림 11.2 좌석안내**

### 3 짐 보관안내

- "짐 보관을 도와드리겠습니다."
- "짐은 좌석 바로 위 선반에 보관해 드리겠습니다."
- "도와드려서 기쁩니다."(승객으로부터 감사 인사를 받았을 경우)
- "통로에는 짐을 놓으실 수 없습니다."(통로에 짐을 놓았을 경우)
- "짐은 앞좌석 아래에 놓아주십시오."
- "죄송합니다만, 짐은 여기에 보관하실 수 없습니다."

- "짐은 위쪽 선반에 보관해 주십시오."
- "재킷 보관해 드리겠습니다."(상위클래스)
- "혹시 귀중품은 없으십니까?"
- "죄송합니다만, 의류 보관서비스가 제공되지 않습니다."(코트룸이 없는 일반석)
- "이쪽 선반에 보관하실 수 있습니다."

**그림 11.3 짐보관 안내**

### 4 인식서비스

- "안녕하십니까? 담당 승무원입니다."
- "도움이 필요하시면 언제든지 말씀해 주십시오."
- "즐거운 여행이 되도록 편히 모시겠습니다."
- "즐거운 여행이 되셨습니까?"
- "탑승해 주셔서 감사합니다."
- "또 뵙겠습니다."

### 5 특수승객(혼자 여행하는 어린이 승객, 연세가 많고 거동이 불편한 승객, 휠체어 요구승객, 장애를 가진 승객 등)

- "안전을 위해 비행 중 좌석벨트는 항상 매주십시오."

- "비행기가 목적지에 도착하면 내리실 때 제가 도와드리겠습니다."
- "제가 도와드릴 때까지 자리에서 기다려 주십시오."

**그림 11.4 좌석벨트 확인**

### 6 신문서비스

- "요청하신 신문이 전부 서비스되었습니다."
- "대신 이 신문은 어떠십니까?"
- "다른 신문이 있는지 확인해 보겠습니다."

**그림 11.5 담요서비스**

7 시간안내

- "비행시간은 이륙 후 50분으로 예정되어 있습니다."
- "15분 후에 도착할 예정입니다."

(2) 음료서비스

1 음료서비스

- "실례합니다. 카트가 지나갑니다."
- "앞좌석 고객께 협조를 부탁드리겠습니다."(좌석 원위치 요청 시)
- "식사하시는 동안, 뒤에 계신 고객의 식사를 위해 좌석 등받이를 세워 주시겠습니까?"
- "아침비행 편에는 머핀을 제공하고 있습니다. 드시겠습니까?"
- "머핀과 함께 음료는 무엇으로 드시겠습니까?"
- "생수, 주스, 콜라, 녹차, 커피가 있습니다."
- "시원한 녹차와 따뜻한 녹차가 있습니다."
- "어느 것으로 드시겠습니까?"
- "설탕과 크림 필요하십니까?"
- "커피가 뜨겁습니다. 조심하십시오."
- "기류가 불안정하여 시원한 음료만 제공하고 있습니다."
- "기류가 안정되면 따뜻한 음료를 서비스해 드리겠습니다."
- "오렌지, 토마토, 감귤주스가 있습니다."
- "어떤 주스로 드시겠습니까?"
- "테이블 열어 드리겠습니다."
- "말씀하신 오렌지주스입니다. 맛있게 드십시오."
- "죄송합니다만, 기내에서 포도주스는 서비스하지 않습니다."
- "한 잔 더 드시겠습니까?"
- "음료 맛있게 드셨습니까? 치워드려도 되겠습니까?"
- "더 필요한 것은 없으십니까?"

그림 11.6 음료서비스

### (3) 승객 휴식 및 착륙준비

#### 1 몸이 불편한 승객

- "약에 대한 알러지 반응이 있으십니까?"
- "지금은 괜찮으십니까?"
- "누울 수 있는 빈 좌석이 있는지 확인해 보겠습니다."
- "빨리 나아지시길 바랍니다."

#### 2 승객휴식 중

- "무엇을 도와드릴까요?"
- "곧 알아봐 드리겠습니다."
- "담요가 있는지 확인해 드리겠습니다."(담요 요청 시)
- "호출버튼을 꺼드려도 되겠습니까?"
- "죄송합니다. 담요는 전부 서비스되었습니다."
- "기내온도를 확인해 보겠습니다."
- "따뜻한 음료는 어떠십니까?"
- "곧 가져다 드리겠습니다."
- "화장실은 모두 사용 중입니다."

- "독서등을 켜 드릴까요?"
- "제가 확인해 봐도 되겠습니까?"
- "불편을 끼쳐드려 죄송합니다."
- "알아보고 말씀드리겠습니다."
- "잠시만 기다려 주시겠습니까?"
- "죄송합니다. 국내선에서는 기내 오락물이 제공되지 않습니다."
- "죄송합니다만, 관세 규정에 따라 국내선에서는 면세품을 판매하지 않습니다." (면세품 요청 시)

**그림 11.7 기내 면세품 요청 시**

### 3 착륙준비

- "안전을 위해 좌석벨트를 매주십시오."
- "안전을 위해 좌석벨트 밖으로 아기를 안아주십시오."
- "좌석 등받이를 세워주십시오."
- "테이블을 접어주십시오."
- "창문 덮개를 열어주십시오."
- "휴대폰을 비행기모드로 설정하셨습니까?"
- "곧 착륙합니다."

- "좌석벨트 표시등이 꺼질 때까지 좌석에서 기다려 주십시오."
- "아직 내리실 곳에 도착하지 않았습니다."
- "감사합니다. 안녕히 가십시오."

**그림 11.8 착륙준비**

# REFERENCES

권구정 외(2006), Makeup Icon, 청구문화사.

김계순 외(2003), 미용학개론, 훈민사.

김 석(2012), 배우의 발성훈련 발달과정 연구 – 발성훈련의 과학적 접근을 중심으로, 연극교육연구.

김옥기 외(2009), 이미지메이킹 & 국제매너, 대왕사.

김지희 외(2006), 20세기 화장문화사, 경춘사.

문희정(2013), 항공사 면접대비 이미지메이킹, 새로미.

배영달(2005), 보드리야르와 시뮬라시옹, 살림.

안현경 · 조규화(2005), 헤어패션 이미지의 특성에 관한 연구, 패션비즈니스학회 제9권5호.

알버트 메라비안(1981), 조용한 메시지.

엄경아 외(2014), 고객만족, 지식인.

이향정 외(2009), 서비스와 이미지메이킹, 백산출판사,.

인터랙티브 헤어 모드기술 매뉴얼(2007), 얼굴형에 따라 어울리는 헤어스타일.

정년구 · 안미령(2003), Blow Dry and Iron, 청구문화사.

제이콥슨, 신체이완방법, 국제스트레스관리협회(ISMA)

조열 · 김지현(1999), 형태지각과 구성원리, 창지사.

진태연 외(2009), Scalp Hair Cut, 청구문화사.

최형인(2008), 발성 이전단계의 중요성에 대한 인식 – 크리스틴 링클레이터의 훈련방법을 중심으로, 연극교육연구.

크리스틴 링클레이터(2006), 목소리 해방, 드라마출판.

IGM 세계경영연구원(2008), 백마디 말보다 부드러운 말투로 승부하라.

MBTI 연구소.

색채연구소.

CGNTV 맞춤특강 〈나침반〉, www.bit.ly/15ibBi6

**【사진자료출처】**

www.agreeordie.com

www.asos.com

www.beauty-box.jp

www.bongous.com

www.bows-n-ties.com

www.cardiganempire.com

www.christimems.polyvore.com

www.cosmopolitan.co.uk

www.danielsandler.com

www.dhgate.com

www.ebay.co.uk

www.ebay.com

www.faithfullyfashionableblog.wordpress.com

www.fashion-fancy.com

www.fashionmefabulous.com

www.glamradar.com

www.instiz.net

www.iricolor.com

www.kaijupop.com

www.kpbr.kr

www.linklatervoice.com/linklater-voice

www.lolobu.com

www.miaminewtimes.com

www.omyheartkate.com

www.phillymag.com

www.popsugar.co.uk

www.RealMenRealStyle.com

www.reward-guide.co.uk

www.salesgossip.co.uk

www.sephora.com

www.sheknows.com

www.shieldsgazette.com

www.shinsegaeblog.com

www.southwest.com

www.stylecarrot.com

www.tie-a-tie.com

www.ties.com

www.wikipedia.org/wiki/Dove_Real_Beauty_Sketches

## Profile


### 엄경아

백석대학교 관광학부 항공서비스학과 전임교수
대한항공 객실승무원 수석입사 및 최우수여승무원상 수상
대한항공 객실훈련원 상위클래스 교관 역임
新한국인 교육인 부분 대상 수상

### 이향정

백석대학교 관광학부 항공서비스학과 전임교수
대한항공 선임사무장 역임(18년 근속근무)
항공사 재직 시 여승무원 최초 박사1호 취득
'하늘을 나는 여우 스튜어디스의 해피플라이트' 저자

### 연지영

백석대학교 관광학부 항공서비스학과 전임교수
아시아나항공 캐빈서비스팀, 홍보팀
금호아시아나그룹 전략경영본부
아시아나항공 고객만족팀 차장